职业院校“十四五”规划教材
职业教育课程改革规划创新教材

企业纳税实务

张　卿　王建领　孙良坤　主　编

中国石化出版社
HTTP://WWW.SINOPEC-PRESS.COM
中国经济出版社
CHINA ECONOMIC PUBLISHING HOUSE

内容提要

本教材根据国家最新税收法规编写，内容包括了现行各个税种的基本知识、税额计算、纳税申报和会计处理。首先对每个税种的征税范围、纳税人、税率和税额计算作了简明易懂、重点突出、条理清晰的讲解，使学习者能够抓住各个税种的基本特征和脉络，便于掌握各个税种的征纳知识。各税种的会计处理部分详细介绍了有关会计处理分录的编制原理和规律，易于学生掌握和应用。特别是最新的个人所得税和环境保护税，在书中都有详细介绍。

本书适合职业院校财经类专业学生和在职财务人员参考使用。

图书在版编目(CIP)数据

企业纳税实务 / 张卿，王建领，孙良坤主编. — 北京：中国石化出版社，2021.6

ISBN 978-7-5114-6324-1

Ⅰ. ①企… Ⅱ. ①张… ②王… ③孙… Ⅲ. ①企业管理-税收管理-中国 Ⅳ. ①F812.423

中国版本图书馆 CIP 数据核字(2021)第 111800 号

中国石化出版社出版发行

地址：北京市东城区安定门外大街 58 号

邮编：100011　电话：(010)57512500

发行部电话：(010)57512575

http://www.sinopec-press.com

E-mail：press@sinopec.com

北京柏力行彩印有限公司印刷

全国各地新华书店经销

*

787×1092 毫米　16 开本　14.25 印张　355 千字

2021 年 7 月第 1 版　2021 年 7 月第 1 次印刷

定价：42.00 元

《企业纳税实务》

前　言

本教材根据国家最新税收法规编写，全书分为七个单元，包括：纳税认知、流转税、所得税、资源税、财产税、行为税和知识拓展。内容包括了现行各个税种的基本知识、税额计算、纳税申报和会计处理。本教材首先对每个税种的征税范围、纳税人、税率和税额计算作了简明易懂、重点突出、条理清晰的讲解，使学习者能够抓住各个税种的基本特征和脉络，便于掌握各个税种的征纳知识，避免了一般教材普遍存在的烦琐、复杂的法规罗列而使学习者不得要领的现象。在此基础上，本教材突出了各个税种纳税申报表的填制和会计处理方法。本教材中的纳税申报表就是实际工作中的真实样式，让学生通过填制纳税申报表的实训练习，做到学习与实际工作的零距离对接，使学生能学以致用。各个税种的会计处理部分详细介绍了有关会计处理分录的编制原理和规律，易于学生掌握和应用。

由于教材编写仓促，书中难免存在疏漏与不足，恳请广大读者批评指正，以便进一步修订完善。

编　者

目　录

第一篇 纳税认知

第一章 我国的税收制度

学习目标

1. 懂得税收的基本概念知识,为本课程的学习奠定基础。
2. 了解我国现行税制体系的内容。

重点难点

1. 征税对象、纳税人、计税依据、税率、纳税期限等基本概念。
2. 我国现行税制的税种分类和具体税种。

第一节 税制要素

税制要素即税制构成要素,就是税收制度对每一税种的基本规定,也是税收制度中的基本概念。这些概念是税收的基本知识。税制要素包括以下内容。

一、征税对象

征税对象,就是征税的目标,即对什么征税。一般分为商品或劳务流转额(即交易额)、收益额(即所得额)、自然资源、财产、行为。

征税对象划分的分类项目称为税目。

二、纳税人

纳税人,就是税法规定负有纳税义务的单位和个人。

三、扣缴义务人

扣缴义务人，就是负有扣缴纳税人应纳税款义务的单位和个人，包括以下两种。

1. 代扣代缴义务人

代扣代缴是指扣缴义务人向纳税人付款时扣缴税款的行为。如个人所得税主要采用代扣代缴的方式。

2. 代收代缴义务人

代收代缴是指扣缴义务人向纳税人收款时代收税款的行为。如委托加工消费税由受托方收取加工费时代收。

四、计税依据

计税依据，就是计算应纳税额的依据，又称计税基数或税基，是征税对象的数量化。计税依据包括两种形式。

1. 价值量

价值量即金额，就是以征税对象的价值金额作为计税依据，这类税收称为从价税。大部分税收为从价税。

2. 实物量

实物量就是以征税对象的自然数量、重量、面积、体积、容积等作为计税依据，这类税收称为从量税。一般资源税、财产税、行为税经常采用从量税的形式。

五、税率

税率就是应纳税额与计税依据之间的比率。税率的形式有三种。

(一)比例税率

比例税率的形式为百分率，并且不论计税依据大小，税率不变。从价税采用。大部分税收采用比例税率。

(二)累进税率

累进税率，就是随计税依据增加而升高的阶梯式税率形式，也为百分率。从价税采用。累进税率有三种。

1. 全额累进税率

全额累进税率的计税方法，就是按照计税依据达到最高一级的税率计税应纳税额。由于不尽合理，因此我国现已不采用。

2. 超额累进税率

超额累进税率的计税方法，就是将计税依据分别按各级的税率计算应纳税额。计算方法为：

$$应纳税额=\sum 归属各级的计税依据数额\times 本级税率$$

我国现主要在个人所得税中采用超额累进税率。如表1-1所示。

表 1-1　劳务报酬所得税税率表

级次	每次应纳税所得额	税率
1	不超过 20 000 元的部分	20%
2	超过 20 000 元至 50 000 元的部分	30%
3	超过 50 000 元部分	40%

3. 超率累进税率

超率累进税率，就是以比率划分级次的累进税率。目前在土地增值税中采用。如表 1-2所示。

表 1-2　土地增值税税率表

级次	土地增值率	适用税率
1	未超过 50%的部分	30%
2	超过 50%至 100%的部分	40%
3	超过 100%至 200%的部分	50%
4	超过 200%的部分	60%

(三)定额税率

定额税率，就是规定单位实物量应纳税额的税率形式，也称单位税额。从量税采用。如：5 元/件、10 元/平方米、0.5 元/升、100 元/吨等。

六、纳税期限和申报缴款期限

1. 纳税期限

纳税期限即纳税的间隔期，有两种形式。

(1)按期纳税。通常为 1 月、1 季、1 年，流转税中也有以若干天为纳税期限的。

(2)按次纳税。对于不连续发生纳税义务的，纳税期限为每次。

2. 申报缴款期限

申报缴款期限，就是纳税期限满后申报并缴纳税款的时限。一般为 10～15 天，预缴税款一般为 5 天。

七、税收减免

税法规定税收减免的方式有两种。

1. 减免税条款

这一方式就是在税法或税收条例中规定可以减税、免税的情形。

2. 起征点与免征额

这一方式就是在税法或税收条例中规定起征点或免征额。

起征点，就是规定计税依据开始征税的起点。达不到起征点不征税，达到起征点按计税依据全额征税。

免征额，就是规定计税依据中免于征税的数额，只就超过免征额的部分征税。如现行工资薪金个人所得税，每月工资薪金所得的免征额为 5 000 元。

第二节　税制体系

我国现行税制是一个由多种税组成的复税制体系，这个复税制体系可以使我国税收多环节、多层次地发挥作用。

我国现行税制体系包括：

(1)流转税类。流转税是指对商品或劳务的流转额(交易额)征税的税收，这类税种包括增值税、消费税、城市维护建设税、教育费附加、关税。

(2)所得税类。所得税是指对收益(即所得)征税的税收。这类税种包括企业所得税、个人所得税。

(3)资源税类。资源税是指对自然资源征税的税收。这类税种包括资源税、城镇土地使用税、土地增值税、耕地占用税。

(4)财产税类。财产税是指对财产征税的税收。这类税种包括房产税、车船税。

(5)行为税类。行为税是指对特定行为征税的税收。这类税种包括印花税、契税、车辆购置税、烟叶税。

复税制适应我国多层次生产力、多种经济形式和多种经营方式长期并存的经济结构，可以利用各个不同税种的特点相辅相成，发挥各自的作用；可以从社会再生产各环节选择不同的课税对象，多层次和多环节地组织财政收入，调节经济；可以为我国建立分税制的财政管理体制创造条件。总之，有利于配合国家的财政经济政策，发挥税收的经济杠杆作用。

税种按税收管理和使用权限分为：

(1)中央税。管理和使用权归中央政府，包括关税、消费税、车辆购置税、进口消费税和增值税。

(2)地方税。管理和使用权归地方政府，包括财产税和部分行为税。

(3)共享税。税收收入由中央和地方政府按比例分享，包括增值税、营业税、企业所得税、个人所得税、资源税、证券交易印花税。

练习题

不定项选择题：

1. 属于税制要素的是(　　)。

A. 计税依据　　B. 税率　　C. 税目　　D. 纳税义务人

2. 如果某税种规定只就超过征税对象一定数额部分征税。该免予征税的数额称为(　　)。

A. 免征额　　B. 起征点　　C. 减税额　　D. 抵免额

3. 扣缴义务人包括(　　)。

A. 纳税义务人　　B. 代扣代缴义务人

C. 代收代缴义务人　　D. 纳税人

4. 按计税依据数额划分高低不同的部分，并规定相应不同的税率的是(　　)。

A. 比例税率　　B. 超额累进税率　　C. 定额税率　　D. 超率累进税率

5. 下列各项中，属于税率形式的是(　　)。

A. 比例税率　　B. 定额税率　　C. 累进税率　　D. 优惠税率

6. 下列税种中，不属于流转税类的税种是(　　)。

A. 增值税　　B. 消费税　　C. 城建税　　D. 土地使用税

7. 在税制要素中，征税对象的数量化是(　　)。

A. 计税依据　　B. 纳税人　　C. 税目　　D. 纳税义务人

8. 计税依据分为(　　)。

A. 价值量　　B. 实物量　　C. 税目　　D. 税率

9. 累进税率的形式有(　　)。

A. 超额累进税率　　B. 全额累进税率

C. 超率累进税率　　D. 比例税率

10. 纳税期限是指(　　)。

A. 纳税间隔期　　B. 纳税申报期限　　C. 交款期限　　D. 截止日期

11. 纳税期限的两种形式是(　　)。

A. 按期纳税　　B. 按次纳税　　C. 交款期限　　D. 申报期限

12. 税收减免的两种形式是(　　)。

A. 减免税条款　　B. 起征点与免征额

C. 减税　　D. 免税

13. 起征点与免征额的异同点有(　　)。

A. 低于起点不征税　　B. 超过起征点全额征税

C. 超过免征额按超额部分征税　　D. 免税

14. 我国的税制体系包括(　　)。

A. 流转税类　　B. 所得税类　　C. 财产税类　　D. 行为税类

15. 我国的税种按征收管理和使用权限分为(　　)。

A. 中央税　　B. 地方税　　C. 共享税　　D. 关税

16. 适用于从量税的税率形式是(　　)。

A. 比例税率　　B. 定额税率　　C. 累进税率　　D. 优惠税率

17. 可以作为纳税人的有(　　)。

A. 企业　　B. 单位　　C. 个人　　D. 个体工商户

18. 属于财产税的有(　　)。

A. 车船税　　B. 房产税　　C. 契税　　D. 车辆购置税

19. 可以作为纳税期限的有(　　)。

A. 天　　B. 月　　C. 季　　D. 年

20. 个人所得税，工资薪金所得每月超过5 000元以上的部分才可能交税，5 000元是(　　)。

A. 起征点　　B. 免征额　　C. 基数　　D. 减税

21. 我国的税制体系包括(　　)。

A. 流转税　　B. 所得税　　C. 资源税　　D. 财产税和行为税

22. 流转税包括的税种有(　　)。

A. 增值税　　B. 消费税　　C. 城建税　　D. 关税

23. 所得税包括的税种有(　　)。

A. 企业所得税　　B. 外商投资企业所得税

C. 个人所得税　　D. 车辆购置税

24. 资源税包括的税种有(　　)。

A. 资源税　　B. 城镇土地使用税

C. 土地增值税　　D. 耕地占用税

25. 下列税种属于行为税的是(　　)。

A. 城市维护建设税　　B. 契税

C. 车辆购置税　　D. 印花税

第二章　税收征收管理制度

学习目标

1. 明确税务登记制度的相关规定。
2. 明确税收凭证、账簿管理的规定。
3. 明确纳税申报的相关规定。
4. 明确税款征收的相关法律规定。
5. 明确税务检查的内容和违规的法律责任。

重点难点

1. 税务登记的内容。
2. 发票管理的规定。
3. 纳税申报的主体和内容。
4. 税款征收的措施。
5. 违规行为的法律责任。

第一节　税务登记

税务登记是指税务机关根据税法规定，对纳税人的生产经营活动进行登记管理的一项基本制度。它的意义在于：有利于税务机关了解纳税人的基本情况，掌握税源，加强征收与管理，防止漏管漏征，建立税务机关与纳税人之间正常的工作联系，强化税收政策和法规的宣传，增强纳税意识等。

一、税务登记的范围

凡在我国境内的企业，企业在外地设立的分支机构和从事生产、经营的场所，个体工商户和从事生产、经营的事业单位（以下统称从事生产、经营的纳税人），均需办理税务登记。

二、税务登记的内容

税务登记的内容分为设立税务登记、变更税务登记和注销税务登记三种。

（一）设立税务登记

设立税务登记是指，企业、包括企业在外地设立分支机构或从事生产、经营的场所；个体工商户；从事生产、经营的事业单位（以下统称从事生产、经营的纳税人），向生产、经营所在地税务机关申报办理税务登记的活动。

(1)从事生产、经营的纳税人领取工商营业执照(含临时工商营业执照)的,应当自领取工商营业执照之日起30日内申报办理设立税务登记,税务机关核发税务登记证及副本(纳税人领取临时工商营业执照的,税务机关核发临时税务登记证及副本)。

(2)从事生产、经营的纳税人未办理工商营业执照但经有关部门批准设立的,应当自有关部门批准设立之日起30日内申报办理税务登记,税务机关核发税务登记证及副本。

(3)从事生产、经营的纳税人未办理工商营业执照也未经有关部门批准设立的,应当自纳税义务发生之日起30日内申报办理设立税务登记,税务机关核发临时税务登记证及副本。

(4)有独立生产经营权、在财务上独立核算并定期向发包人或者出租人上交承包费或租金的承包承租人,应当自承包承租合同签订之日起30日内,向其承包承租业务发生地税务机关申报办理设立税务登记,税务机关核发临时税务登记证及副本。

(5)从事生产、经营的纳税人外出经营,自其在同一县(市)实际经营或提供劳务之日起,在连续的12个月内累计超过180天的,应当自期满之日起30日内,向生产、经营所在地税务机关申报办理设立税务登记,税务机关核发临时税务登记证及副本。

(6)境外企业在中国境内承包建筑、安装、装配、勘探工程和提供劳务的,应当自项目合同或协议签订之日起30日内,向项目所在地税务机关申报办理设立税务登记,税务机关核发临时税务登记证及副本。

上述以外的其他纳税人,除国家机关、个人和无固定生产、经营场所的流动性农村小商贩外,均应当自纳税义务发生之日起30日内,向纳税义务发生地税务机关申报办理税务登记,税务机关核发税务登记证及副本。

纳税人办理下列事项时,必须提供税务登记证件:

(1)开立银行账户。

(2)领购发票。

(3)申请减税、免税、退税。

(4)申请办理延期申报、延期缴纳税款。

(5)申请开具外出经营活动税收管理证明。

(6)办理停业、歇业。

(7)其他有关税务事项。

(二)变更税务登记

变更税务登记是指,从事生产、经营的纳税人,在税务登记内容发生变化时,自工商行政管理机关办理变更登记之日起30日内,持相关证件向原税务登记机关申报办理变更税务登记的活动。

纳税人税务登记内容发生变化的,按照规定不需要到工商行政管理机关及其他机关办理变更登记的,应当自发生变化之日起30日内,持相关证件向原税务登记机关申报办理变更税务登记。

纳税人发生以下情况时,则需要进行变更税务登记:

(1)纳税人、扣缴义务人的名称变化。

(2)变更法定代表人。

(3)经济类型的改变。

(4)经营地点的改变。

(5)生产经营范围或者方式的改变。

(6)生产经营期限的变更。

(7)开设分支机构或者关闭下属单位。

(8)主要经营电话号码发生变化。

(9)其他税务登记的变更。

(三)注销税务登记

注销税务登记是指纳税人发生解散、破产、撤销以及其他情形,依法终止纳税义务的,在向工商行政管理机关或者其他机关办理注销登记前,持有关证件向原税务登记机关申报办理注销税务登记的活动。

(1)按照规定不需要在工商行政管理机关或者其他机关办理注册登记的,应当自有关机关批准或者宣告终止之日起15日内,持有关证件向原税务登记机关申报办理注销税务登记。

(2)纳税人因住所、经营地点变动,涉及变更税务登记机关的,应当在向工商行政管理机关或者其他机关申请办理变更或注销登记前,或者住所、经营地点变动前,向原税务登记机关申报办理注销税务登记,并在30日内向迁达地税务机关申报办理税务登记。

(3)纳税人被工商行政管理机关吊销营业执照或者被其他机关予以撤销登记的,应当自营业执照被吊销或者被撤销登记之日起15日内,向原税务登记机关申报办理注销税务登记。

(4)纳税人办理注销税务登记前,应当向税务机关提交相关证明文件和资料,结清应纳税款、多退(免)税款、滞纳金和罚款,缴销发票、税务登记证件和其他税务证件,经税务机关核准后,办理注销税务登记手续。

三、税务登记的管理规定

(1)国家税务总局、地方税务局对同一纳税人的税务登记应当采用同一代码,信息共享。一般情况下从事工商行业者税务登记由国税办理,从事其他行业的税务登记由地税办理。

(2)税务机关对税务登记证件实行定期验证和换证制度。纳税人应当在规定的期限内持有关证件到主管税务机关办理验证或者换证手续。

(3)纳税人应当将税务登记证件正本在其生产、经营场所或者办公场所公开悬挂,接受税务机关检查。

(4)纳税人遗失税务登记证件的,应当在15日内书面报告主管税务机关,并登报声明作废。

(5)从事生产、经营的纳税人到外县(市)临时从事生产、经营活动的,应当持税务登记证副本和所在地税务机关填开的外出经营活动税收管理证明,向营业地税务机关报验登记,接受税务管理。

(6)从事生产、经营的纳税人外出经营,在同一地累计超过180天的,应当在营业地办理税务登记手续。

(7)纳税人按照国务院税务主管部门的规定使用税务登记证件,税务登记证件不得转借、涂改、损毁、买卖或者伪造。

第二节　账簿、凭证管理

一、会计账簿、凭证管理

纳税人、扣缴义务人按照有关法律、行政法规和国务院财政、税务主管部门的规定设置账簿，根据合法、有效凭证记账，进行核算。

从事生产、经营的纳税人的财务、会计制度或者财务、会计处理办法和会计核算软件，应当报送税务机关备案。

纳税人、扣缴义务人的财务、会计制度或者财务、会计处理办法与国务院或者国务院财政、税务主管部门有关税收的规定抵触的，依照国务院或者国务院财政、税务主管部门有关税收的规定计算应纳税款、代扣代缴和代收代缴税款。

生产、经营规模小又确无建账能力的纳税人，可以聘请经批准从事会计代理记账业务的专业机构或者经税务机关认可的财会人员代为建账和办理账务；聘请上述机构或者人员有实际困难的，经县以上税务机关批准，可以按照税务机关的规定，建立收支凭证粘贴簿、进货销货登记簿或者使用税控装置。

从事生产、经营的纳税人应当自领取税务登记证件之日起 15 日内，将其财务、会计制度或者财务、会计处理办法报送主管税务机关备案。

纳税人使用计算机记账的，应当在使用前将会计电算化系统的会计核算软件、使用说明书及有关资料报送主管税务机关备案。

纳税人建立的会计电算化系统应当符合国家有关规定，并能正确、完整核算其收入或者所得。

扣缴义务人应当自税收法律、行政法规规定的扣缴义务发生之日起 10 日内，按照所代扣、代收的税种，分别设置代扣代缴、代收代缴税款账簿。

纳税人、扣缴义务人会计制度健全，能够通过计算机正确、完整计算其收入和所得或者代扣代缴、代收代缴税款情况的，其计算机输出的完整的书面会计记录，可视同会计账簿。

纳税人、扣缴义务人会计制度不健全，不能通过计算机正确、完整计算其收入和所得或者代扣代缴、代收代缴税款情况的，应当建立总账及与纳税或者代扣代缴、代收代缴税款有关的其他账簿。

从事生产、经营的纳税人，扣缴义务人必须按照国务院财政、税务主管部门规定的保管期限保管账簿、记账凭证、完税凭证及其他有关资料。账簿、记账凭证、完税凭证及其他有关资料不得伪造、变造或者擅自损毁。

二、发票管理

（一）发票管理机关

单位、个人在购销商品、提供或者接受经营服务以及从事其他经营活动中，应当按照规定开具、使用、取得发票。

税务机关是发票的主管机关，负责发票印制、领购、开具、取得、保管、缴销的管理和监督。

国家根据税收征收管理的需要，积极推广使用税控装置。纳税人应当按照规定安装、使用税控装置，不得损毁或者擅自改动税控装置。

(二)发票的印制

增值税专用发票由国务院税务主管部门指定的企业印制；其他发票，按照国务院税务主管部门的规定，分别由省、自治区、直辖市税务局、地方税务局指定企业印制。未经前款规定的税务机关指定，不得印制发票。

发票的基本联次包括存根联、发票联、记账联。存根联由收款方或开票方留存备查；发票联由付款方或受票方作为付款原始凭证；记账联由收款方或开票方作为记账原始凭证。

省以上税务机关可根据发票管理情况以及纳税人经营业务需要，增减除发票联以外的其他联次，并确定其用途。

发票的基本内容包括：发票的名称、发票代码和号码、联次及用途、客户名称、开户银行及账号、商品名称或经营项目、计量单位、数量、单价、大小写金额、开票人、开票日期、开票单位(个人)名称(章)等。

省以上税务机关可根据经济活动以及发票管理需要，确定发票的具体内容。

(三)发票的领购

依法办理税务登记的单位和个人，在领取税务登记证件后，向主管税务机关申请领购发票。

申请领购发票的单位和个人应当提出购票申请，提供经办人身份证明、税务登记证件或者其他有关证明，以及财务印章或者发票专用章的印模，经主管税务机关审核后，发给发票领购簿。

领购发票的单位和个人应当凭发票领购簿核准的种类、数量以及购票方式，向主管税务机关领购发票。

需要临时使用发票的单位和个人，可以直接向税务机关申请办理。

临时到本省、自治区、直辖市行政区域以外从事经营活动的单位或者个人，应当凭所在地税务机关的证明，向经营地税务机关申请领购经营地的发票。

临时在本省、自治区、直辖市以内跨市、县从事经营活动领购发票的办法，由省、自治区、直辖市税务机关规定。

税务机关对外省、自治区、直辖市来本辖区从事临时经营活动的单位和个人申请领购发票的，可以要求其提供保证人或者根据所领购发票的票面限额及数量缴纳不超过1万元的保证金，并限期缴销发票。

按期缴销发票的，解除保证人的担保义务或者退还保证金；未按期缴销发票的，由保证人或者以保证金承担法律责任。

(四)发票的开具和保管

销售商品、提供服务以及从事其他经营活动的单位和个人，对外发生经营业务收取款项，收款方应向付款方开具发票；特殊情况下由付款方向收款方开具发票。

所有单位和从事生产、经营活动的个人在购买商品、接受服务以及从事其他经营活动支付款项时，应当向收款方取得发票。取得发票时，不得要求变更品名和金额。

不符合规定的发票，不得作为财务报销凭证，任何单位和个人有权拒收。

开具发票应当按照规定的时限、顺序，逐栏、全部联次一次性如实开具，并加盖单位财务印章或者发票专用章。

填开发票的单位和个人必须在发生经营业务确认营业收入时开具发票。未发生经营业务一律不准开具发票。

开具发票后，如发生销货退回需开红字发票的，必须收回原发票并注明“作废”字样或取得对方有效证明。

开具发票后，如发生销售折让的，必须在收回原发票并注明“作废”字样后重新开具销售发票或取得对方有效证明后开具红字发票。

单位和个人在开具发票时，必须做到按照号码顺序填开，填写项目齐全，内容真实，字迹清楚，全部联次一次打印，内容完全一致，并在发票联和抵扣联加盖发票专用章。

开具发票应当使用中文。民族自治地方可以同时使用当地通用的一种民族文字。

使用发票的单位和个人应当妥善保管发票。发生发票丢失情形时，应当于发现丢失当日书面报告税务机关，并登报声明作废。

使用电子计算机开具发票，须经主管税务机关批准，并使用税务机关统一监制的机外发票，开具后的存根联应当按照顺序号装订成册。

任何单位和个人不得转借、转让、代开发票；未经税务机关批准，不得拆本使用发票；不得自行扩大专业发票使用范围。

禁止倒买倒卖发票、发票监制章和发票防伪专用品。

发票限于领购单位和个人在本省、自治区、直辖市内开具。省、自治区、直辖市税务机关可以规定跨市、县开具发票的办法。任何单位和个人未经批准，不得跨规定的使用区域携带、邮寄、运输空白发票。禁止携带、邮寄或者运输空白发票出入境。

开具发票的单位和个人应当建立发票使用登记制度，设置发票登记簿，并定期向主管税务机关报告发票使用情况。

开具发票的单位和个人应当在办理变更或者注销税务登记的同时，办理发票和发票领购簿的变更、缴销手续。

开具发票的单位和个人应当按照税务机关的规定存放和保管发票，不得擅自损毁。已开具的发票存根联和发票登记簿，应当保存5年。保存期满，报经税务机关查验后销毁。

（五）发票的检查

税务机关在发票管理中有权进行下列检查。

(1)检查印制、领购、开具、取得和保管发票的情况。

(2)调出发票查验。

(3)查阅、复制与发票有关的凭证、资料。

(4)向当事各方询问与发票有关的问题和情况。

(5)在查处发票案件时,对与案件有关的情况和资料,可以记录、录音、录像、照相和复制。

印制、使用发票的单位和个人,必须接受税务机关依法检查,如实反映情况,提供有关资料,不得拒绝、隐瞒。

税务人员进行检查时,应当出示税务检查证。

税务机关需要将已开具的发票调出查验时,应当向被查验的单位和个人开具发票换票证。发票换票证与所调出查验的发票有同等的效力。被调出查验发票的单位和个人不得拒绝接受。

税务机关需要将空白发票调出查验时,应当开具收据;经查无问题的,应当及时发还。

单位和个人从中国境外取得的与纳税有关的发票或者凭证,税务机关在纳税审查时有疑义的,可以要求其提供境外公证机构或者注册会计师的确认证明,经税务机关审核认可后,方可作为记账核算的凭证。

税务机关在发票检查中需要核对发票存根联与发票联填写情况时,可以向持有发票或者发票存根联的单位发出发票填写情况核对卡,有关单位应当如实填写,按期报回。

违反发票管理法规的行为包括:

(1)未按照规定印制发票或者生产发票防伪专用品的。

(2)未按照规定领购发票的。

(3)未按照规定开具发票的。

(4)未按照规定取得发票的。

(5)未按照规定保管发票的。

(6)未按照规定接受税务机关检查的。

对有前款所列行为之一的单位和个人,由税务机关责令限期改正,没收非法所得,可以并处1万元以下的罚款。有前款所列两种或者两种以上行为的,可以分别处罚。

对非法携带、邮寄、运输或者存放空白发票的,由税务机关收缴发票,没收非法所得,可以并处1万元以下的罚款。

私自印制、伪造变造、倒买倒卖发票,私自制作发票监制章、发票防伪专用品的,由税务机关依法予以查封、扣押或者销毁,没收非法所得和作案工具,可以并处1万元以上5万元以下的罚款;构成犯罪的,依法追究刑事责任。

违反发票管理法规,导致其他单位或者个人未缴、少缴或者骗取税款的,由税务机关没收非法所得,可以并处未缴、少缴或者骗取的税款1倍以下的罚款。

当事人对税务机关的处罚决定不服的,可以依法向上一级税务机关申请复议或者向人民法院起诉;逾期不申请复议,也不向人民法院起诉,又不履行的,作出处罚决定的税务机关可以申请人民法院强制执行。

税务人员利用职权之便,故意刁难印制、使用发票的单位和个人,或者有违反发票管理法规行为的,依照国家有关规定给予行政处分;构成犯罪的,依法追究刑事责任。

第三节　纳税申报

纳税申报是指纳税人按照税法规定的期限和内容向税务机关提交有关纳税事项书面报告的法律行为,是纳税人履行纳税义务、承担法律责任的主要依据,是税务机关税收管理信息的主要来源和税务管理的一项重要制度。

一、纳税申报的主体

纳税申报的主体,包括纳税人和扣缴义务人。

纳税人必须依照法律、行政法规规定或者税务机关依照法律、行政法规的规定确定的申报期限、申报内容,如实办理纳税申报,报送纳税申报表、财务会计报表以及税务机关根据实际需要要求纳税人报送的其他纳税资料。

扣缴义务人必须依照法律、行政法规规定或者税务机关依照法律、行政法规的规定确定的申报期限、申报内容,如实报送代扣代缴、代收代缴税款报告表以及税务机关根据实际需要要求扣缴义务人报送的其他有关资料。

二、纳税申报的内容

纳税人、扣缴义务人的纳税申报或者代扣代缴、代收代缴税款报告表的主要内容包括:税种、税目、应纳税项目或者应代扣代缴、代收代缴税款项目、适用税率或者单位税额、计税依据、扣除项目及标准、应纳税额或者应代扣代缴、代收代缴税额、税款所属期限等。

三、纳税申报的方式

从税务管理部门的角度来说,必须建立比较健全的纳税人自行申报管理制度,这个自行申报的管理制度是由税务机关或是主管部门进行批准。对于纳税人或是扣缴义务人来说,可以采取不同的方式来进行申请以及上报,大多可以采用上门申报、邮寄或是数据电文的方式来进行办理相应的纳税申报管理。通过报送或是代扣代缴,或是代收代缴等不同的方式来进行税款的上报工作。除此以外,中国还实行定期定额通过缴纳税款的方式进行纳税。纳税分别可以采用简易申报、简并征期等不同的方式来进行纳税申报的工作。

(一)自行申报

在实际的工作当中大多选择自行上门申报的方式来进行税款的申报,纳税人或是扣缴人可以在纳税申报期间内到主管部门的办理大厅进行办理纳税申报工作。

(二)邮寄申报

除了这种上门申报的工作以外,还可以采取邮寄的方式进行申报工作,纳税人在邮局办理相应的纳税申报工作,可以使用纳税的专用卖报信封,通过邮局的收据为凭证进行税款的申报依据,以寄出的时间以及实际申报的日期为基础进行上报。税务机关应当建立、健全纳税人自行申报纳税制度。

(三)数据电文申报

数据电文申报是指税务机关确定的电话语音、电子数据交换和网络传输等电子方式。纳税人采取电子方式办理纳税申报的,应当按照税务机关规定的期限和要求保存有关资料,并定期书面报送主管税务机关。

四、纳税申报期限

纳税人、扣缴义务人应当按税法规定期限办理纳税申报。

纳税人、扣缴义务人不能按期办理纳税申报或者报送代扣代缴、代收代缴税款报告表的,经税务机关核准,可以延期申报。

经核准延期办理前款规定的申报、报送事项的,应当在纳税期内按照上期实际缴纳的税额或者税务机关核定的税额预缴税款,并在核准的延期内办理税款结算。

第四节　税款征收

一、税款征收的基本规定

税务机关依照法律、行政法规的规定征收税款,不得违反法律、行政法规的规定开征、停征、多征、少征、提前征收、延缓征收或者摊派税款。

除税务机关、税务人员以及经税务机关依照法律、行政法规委托的单位和人员外,任何单位和个人不得进行税款征收活动。

扣缴义务人依照法律、行政法规的规定履行代扣、代收税款的义务。对法律、行政法规没有规定负有代扣、代收税款义务的单位和个人,税务机关不得要求其履行代扣、代收税款义务。

扣缴义务人依法履行代扣、代收税款义务时,纳税人不得拒绝。纳税人拒绝的,扣缴义务人应当及时报告税务机关处理。

税务机关按照规定付给扣缴义务人代扣、代收手续费。

纳税人、扣缴义务人按照法律、行政法规规定或者税务机关依照法律、行政法规的规定确定的期限,缴纳或者解缴税款。

纳税人因有特殊困难,不能按期缴纳税款的,经省、自治区、直辖市税务局、地方税务局批准,可以延期缴纳税款,但是最长不得超过 3 个月。

纳税人未按照规定期限缴纳税款的,扣缴义务人未按照规定期限解缴税款的,税务机关除责令限期缴纳外,从滞纳税款之日起,按日加收滞纳税款 5‱的滞纳金。

纳税人可以依照法律、行政法规的规定书面申请减税、免税。减税、免税的申请须经法律、行政法规规定的减税、免税审查批准机关审批。地方各级人民政府、各级人民政府主管部门、单位和个人违反法律、行政法规规定,擅自作出的减税、免税决定无效,税务机关不得执行,并向上级税务机关报告。

税务机关征收税款时,必须给纳税人开具完税凭证。扣缴义务人代扣、代收税款时,纳税人要求扣缴义务人开具代扣、代收税款凭证的，扣缴义务人应当开具。

纳税人有下列情形之一的，税务机关有权核定其应纳税额：

(1)依照法律、行政法规的规定可以不设置账簿的。

(2)依照法律、行政法规的规定应当设置但未设置账簿的。

(3)擅自销毁账簿或者拒不提供纳税资料的。

(4)虽设置账簿，但账目混乱或者成本资料、收入凭证、费用凭证残缺不全，难以查账的。

(5)发生纳税义务，未按照规定的期限办理纳税申报，经税务机关责令限期申报，逾期仍不申报的。

(6)纳税人申报的计税依据明显偏低，又无正当理由的。

税务机关核定应纳税额的具体程序和方法由国务院税务主管部门规定。

企业或者外国企业在中国境内设立的从事生产、经营的机构、场所与其关联企业之间的业务往来，应当按照独立企业之间的业务往来收取或者支付价款、费用；不按照独立企业之间的业务往来收取或者支付价款、费用，而减少其应纳税的收入或者所得额的，税务机关有权进行合理调整。

二、税款征收措施

对未按照规定办理税务登记的从事生产、经营的纳税人以及临时从事经营的纳税人，由税务机关核定其应纳税额，责令缴纳；不缴纳的，税务机关可以扣押其价值相当于应纳税款的商品、货物。扣押后缴纳应纳税款的，税务机关必须立即解除扣押，并归还所扣押的商品、货物；扣押后仍不缴纳应纳税款的，经县以上税务局(分局)局长批准，依法拍卖或者变卖所扣押的商品、货物，以拍卖或者变卖所得抵缴税款。

税务机关有根据认为从事生产、经营的纳税人有逃避纳税义务行为的，可以在规定的纳税期之前，责令限期缴纳应纳税款；在限期内发现纳税人有明显转移、隐匿其应纳税的商品、货物以及其他财产或者应纳税的收入的迹象的，税务机关可以责成纳税人提供纳税担保。如果纳税人不能提供纳税担保，经县以上税务局(分局)局长批准，税务机关可以采取下列税收保全措施：

(1)书面通知纳税人开户银行或者其他金融机构冻结纳税人的金额相当于应纳税款的存款。

(2)扣押、查封纳税人的价值相当于应纳税款的商品、货物或者其他财产。

纳税人在前款规定的限期内缴纳税款的，税务机关必须立即解除税收保全措施；限期期满仍未缴纳税款的，经县以上税务局(分局)局长批准，税务机关可以书面通知纳税人开户银行或者其他金融机构从其冻结的存款中扣缴税款，或者依法拍卖或者变卖所扣押、查封的商品、货物或者其他财产，以拍卖或者变卖所得抵缴税款。

个人及其所扶养家属维持生活必需的住房和用品，不在税收保全措施的范围之内。

纳税人在限期内已缴纳税款，税务机关未立即解除税收保全措施，使纳税人的合法利益遭受损失的，税务机关应当承担赔偿责任。

从事生产、经营的纳税人、扣缴义务人未按照规定的期限缴纳或者解缴税款，纳税担保人未按照规定的期限缴纳所担保的税款，由税务机关责令限期缴纳，逾期仍未缴纳的，经县以上税务局（分局）局长批准，税务机关可以采取下列强制执行措施：

（1）书面通知其开户银行或者其他金融机构从其存款中扣缴税款。

（2）扣押、查封、依法拍卖或者变卖其价值相当于应纳税款的商品、货物或者其他财产，以拍卖或者变卖所得抵缴税款。

税务机关采取强制执行措施时，对前款所列纳税人、扣缴义务人、纳税担保人未缴纳的滞纳金同时强制执行。

个人及其所扶养家属维持生活必需的住房和用品，不在强制执行措施的范围之内。

采取税收保全措施、强制执行措施的权力，不得由法定的税务机关以外的单位和个人行使。

税务机关采取税收保全措施和强制执行措施必须依照法定权限和法定程序，不得查封、扣押纳税人个人及其所扶养家属维持生活必需的住房和用品。

税务机关滥用职权违法采取税收保全措施、强制执行措施，或者采取税收保全措施、强制执行措施不当，使纳税人、扣缴义务人或者纳税担保人的合法权益遭受损失的，应当依法承担赔偿责任。

欠缴税款的纳税人或者他的法定代表人需要出境的，应当在出境前向税务机关结清应纳税款、滞纳金或者提供担保。未结清税款、滞纳金，又不提供担保的，税务机关可以通知出境管理机关阻止其出境。

税务机关征收税款，税收优先于无担保债权，法律另有规定的除外；纳税人欠缴的税款发生在纳税人以其财产设定抵押、质押或者纳税人的财产被留置之前的，税收应当先于抵押权、质权、留置权执行。

纳税人欠缴税款，同时又被行政机关决定处以罚款、没收违法所得的，税收优先于罚款、没收违法所得。

税务机关应当对纳税人欠缴税款的情况定期予以公告。

纳税人有欠税情形而以其财产设定抵押、质押的，应当向抵押权人、质权人说明其欠税情况。抵押权人、质权人可以请求税务机关提供有关的欠税情况。

税务机关扣押商品、货物或者其他财产时，必须开付收据；查封商品、货物或者其他财产时，必须开付清单。

纳税人有合并、分立情形的，应当向税务机关报告，并依法缴清税款。纳税人合并时未缴清税款的，应当由合并后的纳税人继续履行未履行的纳税义务；纳税人分立时未缴清税款的，分立后的纳税人对未履行的纳税义务应当承担连带责任。

欠缴税款数额较大的纳税人在处分其不动产或者大额资产之前，应当向税务机关报告。

欠缴税款的纳税人因怠于行使到期债权，或者放弃到期债权，或者无偿转让财产，或者以明显不合理的低价转让财产而受让人知道该情形，对国家税收造成损害的，税务机关可以依照合同法第七十三条、第七十四条的规定行使代位权、撤销权。

税务机关依照前款规定行使代位权、撤销权的，不免除欠缴税款的纳税人尚未履行的纳税义务和应承担的法律责任。

纳税人超过应纳税额缴纳的税款，税务机关发现后应当立即退还；纳税人自结算缴纳税款之日起3年内发现的，可以向税务机关要求退还多缴的税款并加算银行同期存款利息，税务机关及时查实后应当立即退还；涉及从国库中退库的，依照法律、行政法规有关国库管理的规定退还。

因税务机关的责任，致使纳税人、扣缴义务人未缴或者少缴税款的，税务机关在3年内可以要求纳税人、扣缴义务人补缴税款，但是不得加收滞纳金。

因纳税人、扣缴义务人计算错误等失误，未缴或者少缴税款的，税务机关在3年内可以追征税款、滞纳金；有特殊情况的，追征期可以延长到5年。

对偷税、抗税、骗税的，税务机关追征其未缴或者少缴的税款、滞纳金或者所骗取的税款，不受前款规定期限的限制。

国家税务总局和地方税务局应当按照国家规定的税收征收管理范围和税款入库预算级次，将征收的税款缴入国库。

对审计机关、财政机关依法查出的税收违法行为，税务机关应当根据有关机关的决定、意见书，依法将应收的税款、滞纳金按照税款入库预算级次缴入国库，并将结果及时回复有关机关。

第五节　税务检查和法律责任

一、税务检查

税务机关有权进行下列税务检查：

(1)检查纳税人的账簿、记账凭证、报表和有关资料，检查扣缴义务人代扣代缴、代收代缴税款账簿、记账凭证和有关资料。

(2)到纳税人的生产、经营场所和货物存放地检查纳税人应纳税的商品、货物或者其他财产，检查扣缴义务人与代扣代缴、代收代缴税款有关的经营情况。

(3)责成纳税人、扣缴义务人提供与纳税或者代扣代缴、代收代缴税款有关的文件、证明材料和有关资料。

(4)询问纳税人、扣缴义务人与纳税或者代扣代缴、代收代缴税款有关的问题和情况。

(5)到车站、码头、机场、邮政企业及其分支机构检查纳税人托运、邮寄应纳税商品、货物或者其他财产的有关单据、凭证和有关资料。

(6)经县以上税务局(分局)局长批准，凭全国统一格式的检查存款账户许可证明，查询从事生产、经营的纳税人、扣缴义务人在银行或者其他金融机构的存款账户。税务机关在调查税收违法案件时，经设区的市、自治州以上税务局(分局)局长批准，可以查询案件涉嫌人员的储蓄存款。税务机关查询所获得的资料，不得用于税收以外的用途。

税务机关对从事生产、经营的纳税人以前纳税期的纳税情况依法进行税务检查时，发现纳税人有逃避纳税义务行为，并有明显的转移、隐匿其应纳税的商品、货物以及其他财产或者应纳税的收入的迹象的，可以按照本法规定的批准权限采取税收保全措施或者强制执行措施。

纳税人、扣缴义务人必须接受税务机关依法进行的税务检查，如实反映情况，提供有关资料,不得拒绝、隐瞒。

税务机关依法进行税务检查时,有权向有关单位和个人调查纳税人、扣缴义务人和其他当事人与纳税或者代扣代缴、代收代缴税款有关的情况,有关单位和个人有义务向税务机关如实提供有关资料及证明材料。

税务机关调查税务违法案件时,对与案件有关的情况和资料,可以记录、录音、录像、照相和复制。

税务机关派出的人员进行税务检查时,应当出示税务检查证和税务检查通知书,并有责任为被检查人保守秘密;未出示税务检查证和税务检查通知书的,被检查人有权拒绝检查。

二、法律责任

纳税人有下列行为之一的,由税务机关责令限期改正,可以处 2 000 元以下的罚款;情节严重的,处 2 000 元以上 1 万元以下的罚款:

(1)未按照规定的期限申报办理税务登记、变更或者注销登记的。

(2)未按照规定设置、保管账簿或者保管记账凭证和有关资料的。

(3)未按照规定将财务、会计制度或者财务、会计处理办法和会计核算软件报送税务机关备查的。

(4)未按照规定将其全部银行账号向税务机关报告的。

(5)未按照规定安装、使用税控装置,或者损毁或者擅自改动税控装置的。

纳税人不办理税务登记的,由税务机关责令限期改正;逾期不改正的,经税务机关提请,由工商行政管理机关吊销其营业执照。

纳税人未按照规定使用税务登记证件,或者转借、涂改、损毁、买卖、伪造税务登记证件的,处 2 000 元以上 1 万元以下的罚款;情节严重的,处 1 万元以上 5 万元以下的罚款。

扣缴义务人未按照规定设置、保管代扣代缴、代收代缴税款账簿或者保管代扣代缴、代收代缴税款记账凭证及有关资料的,由税务机关责令限期改正,可以处 2 000 元以下的罚款;情节严重的,处 2 000 元以上 5 000 元以下的罚款。

纳税人未按照规定的期限办理纳税申报和报送纳税资料的,或者扣缴义务人未按照规定的期限向税务机关报送代扣代缴、代收代缴税款报告表和有关资料的,由税务机关责令限期改正,可以处 2 000 元以下的罚款;情节严重的,可以处 2 000 元以上 1 万元以下的罚款。

纳税人伪造、变造、隐匿、擅自销毁账簿、记账凭证,或者在账簿上多列支出或者不列、少列收入,或者经税务机关通知申报而拒不申报或者进行虚假的纳税申报,不缴或者少缴应纳税款的,是偷税。对纳税人偷税的,由税务机关追缴其不缴或者少缴的税款、滞纳金,并处不缴或者少缴的税款 50%以上 5 倍以下的罚款;构成犯罪的,依法追究刑事责任。

扣缴义务人采取前款所列手段,不缴或者少缴已扣、已收税款,由税务机关追缴其不缴或者少缴的税款、滞纳金,并处不缴或者少缴的税款 50%以上 5 倍以下的罚款;构成犯罪的,依法追究刑事责任。

纳税人、扣缴义务人编造虚假计税依据的,由税务机关责令限期改正,并处 5 万元以下的罚款。

纳税人不进行纳税申报,不缴或者少缴应纳税款的,由税务机关追缴其不缴或者少缴的税款、滞纳金,并处不缴或者少缴的税款50%以上5倍以下的罚款。

纳税人欠缴应纳税款,采取转移或者隐匿财产的手段,妨碍税务机关追缴欠缴的税款的,由税务机关追缴欠缴的税款、滞纳金,并处欠缴税款50%以上5倍以下的罚款;构成犯罪的,依法追究刑事责任。

以假报出口或者其他欺骗手段,骗取国家出口退税款,由税务机关追缴其骗取的退税款,并处骗取税款1倍以上5倍以下的罚款;构成犯罪的,依法追究刑事责任。

对骗取国家出口退税款的,税务机关可以在规定期间内停止为其办理出口退税。

以暴力、威胁方法拒不缴纳税款的,是抗税,除由税务机关追缴其拒缴的税款、滞纳金外,依法追究刑事责任。情节轻微,未构成犯罪的,由税务机关追缴其拒缴的税款、滞纳金,并处拒缴税款1倍以上5倍以下的罚款。

纳税人、扣缴义务人在规定期限内不缴或者少缴应纳或者应解缴的税款,经税务机关责令限期缴纳,逾期仍未缴纳的,税务机关除依照本法第四十条的规定采取强制执行措施追缴其不缴或者少缴的税款外,可以处不缴或者少缴的税款50%以上5倍以下的罚款。

扣缴义务人应扣未扣、应收而不收税款的,由税务机关向纳税人追缴税款,对扣缴义务人处应扣未扣、应收未收税款50%以上3倍以下的罚款。

纳税人、扣缴义务人逃避、拒绝或者以其他方式阻挠税务机关检查的,由税务机关责令改正,可以处1万元以下的罚款;情节严重的,处1万元以上5万元以下的罚款。

非法印制发票的,由税务机关销毁非法印制的发票,没收违法所得和作案工具,并处1万元以上5万元以下的罚款;构成犯罪的,依法追究刑事责任。

从事生产、经营的纳税人、扣缴义务人有本法规定的税收违法行为,拒不接受税务机关处理的,税务机关可以收缴其发票或者停止向其发售发票。

纳税人、扣缴义务人的开户银行或者其他金融机构拒绝接受税务机关依法检查纳税人、扣缴义务人存款账户,或者拒绝执行税务机关作出的冻结存款或者扣缴税款的决定,或者在接到税务机关的书面通知后帮助纳税人、扣缴义务人转移存款,造成税款流失的,由税务机关处10万元以上50万元以下的罚款,对直接负责的主管人员和其他直接责任人员处1 000元以上1万元以下的罚款。

行政处罚罚款额在2 000元以下的,可以由税务所决定。

税务机关和司法机关的涉税罚没收入,应当按照税款入库预算级次上缴国库。税务机关违反规定擅自改变税收征收管理范围和税款入库预算级次的,责令限期改正,对直接负责的主管人员和其他直接责任人员依法给予降级或者撤职的行政处分。

纳税人、扣缴义务人有违法行为涉嫌犯罪的,税务机关应当依法移交司法机关追究刑事责任。

税务人员徇私舞弊,对依法应当移交司法机关追究刑事责任的不移交,情节严重的,依法追究刑事责任。

未经税务机关依法委托征收税款的,责令退还收取的财物,依法给予行政处分或者行政处罚;致使他人合法权益受到损失的,依法承担赔偿责任;构成犯罪的,依法追究刑事责任。

税务机关、税务人员查封、扣押纳税人个人及其所扶养家属维持生活必需的住房和用品的,责令退还,依法给予行政处分;构成犯罪的,依法追究刑事责任。

税务人员与纳税人、扣缴义务人勾结，唆使或者协助纳税人、扣缴义务人有违法的行为，构成犯罪的，依法追究刑事责任；尚不构成犯罪的，依法给予行政处分。

税务人员利用职务上的便利，收受或者索取纳税人、扣缴义务人财物或者谋取其他不正当利益，构成犯罪的，依法追究刑事责任；尚不构成犯罪的，依法给予行政处分。

税务人员徇私舞弊或者玩忽职守，不征或者少征应征税款，致使国家税收遭受重大损失，构成犯罪的，依法追究刑事责任；尚不构成犯罪的，依法给予行政处分。

税务人员滥用职权，故意刁难纳税人、扣缴义务人的，调离税收工作岗位，并依法给予行政处分。

税务人员对控告、检举税收违法违纪行为的纳税人、扣缴义务人以及其他检举人进行打击报复的，依法给予行政处分；构成犯罪的，依法追究刑事责任。

税务人员违反法律、行政法规的规定，故意高估或者低估农业税计税产量，致使多征或者少征税款，侵犯农民合法权益或者损害国家利益，构成犯罪的，依法追究刑事责任；尚不构成犯罪的，依法给予行政处分。

违反法律、行政法规的规定提前征收、延缓征收或者摊派税款的，由其上级机关或者行政监察机关责令改正，对直接负责的主管人员和其他直接责任人员依法给予行政处分。

违反法律、行政法规的规定，擅自作出税收的开征、停征或者减税、免税、退税、补税以及其他同税收法律、行政法规相抵触的决定的，除依照本法规定撤销其擅自作出的决定外，补征应征未征税款，退还不应征收而征收的税款，并由上级机关追究直接负责的主管人员和其他直接责任人员的行政责任；构成犯罪的，依法追究刑事责任。

税务人员在征收税款或者查处税收违法案件时，未按照本法规定进行回避的，对直接负责的主管人员和其他直接责任人员，依法给予行政处分。

违反税收法律、行政法规应当给予行政处罚的行为，在 5 年内未被发现的，不再给予行政处罚。

未按照本法规定为纳税人、扣缴义务人、检举人保密的，对直接负责的主管人员和其他直接责任人员，由所在单位或者有关单位依法给予行政处分。

纳税人、扣缴义务人、纳税担保人同税务机关在纳税上发生争议时，必须先依照税务机关的纳税决定缴纳或者解缴税款及滞纳金或者提供相应的担保，然后可以依法申请行政复议；对行政复议决定不服的，可以依法向人民法院起诉。

当事人对税务机关的处罚决定、强制执行措施或者税收保全措施不服的，可以依法申请行政复议，也可以依法向人民法院起诉。

当事人对税务机关的处罚决定逾期不申请行政复议也不向人民法院起诉、又不履行的，作出处罚决定的税务机关可以采取本法第四十条规定的强制执行措施，或者申请人民法院强制执行。

练习题

不定项选择题：

1. 需要办理纳税申报的是(　　)。

A. 纳税人　　B. 扣缴义务人　　C. 自然人　　D. 法人

2. 办理设立税务登记的期限包括(　　)。

A. 自领取营业执照之日起 10 日　　B. 自领取营业执照之日起 30 日

C. 自批准设立之日起 15 日　　D. 自发生纳税义务之日起 30 日

3. 整个税收征收管理的起点是(　　)。

A. 办理营业执照　　B. 纳税人资格认定　　C. 税务登记　　D. 纳税申报

4. 根据《发票管理办法》及其实施细则的规定,纳税人已开具的发票存根联和发票登记簿的保存期限是(　　)。

A. 5 年　　B. 10 年　　C. 15 年　　D. 永久

5. 发票管理机关是(　　)。

A. 财政机关　　B. 税务机关　　C. 工商管理局机关　　D. 执法机关

6. 纳税申报的方式有(　　)。

A. 自行申报　　B. 邮寄申报　　C. 数据电文申报　　D. 其他申报

7. 税务登记的内容包括(　　)。

A. 设立登记　　B. 验报登记　　C. 变更登记　　D. 注销登记

8. 下列各项中,应当办理税务登记的有(　　)。

A. 某远程教育公司在外地设立的分支机构　　B. 国有企业

C. 某市工商局　　D. 报刊杂志出版社

9. 根据税收征收管理法律制度的规定,纳税申报的内容包括(　　)。

A. 税种　　B. 计税依据　　C. 应纳税额　　D. 扣除项目及标准

10. 下列行为中属于开发票禁止行为的有(　　)。

A. 甲公司向乙公司销售产品一批,售价 50 万元,给予 20% 的商业折扣,应乙公司要求甲公司按 100 万元开具了增值税专用发票

B. 甲公司购入一批食品进行业务招待使用,要求对方按办公用品项目开具了发票

C. 甲公司从农民手中收购粮食一批,收购价款 100 万元,因税法规定其中 13 万元可以作为进项税额抵扣,因此甲公司按 87 万元开具了农产品收购发票

D. 甲公司销售一批商品因质量不合格被退回,甲公司按规定给对方开具了红字增值税专用发票

11. 关于账簿和凭证管理,下列说法正确的有(　　)。

A. 民族自治地方在设置账簿时,可以仅使用当地通用的一种民族文字

B. 从事生产、经营的纳税人应当自领取税务登记证之日起 15 日内,报送财务会计处理办法

C. 账簿包括总账、明细账、日记账以及其他辅助性账簿

D. 扣缴义务人应当自税收法律、行政法规规定的扣缴义务发生之日起 10 日内,按照所代扣、代收的税种,分别设置代扣代缴、代收代缴税款账簿

12. 开具发票的正确情形有(　　)。

A. 收款方向付款方开具　　B. 特殊情况下付款方向收款方开具

C. 应开不开发票　　D. 企业为别人代开

13. 下列个人财产中,不适用税收保全措施的是(　　)。

A. 机动车辆　　B. 金银首饰

C. 古玩字画　　D. 维持生活必需的住房

14. 税务机关通过调查，发现某饭店的纳税申报表上有弄虚作假的情形，则税务机关可以采取的税款征收措施是(　　)。

A. 核定其应纳税额　　B. 责令其缴纳税款

C. 责令提供纳税担保　　D. 采取税收保全措施

15. 下列各项情形中，税务机关有权核定应纳税额的有(　　)。

A. 纳税人未按规定设置账簿的

B. 纳税人拒不提供纳税资料的

C. 纳税人虽设置账簿，但账目混乱，难以查账的

D. 纳税人申报的计税依据明显偏低，又无正当理由的

16. 下列属于税务检查方式的有(　　)。

A. 检查纳税人财务会计资料

B. 检查纳税人应纳税的商品、货物、财产等

C. 询问纳税人有关纳税的问题和情况

D. 查询纳税人的银行账户

17. 下列各项中，属于税收强制执行措施的有(　　)。

A. 暂扣纳税人营业执照

B. 书面通知纳税人开户银行从其存款中扣缴税款

C. 依法拍卖纳税人价值相当于应纳税款的货物，以拍卖所得抵缴税款

D. 书面通知纳税人开户银行冻结纳税人的金额相当于应纳税款的存款

18. 下列各项中，属于税收保全措施的有(　　)。

A. 书面通知纳税人开户银行冻结纳税人的金额相当于应纳税款的存款

B. 扣押、查封纳税人的价值相当于应纳税款的商品、货物或者其他财产

C. 暂扣纳税人工商营业执照

D. 拍卖纳税人价值相当于应纳税款的货物，以拍卖所得抵缴税款

19. 甲公司欠缴税款和滞纳金共计20万元，其法定代表人需出境进行业务谈判，税务机关可以采取的税款征收措施有(　　)。

A. 阻止出境

B. 责令提供纳税担保

C. 核定应纳税额

D. 书面通知甲公司开户银行冻结其相当于应纳税款的存款金额

20. 纳税人采取在账簿上多列支出或者不列、少列收入的手段，不缴或少缴应纳税款的行为属于(　　)。

A. 偷税　　B. 欠税　　C. 骗税　　D. 抗税

21. 对于纳税人未按照规定的期限向税务机关报送其全部银行账号的，情节不严重的，由税务机关责令改正，可以处罚的金额为(　　)。

A. 2 000 元以下　　B. 2 000 元以上 5 000 元以下

C. 2 000 元以上 10 000 元以下　　D. 5 000 元以上

22. 税务机关对纳税人欠缴税款进行追缴时,具有以下权利(　　)。

A. 税款优先于无担保债权

B. 欠税发生在债权担保之前的,税款优先于担保债权

C. 税款优先于没收违法所得

D. 欠税的纳税人怠于行使或放弃到期债权,损害税款征收时,可以行使代位权

23. 纳税人发生税收违法行为行为时,税务机关可以行使的权力有(　　)。

A. 追缴税款　　B. 加收滞纳金　　C. 处以罚款　　D. 追究刑事责任

24. 对扣缴义务人应扣未扣、应收未收的税款,税务机关采取的下列措施中,正确的有(　　)。

A. 向扣缴义务人追缴税款　　B. 向纳税人追缴税款

C. 对扣缴义务人处以罚款　　D. 对纳税人处以罚款

25 税款征收措施有(　　)。

A. 加收滞纳金　　B. 核定应纳税额

C. 税收保全　　D. 强制执行

26 . 税务机关可依法行使代位权、撤销权的情形有(　　)。

A. 纳税人怠于行使到期债权　　B. 放弃到期债权

C. 无偿转让财产　　D. 以明显不合理低价转让财产

27. 需要办理变更税务登记的情形有(　　)。

A. 改变法定代表人

B. 改变经营方式

C. 增减注册资本、改变开户银行及账号

D. 改变经济类型或经济性质

28. 变更税务登记的时限为(　　)。

A. 变更之日起 30 日内

B. 营业执照变更登记之日起 30 日内

C. 变更之日起 15 日内

D. 营业执照变更登记之日起 15 日内

第二篇

流转税纳税实务

第三章　增值税

学习目标

1. 明确增值税的纳税人、征税范围和税率。
2. 掌握增值税的计税方法。
3. 掌握增值税的申报方法。
4. 掌握增值税的会计处理方法。

重点难点

1. 增值税的计算。
2. 增值税纳税申报表的填制。
3. 增值税的会计处理。

第一节　增值税的基本知识

一、增值税的纳税人

(一)纳税人范围

增值税的纳税人包括销售货物，提供加工、修理修配劳务，进口货物，销售服务、无形资产、不动产的单位和个人。

(二)纳税人的种类

由于增值税实行凭增值税专用发票抵扣税款的制度，因此对纳税人的会计核算水平要求较高，要求能够准确核算销项税额、进项税额和应纳税额。但实际情况是有的纳税人达不到这一要求，因此《中华人民共和国增值税暂行条例》将纳税人按其经营规模大小以及会计核算是否健全划分为一般纳税人和小规模纳税人。

1. 一般纳税人

一般纳税人的标准为：

(1)年销售额500万元以上。不区分行业。

(2)会计核算健全。

2. 小规模纳税人

小规模纳税人的范围为：

(1)年销售额在一般纳税人标准以下，或会计核算不健全。

(2)个人。

(3)销售额超过一般纳税人标准的非企业单位、不经常发生销售业务的单位可以选择小规模纳税人。

二、增值税的征税范围

现行增值税征税的行业范围为国民经济各个行业(农业除外)，具体包括工业、商业、各种服务业、销售无形资产和不动产的行为。

服务业包括：

(1)交通运输服务；

(2)邮政服务；

(3)电信服务；

(4)建筑服务；

(5)金融服务；

(6)现代服务(包括研发服务和技术服务、信息技术服务、文化创意服务、物流辅助服务、租赁服务、鉴证咨询服务、广播影视服务、商务辅助服务)；

(7)生活服务(包括文化体育服务、教育医疗服务、旅游娱乐服务、餐饮住宿服务、居民日常服务和其他生活服务)。

三、税率

(一)一般纳税人

一般纳税人的税率有三档。

(1)基本税率：13%。

(2)粮食、食用植物油、居民生活必需品、图书、农用生产资料等，交通运输业、邮政业、基础电信服务、建筑业、不动产租赁、销售不动产、转让土地使用权：9%。

(3)现代服务业、生活服务业、金融服务业、增值电信服务、销售无形资产：6%。

具体税率详见增值税税目、税率表(见表3-1)。

(二)小规模纳税人

小规模纳税人实行简易征收方法，征收率为3%和5%(见表3-2)。

(三)出口货物和服务

出口货物和应税服务,税率为 0。

表 3-1　增值税税目、税率表

序号	税目	税率
1	销售或者进口货物(除 9～12 项外)	13%
2	加工、修理修配劳务	13%
3	有形动产租赁服务	13%
4	不动产租赁服务	9%
5	销售不动产	9%
6	建筑服务	9%
7	运输服务	9%
8	转让土地使用权	9%
9	饲料、化肥、农药、农机、农膜	9%
10	粮食等农产品、食用植物油、食用盐	9%
11	自来水、暖气、冷气、热水、煤气、石油液化气、天然气、二甲醚、沼气、居民用煤炭制品	9%
12	图书、报纸、杂志、音像制品、电子出版物	9%
13	邮政服务	9%
14	基础电信服务	9%
15	增值电信服务	6%
16	金融服务	6%
17	现代服务	6%
18	生活服务	6%
19	销售无形资产(除土地使用权外)	6%
20	出口货物	0%
21	跨境销售国务院规定范围内的服务、无形资产	0%

表 3-2 小规模纳税人税目征收率表

序号	税目	征收率
1	销售货物，加工、修理修配劳务，销售服务（除另有规定外），销售无形资产	3%
2	销售不动产	5%

四、减免税政策

下列项目免征增值税：

（1）农业生产者销售的自产农产品；

（2）避孕药品和用具；

（3）古旧图书；

（4）直接用于科学研究、科学试验和教学的进口仪器、设备；

（5）外国政府、国际组织无偿援助的进口物资和设备；

（6）由残疾人的组织直接进口供残疾人专用的物品；

（7）销售的自己使用过的物品；

（8）国务院、财政部、国家税务总局规定的其他减税、免税项目。

纳税人销售额未达到国务院财政、税务主管部门规定的增值税起征点的，免征增值税；达到起征点的，依照本条例规定全额计算缴纳增值税。增值税起征点的适用范围限于个人。

增值税起征点的幅度规定如下：

（1）销售货物的，为月销售额 5 000～20 000 元；

（2）销售应税劳务的，为月销售额 5 000～20 000 元；

（3）按次纳税的，为每次（日）销售额 300～500 元。

省、自治区、直辖市财政厅（局）和国家税务局应在规定的幅度内，根据实际情况确定本地区适用的起征点，并报财政部、国家税务总局备案。

小规模纳税人减免税政策：2021 年小规模纳税人适用 3%征收率的应税销售收入，减按 1%征收率征收增值税；2021 年起将小规模纳税人增值税起征点从月销售额 10 万元提高到 15 万元，此政策延续至 2022 年 12 月 31 日。

第二节 增值税的计算

一、一般纳税人应纳税额的计算

（一）计算原理

应纳增值税＝销项税额—进项税额

（二）销项税额的确定

1. 销售开具增值税专用发票

销项税额即为增值税专用发票上标明的增值税额，其计算方法为：

增值税额＝价款金额（不含税销售额）×税率

增值税专用发票如图 3-1 所示。

6100045782 陕西增值税专用发票 **No 023838**

此联不作为报销、扣税凭证使用 开票日期:2021 年 1 月 5 日

购买方	名称:中天贸易有限公司 纳税人识别号:15002462647534X 地 址、电 话:西安市长安南路 029－88430586 开户行及账号:中行长安路支行 101014788680920011	密码区	(略)

货物或应税劳务名称	规格型号	单位	数量	单价	金额	税率	税额
钢模板		kg	2 000	10.00	20 000.00	13%	2 600.00
钢床架		kg	1 000	30.00	30 000.00	13%	3 900.00
合 计					￥50 000.0		￥6 500.00
价税合计(大写)	伍万陆仟伍佰元整				(小写)￥56 500.00		

销售方	名称:永兴机械有限公司 纳税人识别号:610188146622317 地址、电话:西安市高新区 029－36891245 开户行及账号:工行长安路支行 21371859091002	备注	

收款人: 复核: 开票人:张华 开票单位:(章)

图 3－1 增值税专用发票

2. 销售开具增值税普通发票

销项税额为增值税普通发票上标明的增值税额,这是将含税销售额换算为不含税销售额后计算的,方法为:

不含税销售额＝含税销售额/(1＋税率)

增值税额＝不含税销售额×税率

增值税普通发票如图 3－2 所示。

6100021578 陕西增值税普通发票 **No 02380123**

此联不作为报销、扣税凭证使用 开票日期:2021 年 1 月 10 日

购买方	名称:方达机械有限公司 纳税人识别号:15002462647534X 地址、电 话:西安市长安南路 029－88430586 开户行及账号:工行长安路支行 101014788680920011	密码区	(略)

货物或应税劳务名称	规格型号	单位	数量	单价	金额	税率	税额
钢材		吨	40	4 237.50	176 991.15	13%	23 008.85
合 计					￥176 991.15		￥23 008.85
价税合计(大写)	贰拾万元整				(小写)￥200 000.00		

销售方	名称:东风物资有限公司 纳税人识别号:610598146625687 地址、电话:西安市太白路 029－86891236 开户行及账号:中行太白路支行 21371859093897	备注	

收款人: 复核: 开票人:胡大一 开票单位:(章)

图 3－2 增值税普通发票

3. 销售开具其他发票或未开发票

如客运或零售业等即属于此类情况。此类情况下，需将含税销售额价款换算为不含税销售额后再计算销项税额。其计算方法为：

不含税销售额＝含税销售额／(1＋税率)

销项税额＝不含税销售额×税率

(三)进项税额的确定

1. 准予抵扣的进项税额

(1)购进存货或加工修理修配劳务、服务，取得增值税专用发票上标明的增值税额。

(2)购进固定资产、无形资产，取得增值税专用发票标明的增值税额。

(3)进口货物(存货、设备)，取得进口完税凭证上注明的进口增值税额。

(4)购进免税农产品，以买价乘以9%的扣除率作为进项税额，纳税人购进用于生产或者委托加工13%税率货物的免税农产品，按照10%的扣除率计算进项税额。

(5)接受其他劳务、服务，取得增值税专用发票标明的增值税额。

2. 不准抵扣的进项税额

(1)购进货物、劳务、服务、不动产和无形资产未取得增值税专用发票。

(2)用于生活福利的购进货物、固定资产或劳务、服务的进项税额。

(3)非常损失(灾害、被盗)的购进材料、商品的进项税额。

(4)非常损失的在产品、产成品耗用的材料的进项税额。

(5)退回的购进材料、商品的进项税额。

其中：(2)项，购进时明确为上述用途的，不计入进项税额；后改变为上述用途的，要从进项税额中转出。(3)(4)(5)项，应从已计入的进项税额中转出。

(四)应纳增值税额的计算方法

当期应纳增值税＝当期销项税额－当期准予抵扣的进项税额

＝销项税额－(当期发生的准予抵扣的进项税额－转出的不准抵扣的进项税额＋上月留抵的进项税额)

[**例3-1**] 某增值税一般纳税人当某月有关纳税资料如下：

(1) 购进材料，取得增值税专用发票上标明的增值税进项税额合计30万元。

(2) 支付运费，取得增值税专用发票上标明的增值税0.35万元。

(3) 购设备，取得增值税专用发票上标明的增值税2万元。

(4) 销售产品，开具的增值税专用发票上标明的增值税销项税额合计50万元。

(5) 销售产品，开具的增值税普通发票上标明的增值税额为0.85万元。

(6)上月无留抵的进项税额。

计算本月应纳增值税。

销项税额＝50＋0.85＝50.85(万元)

准予抵扣的进项税额＝30＋0.35＋2＝32.35(万元)

应纳增值税＝50.85－32.35＝18.5(万元)

二、小规模纳税人应纳增值税的计算

小规模纳税人销售商品和劳务只能开具增值税普通发票，实行简易计税方法，以不含税销售额与征收率计算，不抵扣进项税额。计算方法为：

应纳增值税＝不含税销售额×征收率

＝含税销售额／(1＋征收率)×征收率

[**例 3－2**] 某增值税小规模纳税人销售商品含税销售额为 10 300 元，开具增值税普通发票，适用征收率为 3%。计算应纳增值税。

应纳增值税＝10 300 ／(1＋3%)×3%＝10 000×3%＝300(元)

三、进口货物应纳增值税的计算

(一) 计税依据组成计税价格的计算

1. 一般货物

组成计税价格＝关税完税价格＋进口关税

2. 应纳消费税的货物

组成计税价格＝(关税完税价格＋进口关税)/(1－消费税税率)

(二)应纳增值税计算

应纳增值税＝组成计税价格×税率

[**例 3－3**] 某企业进口一批商品，海关核定的关税完税价格为 500 万元，适用进口关税税率为 10%，适用增值税税率为 13%，该商品不是消费税应税产品，计算应纳进口增值税。

组成计税价格＝500＋500×10%＝550(万元)

应纳增值税＝550×13%＝71.5(万元)

第三节　增值税的纳税申报

一、纳税期限和申报期限

增值税的纳税期限有 1 天、3 天、5 天、10 天、15 天、1 个月、1 季度几种，但一般为 1 个月。

以月或季为纳税期限的，申报期限为月、季满后 15 日内；以不满 1 个月为纳税期限的，为期满 5 日内预交，次月 15 日内申报并结清上月应纳税款。

二、纳税申报表的填制

[实训 3－1] 通达酒业有限公司(工业企业)为增值税一般纳税人。

2021 年 1 月销售产品开出增值税专用发票 20 张，发票合计销售额为 2 000 000 元、增值

税为260 000元；开出增值税普通发票5张，含税金额合计为5 000元，换算的不含税销售额为4 424.78元，增值税为575.22元。

当月购进材料取得增值税专用发票10张，总金额1 000 000元，增值税130 000元。

当月支付运费增值税专用发票金额合计为2 000元，增值税为180元。

本月购入一台包装机取得增值税专用发票，价款为5 000元，增值税为650元。

本月取得的所有进项增值税发票均通过认证，上月已认证留抵的进项税额为50 000元。

根据以上资料，填制一般纳税人增值税纳税申报表及附列资料。如表3-3～表3-9所示。

[实训3-2]华兴机械厂为增值税小规模纳税人，2019年5月，税务机关代开的增值税专用发票不含税销售额合计为50 000元；本厂税控器具开具的普通发票不含税销售额为80 000元。

根据以上资料，填制小规模纳税人增值税纳税申报表(表3-3)。

表3-3 增值税纳税申报表

(一般纳税人适用)

项目		栏次	一般货物及劳务	
			本月数	本年累计
销售额	(一)按适用税率计税销售额	1		
	其中：应税货物销售额	2		
	应税劳务销售额	3		
	纳税检查调整的销售额	4		
	(二)按简易征收办法征税货物销售额	5		
	其中：纳税检查调整的销售额	6		
	(三)免、抵、退办法出口货物销售额	7		
	(四)免税货物及劳务销售额	8		
	其中：免税货物销售额	9		
	免税劳务销售额	10		
税款计算	销项税额	11		
	进项税额	12		
	上期留抵税额	13		
	进项税额转出	14		
	免抵退货物应退税额	15		
	按适用税率计算的纳税检查应补缴税额	16		
	应抵扣税额合计	17＝12＋13－14－15＋16		—

续表

项目		栏次	一般货物及劳务	
			本月数	本年累计
税款计算	实际抵扣税额	18(如 17＜11,则为 17,否则为 11)		
	应纳税额	19＝11－18		
	期末留抵税额	20＝17－18		—
	简易征收办法计算的应纳税额	21		
	按简易征收办法计算的纳税检查应补缴税额	22		
	应纳税额减征额	23		
	应纳税额合计	24＝19＋21－23		
税款缴纳	期初未缴税额(多缴为负数)	25		
	实收出口开具专用缴款书退税额	26		
	本期已缴税额	27＝28＋29＋30＋31		
	①分次预缴税额	28		—
	②出口开具专用缴款书预缴税额	29		—
	③本期缴纳上期应纳税额	30		
	④本期缴纳欠缴税额	31		
	期末未缴税额(多缴为负数)	32＝24＋25＋26－27		
	其中:欠缴税额(≥0)	33＝25＋26－27		—
	本期应补(退)税额	34＝24－28－29	—	
	即征即退实际退税额	35	—	—
	期初未缴查补税额	36		
	本期入库查补税额	37		
	期末未缴查补税额	38＝16＋22＋36－37		

表 3－4　增值税纳税申报表附列资料(一)

(本期销售情况明细)

税款所属时间：　　年　月　日至　　年　月　日

项目及栏次				开具增值税专用发票		开具其他发票		未开具发票		纳税检查调整		合计		
				销售额	销项(应纳)税额	销售额	销项(应纳)税额	销售额	销项(应纳)税额	销售额	销项(应纳)税额	销售额	销项(应纳)税额	价税合计
				1	2	3	4	5	6	7	8	9＝1＋3＋5＋7	10＝2＋4＋6＋8	11＝9＋10
一、一般计税方法计税	全部征税项目	17%税率的货物及加工修理修配劳务	1											—
		16%税率的服务、不动产和无形资产	2											
		10%税率	3											—
		10%税率	4											
		6%税率	5											
	其中：即征即退项目	即征即退货物及加工修理修配劳务	6	—	—	—	—	—	—	—	—			—
		即征即退服务、不动产和无形资产	7	—	—	—	—	—	—	—	—			

续表

项目及栏次				开具增值税专用发票 销售额	开具增值税专用发票 销项(应纳)税额	开具其他发票 销售额	开具其他发票 销项(应纳)税额	未开具发票 销售额	未开具发票 销项(应纳)税额	纳税检查调整 销售额	纳税检查调整 销项(应纳)税额	合计 销售额	合计 销项(应纳)税额	合计 价税合计
				1	2	3	4	5	6	7	8	9=1+3+5+7	10=2+4+6+8	11=9+10
二、简易计税方法计税	全部征税项目	6%征收率	8							—	—			—
		5%征收率的货物及加工修理修配劳务	9a							—	—			—
		5%征收率的服务、不动产和无形资产	9b							—	—			
		4%征收率	10							—	—			—
		3%征收率的货物及加工修理修配劳务	11							—	—			—
		3%征收率的服务、不动产和无形资产	12							—	—			
		预征率 %	13a							—	—			
		预征率 %	13b							—	—			
		预征率 %	13c							—	—			
	其中：即征即退项目	即征即退货物及加工修理修配劳务	14	—	—	—	—	—	—	—	—			—
		即征即退服务、不动产和无形资产	15	—	—	—	—	—	—	—	—			

续表

项目及栏次			开具增值税专用发票		开具其他发票		未开具发票		纳税检查调整		合计		
			销售额	销项(应纳)税额	销售额	销项(应纳)税额	销售额	销项(应纳)税额	销售额	销项(应纳)税额	销售额	销项(应纳)税额	价税合计
			1	2	3	4	5	6	7	8	9=1+3+5+7	10=2+4+6+8	11=9+10
三、免抵退税	货物及加工修理修配劳务	16	—	—		—		—	—	—		—	—
	服务、不动产和无形资产	17	—	—		—		—	—	—		—	
四、免税	货物及加工修理修配劳务	18				—		—	—	—		—	—
	服务、不动产和无形资产	19	—	—		—		—	—	—		—	

表 3-5 增值税纳税申报表附列资料(二)

(本期进项税额明细)

税款所属时间: 年 月 日至 年 月 日

纳税人名称:(公章) 金额单位:元至角分

一、申报抵扣的进项税额				
项目	栏次	份数	金额	税额
(一)认证相符的税控增值税专用发票	1=2+3			
其中:本期认证相符且本期申报抵扣	2			
前期认证相符且本期申报抵扣	3			
(二)其他扣税凭证	4=5+6+7+8			
其中:海关进口增值税专用缴款书	5			
农产品收购发票或者销售发票	6			
代扣代缴税收缴款凭证	7		—	
其他	8			
(三)本期用于购建不动产的扣税凭证	9			
(四)本期不动产允许抵扣进项税额	10	—	—	
(五)外贸企业进项税额抵扣证明	11	—	—	
当期申报抵扣进项税额合计	12=1+4-9+10+11			

二、进项税额转出额		
项目	栏次	税额
本期进项税转出额	13=14 至 23 之和	
其中:免税项目用	14	
非应税项目用、集体福利、个人消费	15	
非正常损失	16	
简易计税方法征税项目用	17	
免抵退税办法不得抵扣的进项税额	18	
纳税检查调减进项税额	19	
红字专用发票通知单注明的进项税额	20	
上期留抵税额抵减欠税	21	
上期留抵税额退税	22	
其他应作进项税额转出的情形	23	

表 3-6 增值税纳税申报表附列资料(三)

(服务、不动产和无形资产扣除项目明细)

税款所属时间：　　年　　月　　日至　　年　　月　　日

纳税人名称：(公章)

	本期服务、不动产和无形资产价税合计额(免税销售额)	服务、不动产和无形资产扣除项目				
		期初余额	本期发生额	本期应扣除金额	本期实际扣除金额	期末余额
	1	2	3	4=2+3	5(5≤1且5≤4)	6=4-5
16%税率的有形动产租赁服务						
10%税率的应税服务						
6%税率的应税服务						
3%征收率的应税服务						
免抵退税的应税服务						
免税的应税服务						

表 3-7 固定资产(不含不动产)进项税额抵扣情况表

纳税人名称(公章)：　　填表日期：　　年　　月　　日　　金额单位：元至角分

项目	当期申报抵扣的固定资产进项税额	申报抵扣的固定资产进项税额累计
增值税专用发票		
海关进口增值税专用缴款书		
合计		

表 3-8　本期抵扣进项税额结构明细表

税款所属时间：　　年　月　日至　　年　月　日

纳税人名称：(公章)　　　　金额单位：元至角分

项目	栏次	金额	税额
合计	1=2+4+5+10+13+15+17+18+19		
17%税率的进项	2		
其中：有形动产租赁的进项	3		
13%税率的进项	4		
11%税率的进项	5		
其中：货物运输服务的进项	6		
建筑安装服务的进项	7		
不动产租赁服务的进项	8		
购入不动产的进项	9		
6%税率的进项	10		
其中：直接收费金融服务的进项	11		
财产保险的进项	12		
5%征收率的进项	13		
其中：购入不动产的进项	14		
3%征收率的进项	15		
其中：建筑安装服务的进项	16		
1.5%征收率的进项	17		
农产品核定扣除进项	18		
外贸企业进项税额抵扣证明注明的进项	19		
	20		
	21		

表 3-9　增值税纳税申报表

（小规模纳税人适用）

纳税人识别号：□□□□□□□□□□□□□□□□□□□□

纳税人名称（公章）：　　　　　　　　　　　　　　　　　　　　金额单位：元至角分

税款所属期：　年　月　日至　年　月　日　　　　　　　　　　填表日期：　年　月　日

	项目	栏次	本期数		本年累计	
			货物及劳务	服务、不动产和无形资产	货物及劳务	服务、不动产和无形资产
一、计税依据	（一）应征增值税不含税销售额	1				
	税务机关代开的增值税专用发票不含税销售额	2				
	税控器具开具的普通发票不含税销售额	3				
	（二）销售、出租不动产不含税销售额	4	—		—	
	税务机关代开的增值税专用发票不含税销售额	5	—		—	
	税控器具开具的普通发票不含税销售额	6	—		—	
	（三）销售使用过的固定资产不含税销售额	7(7≥8)		—		—
	其中：税控器具开具的普通发票不含税销售额	8		—		—
	（四）免税销售额	9=10+11+12				
	其中：小微企业免税销售额	10				
	未达起征点销售额	11				
	其他免税销售额	12				
	（五）出口免税销售额	13(13≥14)				
	其中：税控器具开具的普通发票销售额	14				

（续表）

	项目	栏次	本期数		本年累计	
			货物及劳务	服务、不动产和无形资产	货物及劳务	服务、不动产和无形资产
二、税款计算	本期应纳税额	15				
	本期应纳税额减征额	16				
	本期免税额	17				
	其中：小微企业免税额	18				
	未达起征点免税额	19				
	应纳税额合计	20＝15－16				
	本期预缴税额	21			—	—
	本期应补（退）税额	22＝20－21			—	—

纳税人或代理人声明：	如纳税人填报，由纳税人填写以下各栏：
本纳税申报表是根据国家税收法律法规及相关规定填报的，我确定它是真实的、可靠的、完整的。	办税人员：　财务负责人： 法定代表人：　联系电话：
	如委托代理人填报，由代理人填写以下各栏：
	代理人名称（公章）：　经办人：　联系电话：

主管税务机关：　接收人：　接收日期：

表 3-10　增值税纳税申报表(小规模纳税人适用)附列资料

税款所属期：　年　月　日至　年　月　日　　　　填表日期：　年　月　日

纳税人名称(公章)：　　　　　　　　　　　　　　金额单位:元至角分

应税服务扣除额计算			
期初余额	本期发生额	本期扣除额	期末余额
1	2	3(3≤1+2 之和,且 3≤5)	4=1+2-3
应税服务计税销售额计算			
全部含税收入	本期扣除额	含税销售额	不含税销售额
5	6=3	7=5-6	8=7÷1.03

第四节　增值税的会计处理

一、一般纳税人的会计处理

(一)购进材料或商品

企业购进材料或商品,以取得增值税专用发票上的价款金额记入“原材料”或“库存商品”账户,以增值税金额记入“应交税费——应交增值税(进项税额)”账户。

借:原材料或库存商品【价款金额】

　应交税费——应交增值税(进项税额)【增值税】

　贷:银行存款或应付账款【价税合计】

[**例 3-4**] 某工业企业购进一批原材料,取得增值税专用发票上的价款金额为50 000元,增值税为 6 500 元,合计金额 56 500 元。已转账付款。

会计处理为:

借:原材料　50 000

　应交税费——应交增值税(进项税额)　6 500

　贷:银行存款　56 500

(二)购进免税农产品

工商企业购进免征增值税的初级农产品,以购进发票上的价款金额的 9%记入“应交税费——应交增值税(进项税额)”账户,价款金额的 91%记入“原材料”或“库存商品”账户。

借:原材料或库存商品【价款金额×91%】

　应交税费——应交增值税(进项税额)【价款金额×9%】

　贷:银行存款或应付账款【价款金额】

[**例 3－5**] 某商业企业从果农处购进一批苹果，购进发票上的价款金额为 20 000 元，已转账付款。

会计处理为：

借：库存商品 18 200

应交税费——应交增值税（进项税额） 1 800

贷：银行存款 20 000

（三）购进固定资产或无形资产

以取得增值税专用发票上的价款金额记入“固定资产”或“无形资产”账户，以增值税金额记入“应交税费——应交增值税（进项税额）”账户。

借：固定资产或无形资产【价款金额】

应交税费——应交增值税（进项税额）【增值税】

贷：银行存款或应付账款【价税合计】

[**例 3－6**] 某工业企业购进一台生产设备，取得增值税专用发票上的价款金额为200 000元，增值税为 26 000 元，合计金额 226 000 元。尚未付款。

会计处理为：

借：固定资产 200 000

应交税费——应交增值税（进项税额） 26 000

贷：应付账款 226 000

（四）支付发外加工费

工业企业支付发外加工费，以取得增值税专用发票上的加工费价款金额记入“制造费用”账户，以增值税金额记入“应交税费——应交增值税（进项税额）”账户。

借：制造费用【价款金额】

应交税费——应交增值税（进项税额）【增值税】

贷：银行存款或应付账款【价税合计】

[**例 3－7**] 某工业企业对外支付加工费，取得增值税专用发票上的加工费价款金额为400 000元，增值税 52 000 元。已转账付款。

会计处理为：

借：制造费用 400 000

应交税费——应交增值税（进项税额） 52 000

贷：银行存款 452 000

（五）支付设备修理费、水费、电费及其他劳务费

企业支付设备修理费、水费、电费及其他劳务费，以取得增值税专用发票上的价款金额记入“制造费用”（生产用）或“管理费用”（管理用）账户，以增值税金额记入“应交税费——应交增值税（进项税额）”账户。

借：制造费用或管理费用【价款金额】

应交税费——应交增值税（进项税额）【增值税】

贷：银行存款或应付账款【价税合计】

[**例3-8**] 某技术服务企业支付办公用电费，取得增值税专用发票上的电费金额为1 000元，增值税130元。已转账付款。

会计处理为：

借：管理费用　　1 000

　应交税费——应交增值税（进项税额）　　130

　贷：银行存款　　1 130

（六）支付运费

工商企业购进材料或商品支付的运费，以取得增值税专用发票上的价款金额记入"原材料""库存商品"（金额较大时计入采购成本）或"管理费用"（金额较小时）账户，以增值税金额记入"应交税费——应交增值税（进项税额）"账户。

借：原材料、库存商品或管理费用【价款金额】

　应交税费——应交增值税（进项税额）【增值税】

　贷：银行存款或应付账款【价税合计】

[**例3-9**] 某工业企业购进一批材料，增值税专用发票上价款为100 000元，增值税13 000元；支付运费取得增值税专用发票上的运费价款为4 000元，增值税360元（金额较大）。货款及运费已转账支付。

会计处理为：

借：原材料　　104 000（100 000+4 000）

　应交税费——应交增值税（进项税额）　　13 360（13 000+360）

　贷：银行存款　　117 360

[**例3-10**] 某商业企业购进一批商品，支付运费取得增值税专用发票上的运费价款为500元，增值税45元，金额较小。已转账付款。

会计处理为：

借：管理费用　　500

　应交税费——应交增值税（进项税额）　　45

　贷：银行存款　　545

工商企业销售产品或商品支付的运费，以取得增值税专用发票上的价款金额，记入"销售费用"账户，以增值税金额记入"应交税费——应交增值税（进项税额）"账户。

借：销售费用【价款金额】

　应交税费——应交增值税（进项税额）【增值税】

　贷：银行存款或应付账款【价税合计】

（七）支付各种服务业服务费用

企业支付各种服务业服务费用，以取得增值税专用发票上的价款金额记入"制造费用"（与生产有关）、"销售费用"（与销售有关）、"研发支出"（用于技术开发）、"财务费用"（融资费用）或"管理费用"（其他方面）账户，以增值税金额记入"应交税费——应交增值税（进项税额）"账户。

借：制造费用、销售费用、研发支出、财务费用或管理费用【价款金额】

　应交税费——应交增值税（进项税额）【增值税】

　贷：银行存款或应付账款【价税合计】

［**例 3－11**］某工业企业支付电信服务费，取得增值税专用发票上的金额为 2 000 元，增值税 180 元。已转账付款。

会计处理为：

借：管理费用　　　　　　　　　　　　　　2 000

　应交税费——应交增值税（进项税额）　180

　贷：银行存款　　　　　　　　　　　　　　2 180

（八）工业企业销售产品、收取加工费、收取修理费，商业企业销售商品，其他增值税纳税人取得营业收入或销售收入

工业企业销售产品、收取加工费、收取修理费和商业企业销售商品，以及其他增值税纳税人取得营业收入或销售收入，以开具的增值税专用发票或增值税普通发票上的价款金额记入"主营业务收入"账户，以增值税金额记入"应交税费——应交增值税（销项税额）"账户。未开具增值税发票的，根据含税销售额换算后的不含税销售额记入"主营业务收入"账户，以不含税销售额与税率计算的增值税金额记入"应交税费——应交增值税（销项税额）"账户。

借：银行存款或应收账款【价税合计或含税销售额】

　贷：主营业务收入【价款金额或不含税销售额】

　　应交税费——应交增值税（销项税额）【增值税】

［**例 3－12**］某工业企业销售一批产品，开具的增值税专用发票上价款金额为200 000元，增值税为 26 000 元。货款已收。

会计处理为：

借：银行存款　　　　　　　　　　　　　226 000

　贷：主营业务收入　　　　　　　　　　　　　200 000

　　应交税费——应交增值税（销项税额）　　26 000

［**例 3－13**］某客运企业某日售票总额为 54 500 元，款已存银行，适用增值税税率为 9％。

$$不含税销售额=54\ 500\ /\ (1+9\%)=50\ 000(元)$$

$$增值税额=50\ 000\times 9\%=4\ 500(元)$$

会计处理为：

借：银行存款　　　　　　　　　　　　　54 500

　贷：主营业务收入　　　　　　　　　　　　50 000

　　应交税费——应交增值税（销项税额）　4 500

（九）工业企业销售原材料

工业企业销售原材料，以开具的增值税专用发票或增值税普通发票上的价款金额记入"其他业务收入"账户，以增值税金额记入"应交税费——应交增值税（销项税额）"账户。

借：银行存款或应收账款【价税合计】

　贷：其他业务收入【价款金额】

　　应交税费——应交增值税（销项税额）【增值税】

[例 3－14] 某工业企业销售一批多余材料，开具的增值税普通发票上价款金额为3 000元，增值税为 390 元，合计金额 3 390 元。货款已收。

会计处理为：

借：银行存款　　　　　　　　　　　　3 390

　贷：其他业务收入　　　　　　　　　　　3 000

　　应交税费——应交增值税（销项税额）　　390

（十）销售退回

工商企业销售的产品或商品退回时，根据取得的负数增值税专用发票上的负数价款金额，借记“主营业务收入”账户，以负数增值税金额借记“应交税费——应交增值税（销项税额）”账户。

借：主营业务收入【价款金额】

　应交税费——应交增值税（销项税额）【增值税】

　贷：银行存款或应收账款【价税合计】

[例 3－15] 某工业企业原销售的一批产品退回，开具的负数增值税专用发票上负数价款金额为 40 000 元，负数增值税为 5 200 元。货款已退还。

会计处理为：

借：主营业务收入　　　　　　　　　　40 000

　应交税费——应交增值税（销项税额）　5 200

　贷：银行存款　　　　　　　　　　　　　45 200

（十一）销售固定资产（含不动产）

借：银行存款【价税合计】

　贷：固定资产清理【价款】

　　应交税费——应交增值税（销项税额）【增值税】

（十二）转让无形资产使用权（出租）、经营租出固定资产收入

借：银行存款【价税合计】

　贷：其他业务收入【价款】

　　应交税费——应交增值税（销项税额）【增值税】

（十三）转让无形资产所有权（出售）

借：银行存款【价税合计】

　营业外支出【转让损失】

　累计摊销【无形资产已摊销价值】

　贷：无形资产【账面原值】

　　应交税费——应交增值税（销项税额）【增值税】

　　　　　——应交城建税、教育费附加、印花税、土地增值税等

　　营业外收入【转让收益】

[例 3－16] 某一般纳税人企业出售一块土地，土地原值为 100 万元，已摊销 50 万元，账面价值 50 万元。出售价款 200 万元，增值税 18 万元。应交城建税、教育费附加 1.8 万元，应

交印花税 0.1 万元、应交土地增值税 34.2 万元。

转让收益＝转让价税合计－无形资产账面价值－相关税费

$$=218-(100-50)-(18+1.8+0.1+34.2)=113.9（万元）$$

会计处理为：

借：银行存款　　218 万元
　累计摊销　　50 万元
　贷：无形资产——土地使用权　　100 万元
　　应交税费——应交增值税（销项税额）　　18 万元
　　　　——应交城建税、教育费附加　　1.8 万元
　　　　——应交印花税　　0.1 万元
　　　　——应交土地增值税　　34.2 万元
　　营业外收入　　113.9 万元

（十四）进口货物

增值税纳税人企业进口货物缴纳的进口增值税，记入“应交税费——应交增值税（进项税额）”账户。

借：原材料、库存商品或固定资产【关税完税价格＋进口关税＋进口消费税）】
　应交税费——应交增值税（进项税额）【进口增值税】
　贷：银行存款【价税合计】

［**例 3－17**］某外贸企业进口一批商品，海关核定的关税完税价格为 500 000 元，缴纳进口关税 50 000 元，缴纳进口消费税 60 000 元，缴纳进口增值税 79 300 元，均已付款。

会计处理为：

借：库存商品　　610 000
　应交税费——应交增值税（进项税额）　　79 300
　贷：银行存款　　689 300

（十五）缴纳增值税

缴纳增值税时，根据缴款书金额，借记“应交税费——应交增值税（已交税金）”账户。

借：应交税费——应交增值税（已交税金）
　贷：银行存款

二、小规模纳税人的会计处理

（一）购进材料或商品

企业购进材料或商品，以取得普通发票上的含税价款金额或价税合计金额记入“原材料”或“库存商品”账户。

借：原材料或库存商品
　贷：银行存款或应付账款

［**例 3－18**］某小规模纳税人商业企业购进一批商品，取得增值税普通发票上的价税合计金额为 30 000 元，款已付。

会计处理为:

借:库存商品　　30 000

　贷:银行存款　　30 000

(二)购进固定资产或无形资产

企业购进固定资产或无形资产,以取得普通发票上的含税价款金额或价税合计金额记入"固定资产"账户。

借:固定资产或无形资产

　贷:银行存款或应付账款

(三)支付加工费、修理费、水费、电费及其他劳务、服务费

企业支付设备修理费、水费、电费及其他劳务、服务费,以取得普通发票上的含税价款金额或价税合计金额记入"制造费用"(生产用)、"销售费用"(销售用)、"财务费用"(融资费)或"管理费用"(管理用)账户。

借:制造费用、销售费用、财务费用或管理费用

　贷:银行存款或应付账款

(四)支付运费

工商企业购进材料或商品支付的运费,以取得的普通发票上的含税价款金额或价税合计金额,记入"原材料""库存商品"(金额较大时计入采购成本)或"管理费用"(金额较小时)账户。

借:原材料、库存商品或管理费用

　贷:银行存款或应付账款

[**例 3-19**] 某小规模纳税人工业企业购进一批材料,取得增值税普通发票上的价税合计金额为 50 000 元,支付运费发票上的价税合计金额为 1 000 元(相对金额较大)。款均已支付。

会计处理为:

借:原材料　　51 000

　贷:银行存款　　51 000

工商企业销售产品或商品支付的运费,以取得的普通发票上的含税价款金额或价税合计金额,记入"销售费用"账户。

借:销售费用

　贷:银行存款或应付账款

(五)销售产品、商品,工业企业收取加工费、修理费,其他增值税纳税人取得营业收入或销售收入

工业企业销售产品、收取加工费、收取修理费和商业企业销售商品,以及其他增值税纳税人取得营业收入或销售收入,以开具的增值税普通发票上的价款金额记入"主营业务收入"账户,以增值税金额记入"应交税费——应交增值税"账户。未开具发票的,按照含税销售额换算后的不含税销售额记入"主营业务收入"账户,以不含税销售额与征收率计算的应交增值税金额记入"应交税费——应交增值税"账户。

借:银行存款或应收账款【价税合计或含税销售额】

贷:主营业务收入【价款金额或不含税销售额】

应交税费——应交增值税【增值税】

[例3-20]某小规模纳税人工业企业销售一批产品,开具的增值税普通发票上价款金额为20 000元,增值税为600元,价税合计20 600元。货款已收。

会计处理为:

借:银行存款 20 600

贷:主营业务收入 20 000

应交税费——应交增值税 600

[例3-21]某小规模纳税人零售商业企业某日销售营业额为3 090元,款已存银行,未开发票。

不含税销售额=3 090 /(1+3%)=3 000(元)

应交增值税额=3 000×3%=90(元)

会计处理为:

借:银行存款 3 090

贷:主营业务收入 3 000

应交税费——应交增值税 90

(六)缴纳增值税

缴纳增值税时,根据缴款书金额,借记“应交税费——应交增值税”账户。

借:应交税费——应交增值税

贷:银行存款

小规模纳税人其他购销业务的会计处理,比照上述方法处理。

练习题

一、不定项选择题

1. 增值税的征税范围包括( )。

A. 工商业　　B. 农业

C. 各种服务业　　D. 转让无形资产、销售不动产

2. 增值税的纳税人为( )的单位和个人。

A. 销售货物和加工修理劳务　　B. 进口货物

C. 销售服务　　D. 转让无形资产、销售不动产

3. 增值税一般纳税人和小规模纳税人的划分依据是( )

A. 销售额　　B. 资产总额

C. 员工人数　　D. 会计核算健全与否

4. 服务业包括( )。

A. 建筑服务　　B. 运输服务　　C. 金融服务　　D. 生活服务

5. 增值税的税率包括( )

A. 9%　　B. 13%　　C. 6%　　D. 0

6. 小规模纳税人的征收率有(　　)。

A. 3%　　B. 5%　　C. 6%　　D. 4%

7. 增值税适用9%税率的货物有(　　)。

A. 粮食、食用植物油

B. 图书、报刊

C. 饲料、化肥、农药、农机、农膜

D. 自来水、暖气、石油液化气、民用煤炭制品

8. 计算增值税的销售额是(　　)。

A. 含增值税　　B. 不含增值税　　C. 价税合计　　D. 发票价款

9. 不含增值税销售额的换算方法有(　　)。

A. 含税销售额/(1+税率)　　B. 含税销售额/(1+征收率)

C. 含税销售额－增值税　　D. 含税销售额/税率

10. 可以从销项税额中抵扣的进项税额包括(　　)。

A. 购进存货、劳务、服务所取得增值税专用发票上注明的增值税额

B. 进口货物从海关取得完税凭证上注明的增值税额

C. 购进免税农产品按买价的9%计算的进项税额

D. 购进固定资产、无形资产所取得增值税专用发票上注明的增值税额

11. 应纳增值税的计算方法有(　　)。

A. 销项税额－准予抵扣的进项税额　　B. 不含税销售额×征收率

C. 组成计税价格×税率　　D. 销售额×税率

12. 增值税纳税期限有(　　)。

A. 1日　　B. 5日　　C. 1季度　　D. 1个月

13. 增值税申报期限有(　　)。

A. 月、季后15日内　　B. 期满5日内预缴,次月15日内申报结清

C. 1月　　D. 10日

14. 增值税免税的情形有(　　)。

A. 农业生产者销售的自产农产品

B. 由残疾人的组织直接进口供残疾人专用的物品

C. 销售货物的月销售额不足5 000～2万元

D. 按次纳税的每次(日)销售额不足300～500元

15. 增值税免税规定适用于(　　)。

A. 个人　　B. 所有纳税人

C. 生产经营的纳税人　　D. 其他纳税人

16. 增值税的会计处理方法为(　　)。

A. 购进项目的增值税记入应交增值税进项税额

B. 销售的增值税记入应交增值税销项税额

C. 小规模纳税人销售的增值税记入应交增值税

D. 小规模纳税人购进项目的增值税记入购进项目的成本,不抵扣

17. 购进项目的进项税额不得抵扣的情形有(　　)。

A. 未取得增值税专用发票　　B. 用于生活福利

C. 购进的存货遭受非常损失　　D. 小规模纳税人

二、计算题

1. 某工业企业为增值税一般纳税人,某月有关增值税的经济业务如下:

购买金属材料 10 吨,每吨 1 200 元,货款 12 000 元,增值税专用发票注明的增值税额 1 560元,材料已入库,货款以转账付讫。

销售产品一批,价款金额 800 000 元,增值税 104 000 元,已收到银行收账通知。

上月销售的 200 件产品本月退回,原价款 80 000 元,增值税 10 400 元,退还了货款。

购入车床一台,发票价款 200 000 元,增值税为 26 000 元,合计 226 000 元。已用银行存款支付,车床立即投入使用。

支付电费 10 000 元,增值税 1 300 元。

次月 12 日,缴纳本月增值税。

要求:

(1)写出各项购销业务的会计分录。

(2)计算本月应纳增值税。

(3)写出缴纳增值税的会计分录。

2. 某啤酒厂为增值税一般纳税人,某月销售啤酒 1 000 吨,每吨售价 1 800 元,当月购进原材料及水、电的进项税额共 150 000 元。

要求:计算本月应纳增值税。

3. 某汽车制造企业进口一批汽车轮胎,海关核定的到岸价格为 200 000 元,适用的进口关税税率为 20% 。

要求:

(1)计算应纳进口增值税。

(2)写出进口轮胎与缴纳进口增值税的会计分录。

4. 某煤矿(一般纳税人)某月销售原煤 50 000 吨,生活福利自用煤 100 吨。当月购进生产物资和电力等进项增值税为 100 000 元。原煤的售价为每吨 40 元。

要求:计算本月应纳增值税。

5. 某商店为小规模纳税人,某日商品销售收入 20 000 元。

要求:

(1)计算本日应纳增值税。

(2)写出确认收入和应交增值税的会计分录。

第四章　消费税

学习目标

1. 明确消费税的纳税人、征税范围和税率。
2. 掌握消费税的计税方法。
3. 掌握消费税的申报方法。
4. 掌握消费税的会计处理方法。

重点难点

1. 消费税的计算。
2. 消费税纳税申报表的填制。
3. 消费税的会计处理。

第一节　消费税的基本知识

一、消费税概念和特点

消费税是在对货物普遍征收增值税的基础上，选择少数消费品再征收的一个税种，消费税主要是为了调节产品结构，引导消费方向，保证国家财政收入。现行消费税的征收范围主要包括：烟、酒、鞭炮焰火、化妆品、成品油、贵重首饰及珠宝玉石、高尔夫球及球具、高档手表、游艇、木制一次性筷子、实木地板、摩托车、小汽车、涂料、电池等消费品。

消费税是1994年税制改革在流转税中新设置的一个税种。消费税实行价内税，一般只在应税消费品的生产、委托加工和进口环节缴纳，在以后的批发、零售等环节，因为价款中已包含消费税，因此不用再缴纳消费税，税款最终由消费者承担。

二、消费税的征税范围

现行消费税的征税范围包括以下六类十五种工业产品(即消费税的应税产品)。

(1)有害消费品：烟、酒、鞭炮焰火。

(2)奢侈消费品：化妆品、贵重首饰及珠宝玉石。

(3)高档消费品：小汽车、游艇、高档手表、高尔夫球及球具。

(4)稀缺资源产品：成品油、木制一次性筷子、实木地板。

(5)高污染、高能耗产品：涂料、电池。

(6)具有财政意义的产品：摩托车。

三、消费税的纳税人

消费税的纳税人包括以下五种：

(1)应税产品(金银首饰、钻石饰品除外)的生产者(工业企业)。

(2)应税产品的进口者。

(3)应税产品的委托加工者。

(4)卷烟批发商。

(5)金银首饰、钻石饰品的零售商。

四、消费税的税目、税率

消费税的税率分为三种：

(1)比例税率。一般应税产品从价计税，适用比例税率。

(2)定额税率。黄酒、啤酒、成品油从量计税，适用定额税率。

(3)复合税率。即对应税产品同时采用比例税率和定额税率双重计税，适用于卷烟、白酒。

具体税率详见消费税税目、税率表(见表4-1)。

表4-1 消费税税目、税率表

税目	税率
一、烟	
1. 卷烟	
(1)甲类卷烟	56% 加 0.003 元/支
(2)乙类卷烟	36% 加 0.003 元/支
(3)批发环节	11% 加 0.005 元/支
2. 雪茄烟	36%
3. 烟丝	30%
二、酒	
1. 白酒	20% 加 0.5 元/500 克
2. 黄酒	240 元/吨
3. 啤酒	
(1)甲类啤酒	250 元/吨
(2)乙类啤酒	220 元/吨
4. 其他酒	10%
三、化妆品	30%
四、贵重首饰及珠宝玉石	
1. 金银首饰、铂金首饰和钻石及钻石饰品	5%
2. 其他贵重首饰和珠宝玉石	10%

续表

税目	税率
五、鞭炮、焰火	15%
六、成品油 1. 汽油 2. 柴油 3. 航空煤油 4. 石脑油 5. 溶剂油 6. 润滑油 7. 燃料油	 1.52元/升 1.2元/升 1.2元/升 1.52元/升 1.52元/升 1.52元/升 1.2元/升
七、摩托车 1. 气缸容量(排气量,下同)250毫升 2. 气缸容量在250毫升以上的	 3% 10%
八、小汽车 1. 乘用车 (1)气缸容量(排气量,下同)在1.0升(含1.0升)以下的 (2)气缸容量在1.0升以上至1.5升(含1.5升)的 (3)气缸容量在1.5升以上至2.0升(含2.0升)的 (4)气缸容量在2.0升以上至2.5升(含2.5升)的 (5)气缸容量在2.5升以上至3.0升(含3.0升)的 (6)气缸容量在3.0升以上至4.0升(含4.0升)的 (7)气缸容量在4.0升以上的 2. 中轻型商用客车	 1% 3% 5% 9% 12% 25% 40% 5%
九、高尔夫球及球具	10%
十、高档手表	20%
十一、游艇	10%
十二、木制一次性筷子	5%
十三、实木地板	5%
十四、电池	4%
十五、涂料	4%

五、减免税政策

(一)纳税人出口应税消费品,免征消费税,国务院另有规定的除外。

(二) 国务院、财政部、国家税务总局规定的其他减税、免税政策。

第二节 消费税的计算

消费税分别采用从价计税、从量计税和复合计税三种计税方法。实行从价计税办法计税的应税消费品，计税依据为应税消费品的销售额；实行从量计税办法计税的应税消费品，包括黄酒、啤酒、成品油，计税依据为应税消费品的实物量如重量、容积、数量等；实行复合计税办法计税的应税消费品，包括卷烟、白酒，同时以销售额和实物量为计税依据。

一、生产者销售应税产品、批发商销售卷烟和零售商销售金银首饰、钻石饰品应纳消费税的计算

（一）从价计税的产品

应纳税额＝不含增值税的销售额×适用比例税率

不含增值税的销售额的确定同增值税，增值税一般纳税人为增值税发票上标明的价款金额，小规模纳税人为经换算过的不含增值税的销售额。

（二）从量计税的产品

应纳税额＝销售量×适用定额税率

（三）复合计税的产品

应纳税额＝销售量×适用定额税率＋销售额×适用比例税率

［**例 4－1**］通达酒业有限公司（工业企业）为增值税一般纳税人。2019 年 5 月销售白酒产品开出增值税专用发票 20 张，销售量合计 20 000 千克，发票合计销售额为 2 000 000 元、增值税为 260 000 元；开出增值税普通发票 5 张，销售量合计 40 千克，含税金额合计为5 000 元，换算的不含税销售额为 4 424.78 元，增值税为 575.22 元。

应纳消费税＝（2 000 000＋4 424.78）×20％＋（20 000＋40）×2×0.5 ＝ 420 924.96（元）

二、委托加工应税产品应纳消费税的计算

（一）从价计税的产品

（1）受托方有同类产品售价。

应纳消费税＝加工产品数量×同类产品价格×适用比例税率

［**例 4－2**］某首饰店委托加工金戒指 100 只，受托方同类戒指每只售价为 2 000 元。

应纳消费税＝100×2 000×5％＝10 000（元）

（2）受托方无同类产品售价。

应纳消费税＝组成计税价格×适用比例税率

组成计税价格＝（材料成本＋加工费）／（1－消费税税率）

［**例 4－3**］某珠宝店委托玉石加工厂加工一批玉制品，材料成本为 100 000 元，支付加工费 50 000 元，加工厂没有同类玉制品售价。珠宝玉石的消费税税率为 10％。

组成计税价格＝(100 000＋50 000)／(1－10％)＝166 666.67(元)

应纳消费税＝166 666.67×10％＝16 666.67(元)

(二)从量计税的产品

应纳消费税＝加工产品数量×适用定额税率

[**例 4-4**] 某单位委托某酒厂加工黄酒 10 吨，黄酒消费税税率为 240 元／吨。

应纳消费税＝10×240＝2 400(元)

(三)复合计税的产品

应纳消费税＝加工产品数量×适用定额税率

＋加工产品数量×同类产品价格×适用比例税率

委托加工应税产品应纳消费税，由受托方代收代缴。

三、进口应税产品应纳消费税的计算

(一)从价计税的产品

应纳进口消费税＝组成计税价格×适用比例税率

组成计税价格＝(关税完税价格＋进口关税)／(1－消费税税率)

(二)从量计税的产品

应纳进口消费税＝进口产品数量×适用定额税率

(三)复合计税的产品

应纳进口消费税＝进口产品数量×适用定额税率＋组成计税价格×适用比例税率

[**例 4-5**] 某外贸公司进口甲类卷烟 50 000 条，海关核定的关税完税价格为 1 000 万元，缴纳进口关税 100 万元。

组成计税价格＝(1 000＋100)／(1－56％)＝2 500(万元)

应纳进口消费税＝50 000×200×0.003 ＋2 500×56％＝31 400(万元)

第三节　消费税的纳税申报

一、纳税期限和申报期限

消费税的纳税期限分别为 1 日、3 日、5 日、10 日、15 日、1 个月或者 1 个季度。纳税人的具体纳税期限，由主管税务机关根据纳税人应纳税额的大小分别核定。

纳税人以 1 个月或者 1 个季度为纳税期限的，自期满之日起 15 日内申报纳税；以 1 日、3 日、5 日、10 日或者 15 日为纳税期限的，自期满之日起 5 日内预缴税款，于次月 1 日起 15 日内申报并结清上月应纳税款。

二、纳税申报表的填制

消费税纳税申报表如表 4-2～表 4-6 所示。

［实训 4-1］根据［例 4-1］资料，填制纳税申报表。

［实训 4-2］喜庆鞭炮厂为增值税小规模纳税人，2020 年 5 月鞭炮产品销售收入20 000 元（含增值税），计算不含增值税销售额，据以填制纳税申报表。

表 4-2　烟类应税消费品消费税纳税申报表

税款所属期：　年　月　日至　年　月　日

纳税人识别号：□□□□□□□□□□□□□□□□□□□□

纳税人名称（公章）：　填表日期：　年　月　日　计量单位：卷烟万支、雪茄烟支、烟丝千克

金额单位：元（列至角分）

<table>
<tr><th rowspan="2">项目
应税
消费品名称</th><th colspan="2">适用税率</th><th rowspan="2">销售数量</th><th rowspan="2">销售额</th><th rowspan="2">应纳税额</th></tr>
<tr><th>定额税率</th><th>比例税率</th></tr>
<tr><td>甲类卷烟（定额税率）</td><td></td><td></td><td></td><td></td><td></td></tr>
<tr><td>甲类卷烟（比例税率）</td><td></td><td></td><td></td><td></td><td></td></tr>
<tr><td>乙类卷烟（定额税率）</td><td></td><td></td><td></td><td></td><td></td></tr>
<tr><td>乙类卷烟（比例税率）</td><td></td><td></td><td></td><td></td><td></td></tr>
<tr><td>雪茄烟</td><td></td><td></td><td></td><td></td><td></td></tr>
<tr><td>烟丝</td><td></td><td></td><td></td><td></td><td></td></tr>
<tr><td>合计</td><td></td><td></td><td></td><td></td><td></td></tr>
<tr><td>——</td><td></td><td></td><td></td><td></td><td></td></tr>
<tr><td>——</td><td></td><td></td><td></td><td></td><td></td></tr>
<tr><td>——</td><td></td><td></td><td></td><td></td><td></td></tr>
<tr><td>——</td><td></td><td></td><td></td><td></td><td></td></tr>
<tr><td>本期准予扣除税额：</td><td colspan="5" rowspan="4">声明
此纳税申报表是根据国家税收法律的规定填报的，我确定它是真实的、可靠的、完整的。
经办人（签章）：
财务负责人（签章）：
联系电话：</td></tr>
<tr><td>本期其他扣除税额：</td></tr>
<tr><td>本期减（免）税额：</td></tr>
<tr><td>期初未缴税额：</td></tr>
<tr><td>本期缴纳前期应纳税额：</td><td colspan="5" rowspan="4">如果你已委托代理人申报，请填写）
授权声明
为代理一切税务事宜，现授权＿＿＿＿＿＿＿＿＿（地址）＿＿＿＿＿＿＿＿＿为本纳税人的代理申报人，任何与本申报表有关的往来文件，都可寄予此人。
授权人签章：</td></tr>
<tr><td>本期预缴税额：</td></tr>
<tr><td>本期应补（退）税额：</td></tr>
<tr><td>期末未缴税额：</td></tr>
</table>

表4-3 酒类应税消费品消费税纳税申报表

税款所属期： 年 月 日至 年 月 日

纳税人名称(公章)：

纳税人识别号：

填表日期： 年 月 日 金额单位：元(列至角分)

项目 应税消费品名称	适用税率		销售数量	销售额	应纳税额
	定额税率	比例税率			
白酒(定额税率)					
白酒(比例税率)					
甲类啤酒					
乙类啤酒					
黄酒					
其他酒					
合计	—	—	—	—	

本期准予抵减税额：	声明 此纳税申报表是根据国家税收法律的规定填报的，我确定它是真实的、可靠的、完整的。 经办人(签章)： 财务负责人(签章)： 联系电话：
本期减(免)税额：	
期初未缴税额：	
本期缴纳前期应纳税额：	(如果你已委托代理人申报，请填写) 授权声明 为代理一切税务事宜，现授权________(地址)________为本纳税人的代理申报人，任何与本申报表有关的往来文件，都可寄予此人。 授权人签章：
本期预缴税额：	
本期应补(退)税额：	
期末未缴税额：	

表 4-4 成品油消费税纳税申报表

税款所属期： 年 月 日至 年 月 日

纳税人名称(公章)：

纳税人识别号：

填表日期： 年 月 日　　　　计量单位：升；金额单位：元(列至角分)

项目 应税消费品名称	适用税率(元/升)	销售数量	应纳税额
汽油			
柴油			
石脑油			
溶剂油			
润滑油			
燃料油			
航空煤油			
合计	—	—	

<table>
<tr><td>本期准予扣除税额：</td><td rowspan="3">声明
此纳税申报表是根据国家税收法律的规定填报的，我确定它是真实的、可靠的、完整的。
经办人(签章)：
财务负责人(签章)：
联系电话：</td></tr>
<tr><td>本期减(免)税额：</td></tr>
<tr><td>期初未缴税额：</td></tr>
<tr><td>本期缴纳前期应纳税额：</td><td rowspan="4">(如果你已委托代理人申报，请填写)
授权声明
为代理一切税务事宜，现授权＿＿＿＿＿＿(地址)＿＿＿＿＿＿为本纳税人的代理申报人，任何与本申报表有关的往来文件，都可寄予此人。
授权人签章：</td></tr>
<tr><td>本期预缴税额：</td></tr>
<tr><td>本期应补(退)税额：</td></tr>
<tr><td>期末未缴税额：</td></tr>
</table>

表 4-5 小汽车消费税纳税申报表

税款所属期：　　年　月　日至　年　月　日

纳税人名称(公章)：

纳税人识别号：□□□□□□□□□□□□□□□□□□□□

填表日期：　年　月　日　　　　　　　　　　　　单位：辆、元(列至角分)

应税消费品名称 \ 项目		适用税率	销售数量	销售额	应纳税额
乘用车	气缸容量≤1.0 升	1%			
	1.0 升<气缸容量≤1.5 升	3%			
	1.5 升<气缸容量≤2.0 升	5%			
	2.0 升<气缸容量≤2.5 升	9%			
	2.5 升<气缸容量≤3.0 升	12%			
	3.0 升<气缸容量≤4.0 升	25%			
	气缸容量>4.0 升	40%			
中轻型商用客车		5%			
合计		—	—	—	

<table>
<tr><td>本期准予扣除税额：</td><td rowspan="3">声明
此纳税申报表是根据国家税收法律的规定填报的，我确定它是真实的、可靠的、完整的。
经办人(签章)：
财务负责人(签章)：
联系电话：</td></tr>
<tr><td>本期减(免)税额：</td></tr>
<tr><td>期初未缴税额：</td></tr>
<tr><td>本期缴纳前期应纳税额：</td><td rowspan="4">(如果你已委托代理人申报，请填写)
授权声明
为代理一切税务事宜，现授权＿＿＿＿＿＿＿＿(地址)＿＿＿＿＿＿＿＿为本纳税人的代理申报人，任何与本申报表有关的往来文件，都可寄予此人。
授权人签章：</td></tr>
<tr><td>本期预缴税额：</td></tr>
<tr><td>本期应补(退)税额：</td></tr>
<tr><td>期末未缴税额：</td></tr>
</table>

表 4-6 其他应税消费品消费税纳税申报表

税款所属期： 年 月 日至 年 月 日

纳税人名称(公章)：

纳税人识别号：□□□□□□□□□□□□□□□□□□□□

填表日期： 年 月 日 金额单位：元(列至角分)

<table>
<tr><td>项目
应税
消费品名称</td><td>适用税率</td><td>销售数量</td><td>计量单位</td><td>销售额</td><td>应纳税额</td></tr>
<tr><td></td><td></td><td></td><td></td><td></td><td></td></tr>
<tr><td></td><td></td><td></td><td></td><td></td><td></td></tr>
<tr><td></td><td></td><td></td><td></td><td></td><td></td></tr>
<tr><td></td><td></td><td></td><td></td><td></td><td></td></tr>
<tr><td>合计</td><td>—</td><td>—</td><td>—</td><td>—</td><td></td></tr>
<tr><td>本期准予抵减税额：</td><td colspan="5" rowspan="4">声明
此纳税申报表是根据国家税收法律的规定填报的，我确定它是真实的、可靠的、完整的。
经办人(签章)：
财务负责人(签章)：
联系电话：</td></tr>
<tr><td>本期减(免)税额：</td></tr>
<tr><td>期初未缴税额：</td></tr>
<tr><td>本期缴纳前期应纳税额：</td></tr>
<tr><td>本期预缴税额：</td><td colspan="5" rowspan="3">(如果你已委托代理人申报，请填写)
授权声明
为代理一切税务事宜，现授权______(地址)______为本纳税人的代理申报人，任何与本申报表有关的往来文件，都可寄予此人。
授权人签章：</td></tr>
<tr><td>本期应补(退)税额：</td></tr>
<tr><td>期末未缴税额：</td></tr>
</table>

第四节 消费税的会计处理

一、销售应税产品应交消费税的会计处理

销售应税产品，包括生产企业出厂销售、商业批发销售卷烟、商业零售贵重首饰及珠宝玉石。

(一)申报应交消费税

借：税金及附加【应交消费税额】
　　贷：应交税费——应交消费税

(二)缴纳税款

借：应交税费——应交消费税
　　贷：银行存款

二、委托加工应税产品缴纳消费税的会计处理

(一)增值税一般纳税人

1. 增值税一般纳税人企业委托加工应税产品收回后直销销售

委托加工应税产品收回后直接销售的，其支付给受托方代收的消费税，连同支付的加工费计入委托加工产品的成本；以支付加工费取得的增值税专用发票上的标明的增值税金额记入"应交税费——应交增值税(进项税额)"账户。

借：委托加工物资【加工费＋消费税】
　　应交税费——应交增值税(进项税额)【增值税】
　　贷：银行存款【付款总额】

[**例 4－6**] 某工业企业委托另一家企业加工一批产品直接用于销售。支付加工费取得的增值税专用发票上标明价款金额为 20 000 元，增值税 2 600 元。另支付受托方代收的消费税 2 000 元。

会计处理为：

借：委托加工物资　　22 000
　　应交税费——应交增值税(进项税额)　　2 600
　　贷：银行存款　　24 600

2. 增值税一般纳税人企业委托加工应税产品收回后继续加工

委托加工应税产品收回后继续加工的，其支付给受托方代收的消费税，可以从继续加工后的产品销售应交消费税中抵扣，即记入"应交税费——应交消费税"账户借方。以支付加工费取得的增值税专用发票上的加工费价款金额计入委托加工产品的成本，即记入"委托加工物资"账户；以增值税金额记入"应交税费——应交增值税(进项税额)"账户。

借：委托加工物资【加工费】
　　应交税费——应交增值税(进项税额)【增值税】
　　　　　　——应交消费税【消费税】
　　贷：银行存款【付款总额】

[例 **4-7**] 仍依[例 4-6],如果加工的产品作为本企业产品的配件用于装配,则会计处理为:

借:委托加工物资 20 000
　应交税费——应交增值税(进项税额) 2 600
　　　　——应交消费税 2 000
　贷:银行存款 24 600

(二)增值税小规模纳税人

1. 增值税小规模纳税人企业委托加工应税产品收回后直销销售

委托加工应税产品收回后直接销售的,其支付给受托方代收的消费税,连同支付的加工费(含增值税)计入委托加工产品的成本。

借:委托加工物资【加工费+消费税】
　贷:银行存款【付款总额】

[例 **4-8**] 某小规模纳税人企业委托加工一批产品用于直销销售。支付加工费取得的增值税普通发票上价税合计为 11 700 元,另支付代收的消费税 2 000 元。

会计处理为:

借:委托加工物资 13 700
　贷:银行存款 13 700

2. 增值税小规模纳税人企业委托加工应税产品收回后继续加工

委托加工应税产品收回后继续加工的,其支付给受托方代收的消费税,可以从继续加工后的产品销售应交消费税中抵扣,即记入"应交税费——应交消费税"账户借方;支付的加工费(含增值税)计入委托加工产品的成本。

借:委托加工物资【加工费】
　应交税费——应交消费税【消费税】
　贷:银行存款【付款总额】

[例 **4-9**] 仍依[例 4-8],如果委托加工的产品作为本企业的半成品继续加工,则会计处理为:

借:委托加工物资 11 700
　应交税费——应交消费税 2 000
　贷:银行存款 13 700

(三)非增值税纳税人企业委托加工应税产品

非增值税纳税人企业支付给受托方代收的消费税,连同支付的加工费(含增值税),计入委托加工产品的成本。

借:委托加工物资【加工费+消费税】
　贷:银行存款【付款总额】

三、进口应税产品缴纳消费税的会计处理

进口应税产品缴纳的消费税,计入进口货物的购进成本。

(1)增值税一般纳税人企业。

借:原材料、库存商品或固定资产【关税完税价格+进口关税+进口消费税)】
　应交税费——应交增值税(进项税额)【进口增值税】
　贷:银行存款【价税合计】

[**例 4－10**] 某外贸企业进口一批商品，海关核定的关税完税价格为 500 000 元，缴纳进口关税 50 000 元，缴纳进口消费税 60 000 元，缴纳进口增值税 79 300 元，均已付款。

会计处理为：

借：库存商品　　610 000

　　应交税费——应交增值税（进项税额）　　79 300

　　贷：银行存款　　689 300

(2)增值税小规模纳税人企业。

借：原材料、库存商品或固定资产【关税完税价格＋进口关税＋进口消费税＋进口增值税】

　　贷：银行存款【价税合计】

[**例 4－11**] 仍依[例 4－10]，如果进口单位为增值税小规模纳税人或非增值税纳税人企业，则会计处理为：

借：库存商品　　689 300

　　贷：银行存款　　689 300

练习题

一、不定项选择题

1. 下列属于征收消费税的产品是（　　）。

A. 酒　　B. 成品油　　C. 实木地板　　D. 摩托车

2. 消费税与增值税的关系为（　　）。

A. 重叠征收　　B. 只征收其一　　C. 互不交叉　　D. 汇总征收

3. 消费税的计税方法有（　　）。

A. 从量计税　　B. 从价计税　　C. 复合计税　　D. 分别计税

4. 消费税的纳税人包括应税消费品（　　）的单位和个人。

A. 生产　　B. 委托加工　　C. 进口　　D. 销售

5. 消费税的应税消费品不包括（　　）。

A. 轮胎　　B. 护肤品　　C. 原油　　D. 电池

6. 消费税的税率有（　　）。

A. 比例税率　　B. 定额税率　　C. 累进税率　　D. 复合税率

7. 复合计税的消费品有（　　）。

A. 卷烟　　B. 白酒　　C. 啤酒　　D. 化妆品

8. 销售应税产品从价计税的计税依据销售额是（　　）的销售额。

A. 含增值税　　B. 不含增值税　　C. 商业批发　　D. 零售

9. 委托加工应税消费品从价计税的计税依据可以为（　　）。

A. 以同类售价计算　　B. 组成计税价格

C. 销售额　　D. 委托价格

10. 进口应税消费品从价计税的计税依据为（　　）。

A. 组成计税价格　　B. 关税完税价格　　C. 发票价款　　D. 销售额

11. 进口应税消费品从价计税的组成计税价格(　　)。

A. 含增值税　　B. 不含增值税　　C. 含消费税　　D. 不含消费税

12. 消费税的纳税期限有(　　)。

A. 3 天　　B. 5 天　　C. 1 月　　D. 1 季度

13. 消费税申报期限有(　　)。

A. 月、季后 15 日内　　B. 期满 5 日内预缴，次月 15 日内申报结清

C. 1 月　　D. 10 日

14. 销售应税产品应交消费税的会计处理记入(　　)账户。

A. 税金及附加　　B. 所得税费用

C. 销售费用　　D. 其他业务成本

15. 委托加工应税产品收回直接销售的，缴纳消费税的会计处理记入(　　)。

A. 税金及附加　　B. 委托加工物资成本

C. 销售费用　　D. 生产成本

16. 委托加工应税产品收回继续用于加工应税产品的，缴纳消费税的会计处理记入(　　)账户借方，从加工后应税产品销售应交的消费税中抵扣。

A. 税金及附加　　B. 委托加工物资

C. 应交税费——应交消费税　　D. 生产成本

17. 进口应税产品缴纳消费税的会计处理记入(　　)。

A. 税金及附加　　B. 进口物资成本　　C. 生产成本　　D. 进项税额

18. 消费税的免税政策有(　　)。

A. 出口应税消费品免税　　B. 其他免税规定

C. 生产企业自用应税产品　　D. 生产企业捐赠应税产品

二、计算题

1. 某酒厂为增值税一般纳税人，某月销售白酒 50 吨，售价 40 000 元/吨(不含增值税)。

要求：

(1)计算本月应纳消费税额；

(2)写出申报应纳消费税的会计分录。

2. 某啤酒厂为增值税一般纳税人，某月销售甲类啤酒 1 000 吨，每吨售价 1 800 元。

要求：计算本月应纳消费税额。

3. 某外贸公司(增值税一般纳税人)进口一批化妆品，海关核定的关税完税价格为 200 000元，适用的进口关税税率为 20%。

要求：

(1)计算该批进口化妆品应纳消费税；

(2)写出进口化妆品与交纳消费税的会计分录。

4. 某鞭炮厂为小规模纳税人，某月产品销售收入 20 000 元。

要求：

(1)计算本月应纳消费税额；

(2)写出申报应纳消费税的会计分录。

第五章　城市维护建设税和教育费附加

学习目标

1. 明确城市维护建设税和教育费附加的纳税人、计税依据和税率。
2. 掌握城市维护建设税和教育费附加的计税方法。
3. 掌握城市维护建设税和教育费附加的申报方法。
4. 掌握城市维护建设税和教育费附加的会计处理方法。

重点难点

1. 城市维护建设税和教育费附加的计算。
2. 城市维护建设税和教育费附加纳税申报表的填制。
3. 城市维护建设税和教育费附加的会计处理。

第一节　城市维护建设税和教育费附加的基本知识、计算与会计处理

一、城市维护建设税和教育费附加的纳税人

城市维护建设税和教育费附加的纳税人为缴纳增值税、消费税的单位和个人。

二、城市维护建设税和教育费附加的计税依据

城市维护建设税和教育费附加的计税依据为缴纳增值税、消费税的税额。

三、城市维护建设税和教育费附加的税率

(1)城市维护建设税的税率为:城市 7% ,县城、镇 5%,其他地区 1%。
(2)教育费附加的税率为:3%。

四、城市维护建设税和教育费附加的计算

1. 城市维护建设税

应纳税额＝缴纳增值税、消费税的税额合计×适用税率

2. 教育费附加

应纳税额＝缴纳增值税、消费税的税额合计×3%

［例 5-1］华胜实业有限公司 2021 年 1 月缴纳增值税 20 000 元、消费税 5 000 元，公司位于城市。计算本月应纳城市维护建设税和教育费附加。

应纳城市维护建设税＝(20 000＋5 000)×7%＝1 750(元)

应纳教育费附加＝(20 000＋5 000)×3%＝750(元)

五、城市维护建设税和教育费附加的会计处理

城市维护建设税和教育费附加，属于增值税、消费税两个流转税的附加税，属于取得销售收入、营业收入缴纳的税金，所以记入“税金及附加”账户。

由于城市维护建设税和教育费附加一并申报，性质相同，可以合并为一个明细科目。因此会计处理为：

借：税金及附加

　　贷：应交税费——应交城市维护建设税和教育费附加

六、地方教育费附加和水利建设基金

另外，还有地方教育费附加和水利建设基金，需要企业缴纳。

计税方法为：

应交地方教育费附加＝缴纳增值税、消费税的税额×2%

应交水利建设基金＝营业收入×当地适用征收率

会计处理、纳税期限和申报期限，同教育费附加。

七、减免税政策

(1)对进口货物或者境外单位和个人向境内销售劳务、服务、无形资产缴纳的增值税、消费税税额，不征收城市维护建设税。

(2)城建税和教育费附加减免，一般随增值税、消费税减免而减免。

(3)根据国民经济和社会发展的需要，国务院对重大公共基础设施建设、特殊产业和群体以及重大突发事件应对等情形可以规定减征或者免征城市维护建设税。

(4)按月纳税的月销售额或营业额不超过 10 万元(按季度纳税的季度销售额或营业额不超过 30 万元)的，免征教育费附加、地方教育费附加和水利建设基金。

(5)月销售额超过 10 万元(季度销售额超过 30 万元)的小规模纳税人(含自然人、未办理一般纳税人登记的非企业性质单位)，减按 50%征收教育费附加和地方教育附加。

第二节　城市维护建设税和教育费附加的纳税申报

一、纳税期限和申报期限

城市维护建设税和教育费附加的纳税期限和申报期限，与增值税、消费税的相同。

二、纳税申报表的填制

城市维护建设税和教育费附加的纳税申报表如表 5－1 所示。

[实训 6－1]根据[例 5－1]资料，填制城市维护建设税和教育费附加纳税申报表。

练习题

一、不定项选择题

1. 城市维护建设税和教育费附加的纳税人是（　　）。

A. 缴纳增值税和消费税的单位和个人　B. 缴纳消费税的单位和个人

C. 各类企业　D. 企事业单位

2. 城市维护建设税和教育费附加的计税依据有（　　）。

A. 缴纳增值税的税额　B. 缴纳消费税的税额

C. 销售额　D. 营业收入额

3. 城市维护建设税的税率有（　　）。

A. 7%　B. 5%　C. 1%　D. 3%

4. 教育费附加的税率为（　　）。

A. 3%　B. 2%　C. 1%　D. 0.3%

5. 应交城市维护建设税和教育费附加的会计处理为记入（　　）账户。

A. 税金及附加　B. 管理费用　C. 销售费用　D. 所得税费用

6. 城市维护建设税和教育费附加的减免税政策有（　　）。

A. 一般随增值税、消费税减免而减免

B. 对进口货物或者境外单位和个人向境内销售劳务、服务、无形资产缴纳的增值税、消费税税额，不征收城市维护建设税

C. 按月纳税的月销售额或营业额不超过 10 万元（按季度纳税的季度销售额或营业额不超过 30 万元）的，免征教育费附加

D. 月销售额超过 10 万元（季度销售额超过 30 万元）的小规模纳税人，减按 50%征收教育费附加和地方教育附加。

7. 城市维护建设税和教育费附加的纳税期限和申报期限为（　　）。

A. 月　B. 季　C. 10 天　D. 与增值税、消费税的相同

二、计算题

某酒厂位于城市，本月销售应交增值税 150 000 元，应交消费税 250 000 元，房屋出租应交增值税 500 元。

要求：

(1)计算本月应交城市维护建设税和教育费附加的金额。

(2)写出申报应交城市维护建设税和教育费附加的会计分录。

表 5－1　地方税(费)综合纳税申报表

税务登记证件号码:□□□□□□□□□□□□□□□□□□□□　　管理代码:□□□□□□□□□□

纳税人名称:　　税款所属时期:　　年　　月　　日至　　年　　月　　日　　金额单位:元(列至角分)

<table>
<tr><th>税种</th><th>税目</th><th>征收</th><th>范围</th><th>税款所属时期</th><th>计税总额或总数量</th><th>减免项目金额或数量</th><th>计税依据</th><th>税率(%)或单位税额</th><th>应纳税额</th><th>减免税额</th><th>扣抵税额</th><th>已纳税额</th><th>应补(退)税额</th></tr>
<tr><td></td><td></td><td></td><td></td><td></td><td></td><td></td><td></td><td></td><td></td><td></td><td></td><td></td><td></td></tr>
<tr><td></td><td></td><td></td><td></td><td></td><td></td><td></td><td></td><td></td><td></td><td></td><td></td><td></td><td></td></tr>
<tr><td></td><td></td><td></td><td></td><td></td><td></td><td></td><td></td><td></td><td></td><td></td><td></td><td></td><td></td></tr>
<tr><td></td><td></td><td></td><td></td><td></td><td></td><td></td><td></td><td></td><td></td><td></td><td></td><td></td><td></td></tr>
<tr><td></td><td></td><td></td><td></td><td></td><td></td><td></td><td></td><td></td><td></td><td></td><td></td><td></td><td></td></tr>
<tr><td></td><td></td><td></td><td></td><td></td><td></td><td></td><td></td><td></td><td></td><td></td><td></td><td></td><td></td></tr>
<tr><td></td><td></td><td></td><td></td><td></td><td></td><td></td><td></td><td></td><td></td><td></td><td></td><td></td><td></td></tr>
<tr><td>合计</td><td></td><td></td><td></td><td></td><td></td><td></td><td></td><td></td><td></td><td></td><td></td><td></td><td></td></tr>
<tr><td colspan="2" rowspan="4">纳税人或代理人声明:
此纳税申报表是根据国家税收法律的规定填报的,我确定它是真实的、可靠的、完整的。</td><td colspan="12">如纳税人填报,由纳税人填写以下各栏:</td></tr>
<tr><td colspan="2">办税人员(签章)</td><td colspan="2">财务负责人(签章)</td><td colspan="2">法定代表人(签章)</td><td colspan="2">联系电话</td><td colspan="2">受理机关(签章)</td><td colspan="2">受理日期:
年　月　日</td></tr>
<tr><td colspan="12">如委托代理人填报,由代理人填写以下各栏:</td></tr>
<tr><td colspan="3">代理人名称</td><td colspan="4">经办人(签章)</td><td colspan="2">联系电话</td><td colspan="3">代理人(公章)</td></tr>
</table>

第三篇

所得税纳税实务

第六章　企业所得税

学习目标

1. 明确企业所得税的纳税人、征税对象和税率。
2. 掌握企业所得税的计税方法。
3. 掌握企业所得税的申报方法。
4. 掌握企业所得税的会计处理方法。

重点难点

1. 企业所得税预缴和汇算清缴的计算。
2. 企业所得税纳税申报表的填制。
3. 企业所得税的会计处理。

第一节　企业所得税的基本知识

一、企业所得税的纳税人

企业所得税是对我国境内企业和其他取得收入的组织(以下统称企业),在一定期间内的生产、经营所得和其他所得征收的一种税。

凡中华人民共和国境内的公司制企业和其他取得经营收入的组织(独立核算的法人单位),均为企业所得税的纳税人。包括各种所有制、各个行业和内外资企业,不包括个体工商户、个人独资企业和合伙企业(适用个人所得税)。

二、企业所得税的征税对象与计税依据

企业所得税的征税对象为企业的利润。

企业所得税的计税依据为应纳税所得额，应纳税所得额是按税法规定的口径计算的，不完全等同于会计核算的利润总额，而要将利润总额加以调整来计算确定。即：

应纳税所得额＝利润总额 ＋ 纳税调整增加项目金额 － 纳税调整减少项目金额

三、企业所得税的税率

企业所得税的税率有三档。

(1)基本税率：25％。

(2)符合条件的小型微利企业：20％。

(3)国家需要扶持的高新技术企业：15％。

(4)2019 年 1 月 9 日国务院会议——税收优惠政策：大幅放宽可享受所得税优惠的小型微利企业标准，对其年应纳税所得额不超过 100 万元、100 万元到 300 万元的部分分别减按 25％、50％计入应纳税所得额。实际上等于分别减按 5％、10％的税率计征。

此政策执行期限为 2019 年至 2021 年。

符合条件的小型微利企业是指从事国家非限制和禁止行业，并符合下列条件的企业：

不分制造业、非制造业，应纳税所得额不超过 300 万元，从业人数不超过 300 人，资产总额不超过 5 000 万元。

四、减免税政策

(1)国家对重点扶持和鼓励发展的产业和项目，给予企业所得税优惠。

(2)企业的下列收入为免税收入：

①国债利息收入；

②符合条件的居民企业之间的股息、红利等权益性投资收益；

③在中国境内设立机构、场所的非居民企业从居民企业取得与该机构、场所有实际联系的股息、红利等权益性投资收益；

④符合条件的非营利组织的收入。

(3)企业的下列所得，可以免征、减征企业所得税：

①从事农、林、牧、渔业项目的所得免税；

②从事国家重点扶持的公共基础设施项目投资经营的所得额，第 1～3 年免税，第 4～6 年减半征税；

③从事符合条件的环境保护、节能节水项目的所得，第 1～3 年免税，第 4～6 年减半征税；

④年技术转让所得不超过 500 万元的部分免税，超过部分减半征税；

⑤非居民企业在中国境内未设立机构、场所的，或者虽设立机构、场所但取得的所得与其所设机构、场所没有实际联系的所得。

(4)企业的下列支出，可以在计算应纳税所得额时加计扣除：

①开发新技术、新产品、新工艺发生的研究开发费用，加计扣除 50％；

②安置残疾人员及国家鼓励安置的其他就业人员所支付的工资，加计扣除 100％。

(5)创业投资企业从事国家需要重点扶持和鼓励的创业投资，可以按投资额的一定比例抵扣应纳税所得额。

(6)企业的固定资产由于技术进步等原因,确需加速折旧的,可以缩短折旧年限或者采取加速折旧的方法。

(7)综合利用资源生产符合国家产业政策规定的产品所取得收入减计10%的金额。

(8)企业购置用于环境保护、节能节水、安全生产等专用设备的投资额,可以按一定比例实行税额抵免。

(9)国务院、财政部、国家税务总局发布的其他减免税政策。

2021年政府工作报告中涉及企业所得税减税政策:对小微企业和个体工商户年应纳税所得额不到100万元的部分,在现行优惠政策基础上,再减半征收所得税,该部分所得的税负为2.5%,此政策延续至2022年1月31日;延续执行企业研发费用加计扣除75%的政策,并将制造业企业加计扣除比例提高到100%。

第二节 企业所得税的计算

企业所得税的缴纳,实行分月或分季预缴,年终汇算清缴的办法。

一、月、季预缴企业所得税的计算

预缴企业所得税的计算有两种方法,企业可以选择一种方法。两种方法如下。

1. 按实际所得额计算

本月(季)累计应纳税所得额=累计利润总额-弥补以前年度亏损-累计不征税、免税收入

本月(季)应预缴所得税额=累计应纳税所得额×适用税率-减免所得税额-年内累计已预缴的所得税额

2. 按上一年度实际缴纳的企业所得税额计算

本月(季)应纳税所得额=上一年度应纳税所得额÷12或4

本月(季)应预缴所得税额=本月(季)应纳税所得额×适用税率

[**例6-1**] 中兴商贸有限公司2020年6月前各月利润和预缴所得税资料如表6-1所示。上年度亏损20 000元。无不征税、免税收入。适用所得税税率为25%。

表6-1 各月利润和预缴所得税资料 单位:元

月份	1	2	3	4	5	6
利润总额	8 000	-3 000	5 000	12 000	15 000	18 000
累计应纳税所得额	-12 000	-15 000	-10 000	2 000	17 000	35 000
预缴所得税	0	0	0	500	3 750	4 500

各月应纳税所得额和应预缴所得税额计算方法如下:

1月份累计应纳税所得额=8 000-20 000=-12 000(元) (不交所得税)

2月份累计应纳税所得额=(8 000-3 000)-20 000=-15 000(元) (不交所得税)

3月份累计应纳税所得额=(8 000-3 000+5 000)-20 000=-10 000(元)(不交所得税)

4月份累计应纳税所得额=(8 000-3 000+5 000+12 000)-20 000=2 000(元)

4月份应预缴所得税额=2 000×25%-0=500(元)

5月份累计应纳税所得额=(8 000-3 000+5 000+12 000+15 000)-20 000=17 000(元)

5 月份应预缴所得税额＝17 000×25％－500＝3 750(元)

6 月份累计应纳税所得额＝(8 000－3 000＋5 000＋12 000＋15 000＋18 000)－20 000＝35 000(元)

6 月份应预缴所得税额＝35 000×25％－(500＋3 750)＝4 500(元)

二、年度汇算清缴企业所得税的计算

1. 应纳税所得额的计算

年应纳税所得额＝全年利润总额＋调整增加项目金额－调整减少项目金额

1)调整增加项目和扣除标准

调整增加项目,就是按照税法规定,成本费用中限额扣除的项目和不得扣除的项目。

(1)税法规定成本费用中限额扣除的项目和扣除标准。

①向非金融机构借款利息支出,不得超过按金融机构同期类贷款利率计算的利息额。

②职工福利费支出,不得超过工资薪金总额的 14％。

③拨缴的工会经费(凭缴款书),不得超过工资薪金总额的 2％。

④职工教育经费,不得超过工资薪金总额的 8％(超过部分可结转以后年度扣除)。

⑤业务招待支出,按发生额的 60％扣除,但不得超过营业收入的 5‰。

⑥广告费和业务宣传费支出,一般不得超过年销售(营业)收入的 15％(特殊规定:2021 年至 2025 年,化妆品制造或销售、医药制造、饮料<不含酒类>制造企业为不得超过年销售或营业收入的 30％;烟草广告宣传费不得扣除),超过的部分可结转以后年度扣除。

⑦公益救济性捐赠(通过公益性捐赠社会团体或县以上人民政府及其部门),不得超过年度利润总额的 12％。超过部分可以结转以后三年内扣除。

⑧在国家规定的社会保险范围和标准外,为职工支付的商业保险,不得扣除。

⑨计提的固定资产折旧费,不得超过税法规定的折旧方法和年限计提的折旧额。

税法规定的折旧方法一般为直接折旧法(平均年限法),规定的最短折旧年限:房屋、建筑物 20 年,飞机、火车、轮船、机器、机械和其他生产设备 10 年,与生产有关的器具、工具、家具等 5 年,飞机、火车、轮船以外的运输工具 4 年,电子设备 3 年。

⑩无形资产的摊销费用,不得超过按税法规定的摊销方法和年限计算的金额。

税法规定的摊销方法为直接摊销法,规定的摊销年限不少于 10 年。

⑪固定资产大修理支出,应按尚可使用年限分期摊销。当年计入费用的大修理支出超过应摊销金额的部分不得扣除。

⑫开办费等其他长期待摊费用摊销额不得超过按税法规定摊销年限计算的年摊销额。

税法规定的最短摊销年限为 3 年。

(2)税法规定成本费用中不得扣除的项目。

①违法行为被国家有关部门罚款和没收财产的损失。

②税收滞纳金支出、罚款支出

③非公益救济性捐赠、赞助支出和未通过公益性社会团体、县以上人民政府及其部门的捐赠支出。

④不符合国务院财政部、税务部门规定计提的资产减值损失。

⑤其他与取得收入无关的支出(如为他人担保而承担的支出)。

2)调整增加项目金额的计算

(1)向非金融机构借款利息超过扣除限额的部分。

调整增加金额＝该种借款利息支出－当年该种借款额×金融机构同期同类贷款利率

(2)福利费支出超过扣除限额的部分。

调整增加金额＝当年支出的福利费－当年工资总额×14％

(3)拨缴的工会经费超过扣除限额的部分。

调整增加金额＝当年实际拨缴数－工资总额×2％

(4)职工教育经费支出超过扣除限额的部分。

调整增加金额＝当年实际支出数－工资总额×8％

(5)业务招待费支出超过扣除限额的部分。

调整增加金额＝当年业务招待费×(1－60％)

＋(当年业务招待费×60％ － 年营业收入×5‰)

(6)广告费和业务宣传费支出超过扣除限额的部分。

调整增加金额＝当年支出－当年销售(营业)收入×15％或30％

(7)公益性捐赠超过扣除限额的部分。

调整增加金额＝当年公益性捐赠支出－年度利润总额×12％

(8)社会保险费支出超过扣除限额的部分。

调整增加金额＝超范围、标准的社会保险支出＋为职工支付的商业保险费

(9) 计提的固定资产折旧费超过扣除限额的部分(负数为调减)。

调整增加金额＝税法规定年限内当年计提的折旧费－按税法规定的方法和折旧年限应提的折旧费

(10)无形资产摊销费用超过扣除限额的部分(负数为调减)。

调整增加金额＝税法规定年限内当年实际摊销额－按税法规定的方法和年限应摊销额

(11)计入费用的固定资产大修理支出超过按税法规定当年应摊销的部分(负为调减)。

调整增加金额＝当年计入费用的大修理支出－大修理支出／固定资产尚可使用年限

(12)开办费支出超过扣除限额的部分(负为调减)。

调整增加金额＝三年期内每年计入费用的开办费－开办费支出／3

(13)因违法被国家有关部门罚款和没收财产的支出额,全额调整增加。

(14)税收滞纳金、罚款支出额,全额调整增加。

(15)非公益性捐赠、赞助支出额和未通过规定单位的捐赠支出额,全额调整增加。

(16)不符合财政、税务部门规定计提的资产减值损失金额,全额调整增加。

(17)其他与取得收入无关的支出额,全额调整增加。

3)调整减少项目及金额

(1)国债投资利息收入。

(2)长期股权性投资股息或红利收益。

(3)政策性减免项目的所得。

①从事农、林、牧、渔业项目的所得额。

②从事国家重点扶持的公共基础设施项目投资经营的所得额(1～3年免税,第4～6年减半征税)。

③从事符合条件的环境保护、节能节水项目的所得额(1～3年免税,第4～6年减半征税)。

④年技术转让所得不超过500万元的部分(超过部分减半征税)。

(4)开发新产品、新技术、新工艺的研究开发费用加计扣除额。

加计扣除额＝当年研究开发费用的发生额×加计扣除比例

(5)安置残疾人员及国家鼓励安置就业的其他就业人员所支付的工资额加计扣除额。

加计扣除额＝当年实际支付的工资额×100%

(6)综合利用资源生产符合国家产业政策规定的产品所取得收入减计10%的金额。

(7)职工教育经费、广告宣传费以前年度结转本年可扣除的金额。

(8)固定资产折旧、无形资产摊销、固定资产大修理支出、开办费支出当年摊销额少于税法应摊销的金额。

(9)财政拨款收入。

(10)弥补以前年度(不超过5年)的亏损额。

2. 应纳企业所得税额的计算

全年应纳企业所得税＝年应纳税所得额×适用税率－税额减免

应补(退)所得税额＝全年应纳所得税额－本年已预缴所得税额

[**例6-2**]某企业2020年度有关企业所得税的会计资料如下：

(1)全年利润总额98 000元，营业收入560 000元。

(2)全年工资总额150 000元，福利费支出10 000元，职工教育经费支出3 000元。

(3)从别的公司拆借1年期流动资金100 000元，支付利息12 000元。同期银行流动资金贷款利率为8% 。

(4)全年业务招待费支出40 000元。

(5)因涉嫌偷税被税务局罚款2 000元。

(6)通过民政局向灾区捐款20 000元，为文化节赞助1 000元。

(7)本年投资收益为：从所入股企业分得股利2 000元，购买国债利息收入1 000元。

(8)转让一项专利技术净收益10 000元。

(9)上年亏损20 000元。

(10)固定资产折旧、专利权摊销采用直线法，折旧、摊销年限符合税法规定。社会保险费按政府规定比例缴纳。

(11)年内已预缴所得税20 000元。

本企业属于小型微利企业。

要求：计算本年度应纳企业所得税额和应退、补税额。

调增项目：

(1)利息支出调增金额＝12 000－100 000×8%＝4 000(元)

(2)业务招待费支出调增金额＝40 000×(1－60%)＋(40 000×60%－560 000×5‰)＝37 200(元)

(3)罚款支出调增金额2 000元。

(4)公益捐赠调增金额＝20 000－98 000×12%＝8 240(元)

(5)赞助支出调增金额1 000元。

调增金额合计＝52 440元

调减项目：

(1)股利收益2 000元。

(2)国债利息收入1 000元。

(3)技术转让收益10 000元。

(4)弥补上年亏损 20 000 元。

调减金额合计＝33 000

应纳税所得额＝98 000＋52 440－33 000＝117 440(元)

应纳所得税＝117 440×20％＝23 488(元)

应补交所得税＝23 488－20 000＝3 488(元)

第三节　企业所得税的纳税申报

一、纳税期限与申报期限

企业所得税按月或季预缴，按年汇算清缴。

按月或季预缴，于月、季后 15 日内申报；年度汇算清缴，于年后 5 个月内报送年度申报表并结算清缴税款。

二、纳税申报表的填制

(一)月、季预缴纳税申报表的填制

月、季预交纳税申报表如表 6－2 所示。

[实训 6－1]根据[例 6－1]资料，填制 2020 年 6 月份预缴纳税申报表。(6 月份营业收入为 120 000 元，累计营业收入为 275 000；6 月份营业成本为 72 000 元，累计营业成本为165 000元)

(二)年度汇算清缴纳税申报表的填制

年度汇算清缴纳税申报表如表 6－4～表 6－11 所示。

[实训 6－2]唐城机械有限责任公司为工业企业，2020 年度利润表及有关账簿记录资料如下：

(1)年度利润表如表 6－3 所示。

(2)投资收益为所购 5 年期国债利息收入。

(3)营业外收入为出售房屋净收益。营业外支出为被税务机关罚款 397 000 元和为文化节赞助 100 000 元。

(4)全年工资总额 1 320 000 元(已发放)，符合税法规定的工资薪金范围。

(5)全年职工福利费支出 100 000 元，职工教育经费支出 50 000 元，无工会经费支出。

(6)工商银行借款利息支出 50 000 元，利率为法定利率。

(7)业务招待费支出 100 000 元。

(8)本年固定资产原值为 2 000 000 元，其中房屋 500 000 元，机器设备 1 000 000 元，汽车 450 000 元、电子设备 30 000 元、办公用具家具 20 000 元。固定资产原值符合税法规定，折旧年限按税法规定的最短年限执行，折旧方法采用年限平均法。

(9)广告支出为 60 000 元。

(10)本年基本社会保障性缴款为 250 000 元，均按政府规定的比例交纳。

(11)本企业未计提资产减值或跌价准备。

(12)上年度亏损 50 000 元，此前无未弥补的亏损。

(13)本年累计已预缴的所得税 720 000 元。

除上述资料外，本企业再无其他缴税有关事项。

根据上述资料，填制年度汇算清缴纳税申报表及附表。

表 6－2　A200000 中华人民共和国企业所得税月(季)度预缴纳税申报表(A 类)

税款所属期间：　　年　　月　　日至　　年　　月　　日

纳税人识别号（统一社会信用代码）：□□□□□□□□□□□□□□□□□□□□

纳税人名称：　　　　　　　　　　　　　　　　　　　　　金额单位：人民币元(列至角分)

预缴方式	□ 按照实际利润额预缴	□ 按照上一纳税年度应纳税所得额平均额预缴	□ 按照税务机关确定的其他方法预缴
企业类型	□ 一般企业	□ 跨地区经营汇总纳税企业总机构	□ 跨地区经营汇总纳税企业分支机构

按季度填报信息									
项　目	一季度		二季度		三季度		四季度		季度平均值
	季初	季末	季初	季末	季初	季末	季初	季末	
从业人数									
资产总额（万元）									
国家限制或禁止行业	□ 是　□ 否				小型微利企业				□ 是　□ 否

预缴税款计算		
行次	项　目	本年累计金额
1	营业收入	
2	营业成本	
3	利润总额	
4	加：特定业务计算的应纳税所得额	
5	减：不征税收入	
6	减：免税收入、减计收入、所得减免等优惠金额（填写 A201010）	
7	减：资产加速折旧、摊销（扣除）调减额（填写 A201020）	
8	减：弥补以前年度亏损	
9	实际利润额（3+4-5-6-7-8）＼按照上一纳税年度应纳税所得额平均额确定的应纳税所得额	
10	税率(25%)	
11	应纳所得税额（9×10）	
12	减：减免所得税额（填写 A201030）	
13	减：实际已缴纳所得税额	
14	减：特定业务预缴（征）所得税额	
L15	减：符合条件的小型微利企业延缓缴纳所得税额（是否延缓缴纳所得税　□ 是　□ 否）	
15	本期应补（退）所得税额（11-12-13-14-L15）＼税务机关确定的本期应纳所得税额	

汇总纳税企业总分机构税款计算			
16	总机构填报	总机构本期分摊应补（退）所得税额（17+18+19）	
17		其中：总机构分摊应补（退）所得税额（15×总机构分摊比例__%）	
18		财政集中分配应补（退）所得税额（15×财政集中分配比例__%）	
19		总机构具有主体生产经营职能的部门分摊所得税额(15×全部分支机构分摊比例__%×总机构具有主体生产经营职能部门分摊比例__%)	
20	分支机构填报	分支机构本期分摊比例	
21		分支机构本期分摊应补（退）所得税额	

附报信息			
高新技术企业	□ 是　□ 否	科技型中小企业	□ 是　□ 否
技术入股递延纳税事项	□ 是　□ 否		

谨声明：本纳税申报表是根据国家税收法律法规及相关规定填报的，是真实的、可靠的、完整的。

纳税人（签章）：　　　　　　年　月　日

经办人： 经办人身份证号： 代理机构签章：	受理人： 受理税务机关（章）： 受理日期：　年　月　日

国家税务总局监制

A200000《中华人民共和国企业所得税月(季)度预缴纳税申报表(A类)》填报说明

(一)预缴方式

纳税人根据情况选择。

"按照上一纳税年度应纳税所得额平均额预缴"和"按照税务机关确定的其他方法预缴"两种预缴方式属于税务行政许可事项,纳税人需要履行行政许可相关程序。

(二)企业类型

纳税人根据情况选择。

纳税人为《跨地区经营汇总纳税企业所得税征收管理办法》规定的跨省、自治区、直辖市和计划单列市设立不具有法人资格分支机构的跨地区经营汇总纳税企业,总机构选择"跨地区经营汇总纳税企业总机构";仅在同一省(自治区、直辖市、计划单列市)内设立不具有法人资格分支机构的跨地区经营汇总纳税企业,并且总机构、分支机构参照《跨地区经营汇总纳税企业所得税征收管理办法》规定征收管理的,总机构选择"跨地区经营汇总纳税企业总机构"。

纳税人为《跨地区经营汇总纳税企业所得税征收管理办法》规定的跨省、自治区、直辖市和计划单列市设立不具有法人资格分支机构的跨地区经营汇总纳税企业,分支机构选择"跨地区经营汇总纳税企业分支机构";仅在同一省(自治区、直辖市、计划单列市)内设立不具有法人资格分支机构的跨地区经营汇总纳税企业,并且总机构、分支机构参照《跨地区经营汇总纳税企业所得税征收管理办法》规定征收管理的,分支机构选择"跨地区经营汇总纳税企业分支机构"。

上述企业以外的其他企业选择"一般企业"。

(三)按季度填报信息

本项下所有项目按季度填报。按月申报的纳税人,在季度最后一个属期的月份填报。企业类型选择"跨地区经营汇总纳税企业分支机构"的,不填报"按季度填报信息"所有项目。

1.从业人数

必报项目。

纳税人填报第一季度至税款所属季度各季度的季初、季末、季度平均从业人员的数量。季度中间开业的纳税人,填报开业季度至税款所属季度各季度的季初、季末从业人员的数量,其中开业季度"季初"填报开业时从业人员的数量。季度中间停止经营的纳税人,填报第一季度至停止经营季度各季度的季初、季末从业人员的数量,其中停止经营季度"季末"填报停止经营时从业人员的数量。"季度平均值"填报截至本税款所属期末从业人员数量的季度平均值,计算方法如下:

各季度平均值=(季初值+季末值)÷2

截至本税款所属期末季度平均值=截至本税款所属期末各季度平均值之和÷相应季度数

年度中间开业或者终止经营活动的,以其实际经营期计算上述指标。

从业人数是指与企业建立劳动关系的职工人数和企业接受的劳务派遣用工人数之和。汇总纳税企业总机构填报包括分支机构在内的所有从业人数。

2.资产总额(万元)

必报项目。

纳税人填报第一季度至税款所属季度各季度的季初、季末、季度平均资产总额的金额。季度中间开业的纳税人,填报开业季度至税款所属季度各季度的季初、季末资产总额的金额,其中开业季度"季初"填报开业时资产总额的金额。季度中间停止经营的纳税人,填报第一季度至停止经营季度各季度的季初、季末资产总额的金额,其中停止经营季度"季末"填报停止经营时资产总额的金额。"季度平均值"填报截至本税款所属期末资产总额金额的季度平均值,计算方法如下:

各季度平均值=(季初值+季末值)÷2

截至本税款所属期末季度平均值=截至本税款所属期末各季度平均值之和÷相应季度数

年度中间开业或者终止经营活动的,以其实际经营期计算上述指标。

填报单位为人民币万元,保留小数点后2位。

3.国家限制或禁止行业

必报项目。

纳税人从事行业为国家限制或禁止行业的,选择"是";其他选择"否"。

4.小型微利企业

必报项目。

本纳税年度截至本期末的从业人数季度平均值不超过300人、资产总额季度平均值不超过5000万元、本表"国家限制或禁止行业"选择"否"且本期本表第9行"实际利润额按照上一纳税年度应纳税所得额平均额确定的应纳税所得额"不超过300万元的纳税人,选择"是";否则选择"否"。

(四)预缴税款计算

预缴方式选择"按照实际利润额预缴"的纳税人,填报第1行至第15行,预缴方式选择"按照上一纳税年度应纳税所得额平均额预缴"的纳税人填报第9、10、11、12、13、L15、15行,预缴方式选择"按照税务机关确定的其他方法预缴"的纳税人填报第L15、15行。

1.第1行"营业收入":填报纳税人截至本税款所属期末,按照国家统一会计制度规定核算的本年累计营业收入。

如:以前年度已经开始经营且按季度预缴纳税申报的纳税人,第二季度预缴纳税申报时本行填报本年1月1日至6月30日期间的累计营业收入。

2.第2行"营业成本":填报纳税人截至本税款所属期末,按照国家统一会计制度规定核算的本年累计营业成本。

3.第3行"利润总额":填报纳税人截至本税款所属期末,按照国家统一会计制度规定核算的本年累计利润总额。

4.第4行"特定业务计算的应纳税所得额":从事房地产开发等特定业务的纳税人,填报按照税收规定计算的特定业务的应纳税所得额。房地产开发企业销售未完工开发产品取得的预售收入,按照税收规定的预计计税毛利率计算出预计毛利额填入此行。

5.第5行"不征税收入":填报纳税人已经计入本表"利润总额"行次但属于税收规定的不征税收入的本年累计金额。

6.第 6 行“免税收入、减计收入、所得减免等优惠金额”：填报属于税收规定的免税收入、减计收入、所得减免等优惠的本年累计金额。

本行根据《免税收入、减计收入、所得减免等优惠明细表》(A201010)填报。

7.第 7 行“资产加速折旧、摊销(扣除)调减额”：填报固定资产、无形资产税收上享受加速折旧、摊销优惠政策计算的折旧额、摊销额大于同期会计折旧额、摊销额期间发生纳税调减的本年累计金额。

本行根据《资产加速折旧、摊销(扣除)优惠明细表》(A201020)填报。

8.第 8 行“弥补以前年度亏损”：填报纳税人截至本税款所属期末，按照税收规定在企业所得税税前弥补的以前年度尚未弥补亏损的本年累计金额。

当本表第 3＋4－5－6－7 行≤0 时，本行＝0。

9.第 9 行“实际利润额 \ 按照上一纳税年度应纳税所得额平均额确定的应纳税所得额”：预缴方式选择“按照实际利润额预缴”的纳税人，根据本表相关行次计算结果填报，第 9 行＝第 3＋4－5－6－7－8 行；预缴方式选择“按照上一纳税年度应纳税所得额平均额预缴”的纳税人，填报按照上一纳税年度应纳税所得额平均额计算的本年累计金额。

10.第 10 行“税率(25%)”：填报 25%。

11.第 11 行“应纳所得税额”：根据相关行次计算结果填报。第 11 行＝第 9×10 行，且第 11 行≥0。

12.第 12 行“减免所得税额”：填报纳税人截至本税款所属期末，按照税收规定享受的减免企业所得税的本年累计金额。

本行根据《减免所得税优惠明细表》(A201030)填报。

13.第 13 行“实际已缴纳所得税额”：填报纳税人按照税收规定已在此前月(季)度申报预缴企业所得税的本年累计金额。

建筑企业总机构直接管理的跨地区设立的项目部，按照税收规定已经向项目所在地主管税务机关预缴企业所得税的金额不填本行，而是填入本表第 14 行。

14.第 14 行“特定业务预缴(征)所得税额”：填报建筑企业总机构直接管理的跨地区设立的项目部，按照税收规定已经向项目所在地主管税务机关预缴企业所得税的本年累计金额。

本行本期填报金额不得小于本年上期申报的金额。

15.第 L15 行“符合条件的小型微利企业延缓缴纳所得税额(是否延缓缴纳所得税 □ 是 □ 否)”：根据《国家税务总局关于小型微利企业和个体工商户延缓缴纳 2020 年所得税有关事项的公告》(2020 年第 10 号)，填报符合条件的小型微利企业纳税人按照税收规定可以延缓缴纳的所得税额。本行为临时行次，自 2021 年 1 月 1 日起，本行废止。

符合条件的小型微利企业纳税人，在 2020 年第 2 季度、第 3 季度预缴申报时，选择享受延缓缴纳所得税政策的，选择“是”；选择不享受延缓缴纳所得税政策的，选择“否”。二者必选其一。

“是否延缓缴纳所得税”选择“是”时，预缴方式选择“按照实际利润额预缴”以及“按照上一纳税年度应纳税所得额平均额预缴”的纳税人，第 L15 行＝第 11－12－13－14 行，当第 11－12－13－14 行<0 时，本行填 0。其中，企业所得税收入全额归属中央且按比例就地预缴企业的分支机构，以及在同一省(自治区、直辖市、计划单列市)内的按比例就地预缴企业

的分支机构，第 L15 行＝第 11 行×就地预缴比例－第 12 行×就地预缴比例－第 13 行－第 14 行，当第 11 行×就地预缴比例－第 12 行×就地预缴比例－第 13 行－第 14 行＜0 时，本行填 0。预缴方式选择“按照税务机关确定的其他方法预缴”的纳税人，本行填报本期延缓缴纳企业所得税金额与 2020 年度预缴申报已延缓缴纳企业所得税金额之和。

“是否延缓缴纳所得税”选择“否”时，本行填报 0。

16.第 15 行“本期应补(退)所得税额 \ 税务机关确定的本期应纳所得税额”：按照不同预缴方式，分情况填报：

预缴方式选择“按照实际利润额预缴”以及“按照上一纳税年度应纳税所得额平均额预缴”的纳税人，根据本表相关行次计算填报。第 15 行＝第 11－12－13－14－L15 行，当第 11－12－13－14－L15 行＜0 时，本行填 0。其中，企业所得税收入全额归属中央且按比例就地预缴企业的分支机构，以及在同一省(自治区、直辖市、计划单列市)内的按比例就地预缴企业的分支机构，第 15 行＝第 11 行×就地预缴比例－第 12 行×就地预缴比例－第 13 行－第 14 行－第 L15 行，当第 11 行×就地预缴比例－第 12 行×就地预缴比例－第 13 行－第 14 行－第 L15 行＜0 时，本行填 0。

预缴方式选择“按照税务机关确定的其他方法预缴”的纳税人，在 2020 年第 2 季度、第 3 季度预缴申报时，若“是否延缓缴纳所得税”选择“是”，本行填报 0；若“是否延缓缴纳所得税”选择“否”的，本行填报本期应纳企业所得税金额与 2020 年度预缴申报已延缓缴纳企业所得税金额之和。在 2020 年第 4 季度预缴申报时，本行填报本期应纳企业所得税金额与 2020 年度预缴申报已延缓缴纳企业所得税金额之和。自 2021 年第 1 季度预缴申报起，本行填报本期应纳企业所得税的金额。

(五)汇总纳税企业总分机构税款计算

企业类型选择“跨地区经营汇总纳税企业总机构”的纳税人填报第 16、17、18、19 行；企业类型选择“跨地区经营汇总纳税企业分支机构”的纳税人填报第 20、21 行。

1.第 16 行“总机构本期分摊应补(退)所得税额”：跨地区经营汇总纳税企业的总机构根据相关行次计算结果填报，第 16 行＝第 17＋18＋19 行。

2.第 17 行“总机构分摊应补(退)所得税额(15×总机构分摊比例____%)”：根据相关行次计算结果填报，第 17 行＝第 15 行×总机构分摊比例。其中：跨省、自治区、直辖市和计划单列市经营的汇总纳税企业“总机构分摊比例”填报 25%，同一省(自治区、直辖市、计划单列市)内跨地区经营汇总纳税企业“总机构分摊比例”按照各省(自治区、直辖市、计划单列市)确定的总机构分摊比例填报。

3.第 18 行“财政集中分配应补(退)所得税额(15×财政集中分配比例____%)”：根据相关行次计算结果填报，第 18 行＝第 15 行×财政集中分配比例。其中：跨省、自治区、直辖市和计划单列市经营的汇总纳税企业“财政集中分配比例”填报 25%，同一省(自治区、直辖市、计划单列市)内跨地区经营汇总纳税企业“财政集中分配比例”按照各省(自治区、直辖市、计划单列市)确定的财政集中分配比例填报。

4.第 19 行“总机构具有主体生产经营职能的部门分摊所得税额(15×全部分支机构分摊比例____%×总机构具有主体生产经营职能部门分摊比例____%)”：根据相关行次计算结果填报，第 19 行＝第 15 行×全部分支机构分摊比例×总机构具有主体生产经营职能部门分摊比例。其中:跨省、自治区、直辖市和计划单列市经营的汇总纳税企业“全部分支机构分摊比例”填报50%,同一省(自治区、直辖市、计划单列市)内跨地区经营汇总纳税企业“分支机构分摊比例”按照各省(自治区、直辖市、计划单列市)确定的分支机构分摊比例填报;“总机构具有主体生产经营职能部门分摊比例”按照设立的具有主体生产经营职能的部门在参与税款分摊的全部分支机构中的分摊比例填报。

5.第20行“分支机构本期分摊比例”:跨地区经营汇总纳税企业分支机构填报其总机构出具的本期《企业所得税汇总纳税分支机构所得税分配表》“分配比例”列次中列示的本分支机构的分配比例。

6.第21行“分支机构本期分摊应补(退)所得税额”:跨地区经营汇总纳税企业分支机构填报其总机构出具的本期《企业所得税汇总纳税分支机构所得税分配表》“分配所得税额”列次中列示的本分支机构应分摊的所得税额。

表6-3 利润表

2020年　　单位:元

项目	本期金额	上期金额
一、营业收入	12 500 000	(略)
减:营业成本	7 500 000	
营业税金及附加	20 000	
销售费用	200 000	
管理费用	1 580 000	
财务费用	415 000	
资产减值损失		
加:公允价值变动收益(损失以“—”号填列)		
投资收益(损失以“—”号填列)	315 000	
其中:对联营企业和合营企业的投资收益		
二、营业利润(亏损以“—”号填列)	3 100 000	
加:营业外收入	500 000	
减:营业外支出	497 000	
其中:非流动资产处置损失		
三、利润总额(亏损总额以“—”号填列)	3 103 000	
减:所得税费用	720 000	
四、净利润(净亏损以“—”号填列)	2 383 000	
五、每股收益		
(一)基本每股收益		
(二)稀释每股收益		

表 6－4　中华人民共和国企业所得税年度纳税申报表(A 类)

税款所属期间：　　　年　　月　　日至　　　年　　月　　日

纳税人名称：永兴机械有限公司

纳税人识别号：□□□□□□□□□□□□□□□□□□□□　　　　金额单位：元(列至角分)

类别	行次	项目	金额
利润总额计算	1	一、营业收入(填附表一)	
	2	减：营业成本(填附表二)	
	3	营业税金及附加	
	4	销售费用(填附表二)	
	5	管理费用(填附表二)	
	6	财务费用(填附表二)	
	7	资产减值损失	
	8	加：公允价值变动收益	
	9	投资收益	
	10	二、营业利润	
	11	加：营业外收入(填附表一)	
	12	减：营业外支出(填附表二)	
	13	三、利润总额(10＋11－12)	
应纳税所得额计算	14	加：纳税调整增加额(填附表三)	
	15	减：纳税调整减少额(填附表三)	
	16	其中：不征税收入	
	17	免税收入	
	18	减计收入	
	19	减、免税项目所得	
	20	加计扣除	
	21	抵扣应纳税所得额	
	22	加：境外应税所得弥补境内亏损	
	23	纳税调整后所得(13＋14－15＋22)	
	24	减：弥补以前年度亏损(填附表四)	
	25	应纳税所得额(23－24)	

续表

类别	行次	项目	金额
应纳税额计算	26	税率(25%)	
	27	应纳所得税额(25×26)	
	28	减:减免所得税额(填附表五)	
	29	减:抵免所得税额(填附表五)	
	30	应纳税额(27－28－29)	
	31	加:境外所得应纳所得税额(填附表六)	
	32	减:境外所得抵免所得税额(填附表六)	
	33	实际应纳所得税额(30＋31－32)	
	34	减:本年累计实际已预缴的所得税额	
	35	其中:汇总纳税的总机构分摊预缴的税额	
	36	汇总纳税的总机构财政调库预缴的税额	
	37	汇总纳税的总机构所属分支机构分摊的预缴税额	
	38	合并纳税(母子体制)成员企业就地预缴比例	
	39	合并纳税企业就地预缴的所得税额	
	40	本年应补(退)的所得税额(33－34)	
附列资料	41	以前年度多缴的所得税额在本年抵减额	
	42	以前年度应缴未缴在本年入库所得税额	

纳税人公章： 经办人： 申报日期： 年 月 日	代理申报中介机构公章： 经办人及执业证件号码： 代理申报日期： 年 月 日	主管税务机关受理专用章： 受理人： 受理日期： 年 月 日

表6-5 收入明细表

填报时间： 年 月 日　　金额单位:元(列至角分)

行次	项目	金额
1	一、销售(营业)收入合计(2＋13)	
2	(一)营业收入合计(3＋8)	
3	1. 主营业务收入(4＋5＋6＋7)	
4	(1)销售货物	
5	(2)提供劳务	
6	(3)让渡资产使用权	
7	(4)建造合同	

续表

行次	项目	金额
8	2. 其他业务收入(9＋10＋11＋12)	
9	(1)材料销售收入	
10	(2)代购代销手续费收入	
11	(3)包装物出租收入	
12	(4)其他	
13	(二)视同销售收入(14＋15＋16)	
14	(1)非货币性交易视同销售收入	
15	(2)货物、财产、劳务视同销售收入	
16	(3)其他视同销售收入	
17	二、营业外收入(18＋19＋20＋21＋22＋23＋24＋25＋26)	
18	1. 固定资产盘盈	
19	2. 处置固定资产净收益	
20	3. 非货币性资产交易收益	
21	4. 出售无形资产收益	
22	5. 罚款净收入	
23	6. 债务重组收益	
24	7. 政府补助收入	
25	8. 捐赠收入	
26	9. 其他	

经办人(签章)：　　　　　　　　　　　　　　法定代表人(签章)：

表 6－6　成本费用明细表

填报时间：　　　年　　月　　日　　　　　　　　　　　　　　金额单位:元(列至角分)

行次	项目	金额
1	一、销售(营业)成本合计(2＋7＋12)	
2	(一)主营业务成本(3＋4＋5＋6)	
3	(1)销售货物成本	
4	(2)提供劳务成本	
5	(3)让渡资产使用权成本	
6	(4)建造合同成本	
7	(二)其他业务成本(8＋9＋10＋11)	

续表

行次	项目	金额
8	(1)材料销售成本	
9	(2)代购代销费用	
10	(3)包装物出租成本	
11	(4)其他	
12	(三)视同销售成本(13+14+15)	
13	(1)非货币性交易视同销售成本	
14	(2)货物、财产、劳务视同销售成本	
15	(3)其他视同销售成本	
16	二、营业外支出(17+18+…+24)	
17	1. 固定资产盘亏	
18	2. 处置固定资产净损失	
19	3. 出售无形资产损失	
20	4. 债务重组损失	
21	5. 罚款支出	
22	6. 非常损失	
23	7. 捐赠支出	
24	8. 其他	
25	三、期间费用(26+27+28)	
26	1. 销售(营业)费用	
27	2. 管理费用	
28	3. 财务费用	

经办人(签章)：　　　　　　　　　　　法定代表人(签章)：

表 6-7　纳税调整项目明细表

填报时间：　　年　　月　　日　　　　　　　　　　　　金额单位：元(列至角分)

	行次	项目	账载金额	税收金额	调增金额	调减金额
			1	2	3	4
	1	一、收入类调整项目	*	*		
	2	1. 视同销售收入(填附表一)	*	*		*
#	3	2. 接受捐赠收入	*			*
	4	3. 不符合税收规定的销售折扣和折让				*

续表

	行次	项目	账载金额	税收金额	调增金额	调减金额
			1	2	3	4
*	5	4. 未按权责发生制原则确认的收入				
*	6	5. 按权益法核算长期股权投资对初始投资成本调整确认收益	*	*	*	
	7	6. 按权益法核算的长期股权投资持有期间的投资损益	*	*		
*	8	7. 特殊重组				
*	9	8. 一般重组				
*	10	9. 公允价值变动净收益(填附表七)	*	*		
	11	10. 确认为递延收益的政府补助				
	12	11. 境外应税所得(填附表六)	*	*	*	
	13	12. 不允许扣除的境外投资损失	*	*		*
	14	13. 不征税收入(填附表一[3])	*	*	*	
	15	14. 免税收入(填附表五)	*	*	*	
	16	15. 减计收入(填附表五)	*	*	*	
	17	16. 减、免税项目所得(填附表五)	*	*	*	
	18	17. 抵扣应纳税所得额(填附表五)	*	*	*	
	19	18. 其他				
	20	二、扣除类调整项目	*	*		
	21	1. 视同销售成本(填附表二)	*	*	*	
	22	2. 工资薪金支出				
	23	3. 职工福利费支出				
	24	4. 职工教育经费支出				
	25	5. 工会经费支出				
	26	6. 业务招待费支出				*
	27	7. 广告费和业务宣传费支出(填附表八)	*	*		
	28	8. 捐赠支出				*
	29	9. 利息支出				
	30	10. 住房公积金				*
	31	11. 罚金、罚款和被没收财物的损失		*		*
	32	12. 税收滞纳金		*		*

续表

行次	项目	账载金额	税收金额	调增金额	调减金额
		1	2	3	4
33	13. 赞助支出		*		*
34	14. 各类基本社会保障性缴款				
35	15. 补充养老保险、补充医疗保险				
36	16. 与未实现融资收益相关在当期确认的财务费用				
37	17. 与取得收入无关的支出		*		*
38	18. 不征税收入用于支出所形成的费用		*		*
39	19. 加计扣除(填附表五)	*	*	*	
40	20. 其他				
41	三、资产类调整项目	*	*		
42	1. 财产损失				
43	2. 固定资产折旧(填附表九)	*	*		
44	3. 生产性生物资产折旧(填附表九)	*	*		
45	4. 长期待摊费用的摊销(填附表九)	*	*		
46	5. 无形资产摊销(填附表九)	*	*		
47	6. 投资转让、处置所得(填附表十一)	*	*		
48	7.油气勘探投资(填附表九)				
49	8.油气开发投资(填附表九)				
50	9. 其他				
51	四、准备金调整项目(填附表十)	*	*		
52	五、房地产企业预售收入计算的预计利润	*	*		
53	六、特别纳税调整应税所得	*	*		*
54	七、其他	*	*		
55	合计	*	*		

注:1. 标有*的行次为执行新会计准则的企业填列,标有#的行次为除执行新会计准则以外的企业填列。
2. 没有标注的行次,无论执行何种会计核算办法,有差异就填报相应行次,填*号不可填列。
3. 有二级附表的项目只填调增、调减金额,账载金额、税收金额不再填写。

经办人(签章):　　　　法定代表人(签章):

表 6-8　广告费和业务宣传费跨年度纳税调整表

填报时间　　年　　月　　日　　　　金额单位：元(列至角分)

行次	项目	金额
1	本年度广告费和业务宣传费支出	金额
2	其中：不允许扣除的广告费和业务宣传费支出	
3	本年度符合条件的广告费和业务宣传费支出(1－2)	
4	本年计算广告费和业务宣传费扣除限额的销售(营业)收入	
5	税收规定的扣除率	
6	本年广告费和业务宣传费扣除限额(4×5)	
7	本年广告费和业务宣传费支出纳税调整额(3≤6，本行＝2 行；3＞6，本行＝1－6)	
8	本年结转以后年度扣除额(3＞6，本行＝3－6；3≤6，本行＝0)	
9	加：以前年度累计结转扣除额	
10	减：本年扣除的以前年度结转额	
11	累计结转以后年度扣除额(8＋9－10)	

经办人(签章)：　　　　法定代表人(签章)：

表 6-9　优惠明细表

填报时间：　　年　　月　　日　　　　金额单位：元(列至角分)

行次	项目	金额
1	一、免税收入(2＋3＋4＋5)	
2	1. 国债利息收入	
3	2. 符合条件的居民企业之间的股息、红利等权益性投资收益	
4	3. 符合条件的非营利组织的收入	
5	4. 其他	
6	二、减计收入(7＋8)	
7	1. 企业综合利用资源，生产符合国家产业政策规定的产品所取得的收入	
8	2. 其他	
9	三、加计扣除额合计(10＋11＋12＋13)	
10	1. 开发新技术、新产品、新工艺发生的研究开发费用	
11	2. 安置残疾人员所支付的工资	
12	3. 国家鼓励安置的其他就业人员支付的工资	
13	4. 其他	
14	四、减免所得额合计(15＋25＋29＋30＋31＋32)	
15	(一)免税所得(16＋17＋…＋24)	

续表

行次	项目	金额
16	1. 蔬菜、谷物、薯类、油料、豆类、棉花、麻类、糖料、水果、坚果的种植	
17	2. 农作物新品种的选育	
18	3. 中药材的种植	
19	4. 林木的培育和种植	
20	5. 牲畜、家禽的饲养	
21	6. 林产品的采集	
22	7. 灌溉、农产品初加工、兽医、农技推广、农机作业和维修等农、林、牧、渔服务业项目	
23	8. 远洋捕捞	
24	9. 其他	
25	(二)减税所得(26+27+28)	
26	1. 花卉、茶以及其他饮料作物和香料作物的种植	
27	2. 海水养殖、内陆养殖	
28	3. 其他	
29	(三)从事国家重点扶持的公共基础设施项目投资经营的所得	
30	(四)从事符合条件的环境保护、节能节水项目的所得	
31	(五)符合条件的技术转让所得	
32	(六)其他	
33	五、减免税合计(34+35+36+37+38)	
34	(一)符合条件的小型微利企业	
35	(二)国家需要重点扶持的高新技术企业	
36	(三)民族自治地方的企业应缴纳的企业所得税中属于地方分享的部分	
37	(四)过渡期税收优惠	
38	(五)其他	
39	六、创业投资企业抵扣的应纳税所得额	
40	七、抵免所得税额合计(41+42+43+44)	
41	(一)企业购置用于环境保护专用设备的投资额抵免的税额	
42	(二)企业购置用于节能节水专用设备的投资额抵免的税额	
43	(三)企业购置用于安全生产专用设备的投资额抵免的税额	
44	(四)其他	
45	企业从业人数(全年平均人数)	

续表

行次	项目	金额
46	资产总额(全年平均数)	
47	所属行业(工业企业 其他企业)	

经办人(签章):　　　　　　　　法定代表人(签章):

表 6－10　企业所得税弥补亏损明细表

填报时间:　　　年　　月　　日

行次	项目	年度	盈利额或亏损额	合并分立企业转入可弥补亏损额	当年可弥补的所得额	以前年度亏损弥补额					本年度实际弥补的以前年度亏损额	可结转以后年度弥补的亏损额
						前四年度	前三年度	前二年度	前一年度	合计		
		1	2	3	4	5	6	7	8	9	10	11
1	第一年											*
2	第二年					*						
3	第三年					*	*					
4	第四年					*	*	*				
5	第五年					*	*	*	*			
6	本年					*	*	*	*	*		
7	可结转以后年度弥补的亏损额合计											

经办人(签章):

表 6－11　资产折旧、摊销纳税调整明细表

填报日期:　　　年　　月　　日　　　　　　　　　　　　金额单位:元(列至角分)

行次	资产类别	资产原值		折旧、摊销年限		本期折旧、摊销额		纳税调整额
		账载金额	计税基础	会计	税收	会计	税收	
		1	2	3	4	5	6	7
1	一、固定资产			*	*			
2	1.房屋建筑物							
3	2.飞机、火车、轮船、机器、机械和其他生产设备							
4	3.与生产经营有关的器具工具家具							

续表

行次	资产类别	资产原值		折旧、摊销年限		本期折旧、摊销额		纳税调整额
		账载金额	计税基础	会计	税收	会计	税收	
		1	2	3	4	5	6	7
5	4.飞机、火车、轮船以外的运输工具							
6	5.电子设备							
7	二、生产性生物资产			*	*			
8	1.林木类							
9	2.畜类							
10	三、长期待摊费用			*	*			
11	1.已足额提取折旧的固定资产的改建支出							
12	2.租入固定资产的改建支出							
13	3.固定资产大修理支出							
14	4.其他长期待摊费用							
15	四、无形资产							
16	五、油气勘探投资							
17	六、油气开发投资							
18	合计			*	*			

经办人(签章)：　　　　　　　　　　　　　法定代表人(签章)

第四节　企业所得税的会计处理

一、预缴企业所得税的会计处理

1. 申报应交所得税

借:所得税费用

　　贷:应交税费——应交企业所得税

2. 所得税费用向“本年利润”账户结转

借:本年利润

　　贷:所得税费用

[**例 6－3**] 根据[例 6－1]，6 月份应预交所得税 4 500 元。

会计处理为：

借：所得税费用　　4 500

　　贷：应交税费——应交企业所得税　　4 500

借：本年利润　　4 500

　　贷：所得税费用　　4 500

二、年度汇算清缴的会计处理

企业所得税年度汇算清缴是在第二年进行的，对于上年应补、退的税额，应调整上年损益。

1. 应补税的会计处理

借：利润分配——未分配利润

　　贷：应交税费——应交所得税

2. 应退税的会计处理

借：应交税费——所得税

　　贷：利润分配——未分配利润

[**例 6－4**] 根据[例 6－2]，2020 年度应补交所得税 3 488 元。

会计处理为：

借：利润分配——未分配利润　　3 488

　　贷：应交税费——应交所得税　　3 488

练习题

一、不定项选择题

1. 企业所得税的征税对象为(　　)。

A. 利润总额　　B. 主营业务利润

C. 主营业务收入　　D. 总收入

2. 企业所得税的纳税人包括(　　)。

A. 公司制企业　　B. 其他取得经营收入的组织

C. 个人独资企业、个体工商户　　D. 合伙企业

3. 企业所得税的应纳税所得额为(　　)。

A. 利润总额

B. 生产经营所得

C. 利润总额＋调整增加项目金额－调整减少项目金额

D. 收入总额

4. 企业所得税的税率包括(　　)。

A. 25％　　B. 20％　　C. 15％　　D. 33％

5. 小微企业所得税适用税率可以为（　　）。

A. 20%　　B. 10%　　C. 5%　　D. 15%

6. 小微企业的标准为（　　）。

A. 年应纳税所得额小于 300 万元　　B. 员工人数小于 300 人

C. 资产总额小于 5 000 万元　　D. 同时符合各项标准

7. 计算企业所得税应纳税所得额时，职工福利费、工会经费、职工教育经费支出分别不得超过工资总额的（　　）。

A. 14%、2%、8%　　B. 14%、2%、2.5%

C. 14%、2%、1.5%　　D. 14%、3%、2%

8. 计算应纳税所得额时，业务招待费的扣除限额为（　　）。

A. 实际发生额的 60%

B. 销售（营业）收入的 5‰

C. 销售（营业）收入的 5%

D. 实际发生额的 60%，但不得超过销售（营业）收入的 5‰

9. 计算应纳税所得额时，广告、业务宣传费的扣除限额为销售（营业）收入的（　　）。

A. 5%　　B. 10%　　C. 12%　　D. 15%

10. 计算应纳税所得额时，公益救济性捐赠的扣除限额为（　　）。

A. 利润总额的 12%　　B. 利润总额的 10%

C. 应纳税所得额的 12%　　D. 应纳税所得额的 10%

11. 超过扣除限额部分可以结转以后年度扣除的有（　　）。

A. 职工教育经费　　B. 广告宣传费

C. 公益救济性捐赠　　D. 社会保险费

12. 税法规定的折旧、摊销方法为（　　）。

A. 平均年限法　　B. 快速折旧法　　C. 直线摊销法　　D. 工作量法

13. 税法规定的最短折旧年限有（　　）。

A. 20 年　　B. 10 年　　C. 5 年　　D. 4 年、3 年

14. 税法规定的最短摊销年限有（　　）。

A. 开办费 3 年　　B. 无形资产 10 年

C. 大修理支出按尚可使用年限　　D. 不限

15. 企业从非金融机构借款利息支出，税法规定的扣除限额为（　　）。

A. 金融机构同期类贷款利率计算的利息

B. 实际利息

C. 不得扣除

D. 金融机构同期类贷款利率计算的利息的 4 倍

16. 税法规定的可以税前弥补亏损的年限为（　　）。

A. 3 年　　B. 10 年　　C. 5 年　　D. 无限期

17. 计算应纳税所得额的调整减少项目有(　　)。
A. 国债利息收入
B. 长期股权性投资股息或红利收益
C. 财政补助收入
D. 税法规定的费用加计扣除额
18. 计算应纳税所得额时,不得扣除的项目有(　　)。
A. 税收滞纳金、罚金、罚款和没收财产的损失
B. 非公益救济性捐赠、赞助支出
C. 未经核准计提的各种准备金支出
D. 财政部、税务部门规定外企业为职工支付的商业保险费
19. 计算应纳税所得额的调整增加项目包括(　　)。
A. 费用超过扣除限额的部分　　B. 不得扣除的项目
C. 财政补助收入　　D. 营业外收入
20. 企业所得税预缴的计算方法有(　　)。
A. 按实际利润计算
B. 按上一年度实际缴纳的企业所得税额计算
C. 按预算利润计算
D. 按估算利润计算
21. 企业所得税的纳税期限为(　　)。
A. 月　　B. 季度
C. 年　　D. 按年计征,分月或分季预交
22. 企业所得税的申报缴款期限为(　　)。
A. 预缴为月(季)后 15 日内　　B. 年度汇算清缴为年后 5 个月内
C. 预缴为月(季)后 10 日内　　D. 年度汇算清缴为年后 4 个月内
23. 企业所得税的减免税政策有(　　)。
A. 从事农、林、牧、渔业项目的所得免税
B. 从事国家重点扶持的公共基础设施项目投资经营的所得额,第 1～3 年免税,第 4～6 年减半征税
C. 从事符合条件的环境保护、节能节水项目的所得,第 1～3 年免税,第 4～6 年减半征税
D. 年技术转让所得不超过 500 万元的部分免税,超过部分减半征税
24. 税法规定的加计扣除项目有(　　)。
A. 开发新产品、新技术、新工艺的研究开发费用
B. 安置残疾人员及国家鼓励安置就业的其他就业人员所支付的工资
C. 从事符合条件的环境保护、节能节水项目
D. 支援农业项目

25. 预交企业所得税的会计处理为记入(　　)账户。

A. 税金及附加　　B. 管理费用　　C. 财务费用　　D. 所得税费用

26. 汇算清缴企业所得税应补、退的会计处理可记入(　　)账户。

A. 税金及附加　　B. 利润分配——未分配利润

C. 本年利润　　D. 所得税费用

二、计算题

1. 某企业7月份实现利润总额50 000元;1～6月累计利润总额150 000元,累计已预缴企业所得税25 000元(上年亏损50 000元)。适用所得税税率为25%。

要求:

(1)计算7月份应预缴企业所得税额。

(2)写出申报预交企业所得税的会计分录。

2. 某企业某年度有关企业所得税的会计资料如下:

(1)全年利润总额98 000元,营业收入560 000元。

(2)全年工资总额150 000元,福利费支出10 000元,职工教育经费支出3 000元。

(3)从别的公司拆借1年期流动资金100 000元,支付利息12 000元。同期银行流动资金贷款利率为8%。

(4)全年业务招待费支出40 000元。

(5)因涉嫌偷税被税务局罚款2 000元。

(6)通过民政局向灾区捐款20 000元,为文化节赞助1 000元。

(7)本年投资收益为:从所入股企业分得股利2 000元,购买国债利息收入1 000元。

(8)转让一项专利技术净收益10 000元。

(9)上年亏损20 000元。

(10)固定资产折旧、专利权摊销采用直线法,折旧、摊销年限符合税法规定。社会保险费按政府规定比例缴纳。

(11)年内已预缴所得税20 000元。

要求:

(1)计算本年度应纳企业所得税额和应退、补所得税额。

(2)写出应退、补企业所得税的会计分录。

第七章 个人所得税

学习目标

1.明确个人所得税的纳税人、征税范围和税率。
2.掌握个人所得税的计税方法。
3.掌握个人所得税的申报方法。
4.掌握个人所得税的会计处理方法。

重点难点

1.个人所得税的计算。
2.个人所得税纳税申报表和扣缴报告表的填制。
3.个人所得税的会计处理。

第一节 个人所得税的基本知识

一、个人所得税的纳税人

我国个人所得税的纳税人，是在中国境内居住并取得所得的个人，以及不在中国境内居住而从中国境内取得所得的个人，包括中国国内公民，在华取得所得的外籍人员和港、澳、台同胞。个体工商户、个人独资企业、合伙企业的个人合伙人，也是个人所得税的纳税人。

具体包括：

(1)中国公民；

(2)从中国境内取得所得的外国人及港、澳、台人；

(3)个体工商户；

(4)个人独资企业；

(5)合伙企业的个人合伙人。

二、个人所得税的征税范围

(一)工资、薪金所得

工资、薪金所得，是指个人因任职或受雇而取得的工资、薪金、奖金、年终加薪、劳动分红、津贴、补贴以及与任职或受雇有关的其他所得。这就是说，个人取得的所得，只要是与任职、受雇有关，不管其单位的资金开支渠道或以现金、实物、有价证券等形式支付的，都是工资、薪金所得项目的征税对象的所得。

(二)劳务报酬所得

劳务报酬所得，是指个人从事设计、装潢、安装、制图、化验、测试、医疗、法律、会计、咨询、讲学、新闻、广播、翻译、审稿、书画、雕刻、影视、录音、录像、演出、表演、广告、展览、技术服务、介绍服务、经济服务、代办服务以及其他劳务取得的所得。

(三)稿酬所得

稿酬所得，是指个人因其作品以图书、报纸形式出版、发表而取得的所得。这里所说的“作品”，是指包括中外文字、图片、乐谱等能以图书、报刊方式出版、发表的作品；“个人作品”，包括本人的著作、翻译的作品等。个人取得遗作稿酬，应按稿酬所得项目计税。

(四)特许权使用费所得

特许权使用费所得，是指个人提供专利权、著作权、商标权、非专利技术以及其他特许权的使用权取得的所得。提供著作权的使用权取得的所得，不包括稿酬所得。作者将自己文字作品手稿原件或复印件公开拍卖(竞价)取得的所得，应按特许权使用费所得项目计税。

(五)经营所得

经营所得包括以下几种：

(1)经工商行政管理部门批准开业并领取营业执照的城乡个体工商户，从事工业、手工业、建筑业、交通运输业、商业、饮食业、服务业、修理业及其他行业的生产、经营取得的所得。

(2)个人经政府有关部门批准，取得营业执照，从事办学、医疗、咨询以及其他有偿服务活动取得的所得。

(3)其他个人从事个体工商业生产、经营取得的所得，即个人临时从事生产、经营活动取得的所得。

(4)个人独资企业、合伙企业的个人合伙人从事生产、经营活动取得的所得。

(5)对企事业单位承包经营、承租经营所得。

对企事业单位的承包经营、承租经营所得，是指个人承包经营、承租经营以及转包、转租取得的所得，包括承包、承租人取得的工资、薪金性质的所得。

(六)利息、股息、红利所得

利息、股息、红利所得，是指个人拥有债权、股权而取得的利息、股息、红利所得。利息是指个人的存款利息(国家宣布2008年10月8日开始取消存款利息税)、贷款利息和购买各种债券的利息。股息，也称股利，是指股票持有人根据股份制公司章程规定，凭股票定期从股份公司取得的投资利益。红利，也称公司(企业)分红，是指股份公司或企业根据应分配的利润按股份分配超过股息部分的利润。股份制企业以股票形式向股东个人支付股息、红利即派发红股，应以派发的股票面额为收入额计税。

(七)财产租赁所得

财产租赁所得，是指个人出租建筑物、土地使用权、机器设备、车船以及其他财产取得的所得。财产包括动产和不动产。

(八)财产转让所得

财产转让所得,是指个人转让有价证券、股权、建筑物、土地使用权、机器设备、车船以及其他自有财产给他人或单位而取得的所得,包括转让不动产和动产而取得的所得。对个人股票买卖取得的所得暂不征税。

(九)偶然所得

偶然所得,是指个人取得的所得是非经常性的,属于各种机遇性所得,包括得奖、中奖、中彩以及其他偶然性质的所得(包括现金、实物和有价证券),个人购买社会福利有奖募捐奖。

三、个人所得税的税率

个人所得税的税率有超额累进税率和比例税率两种。

1.工资薪金所得、劳务报酬所得、稿酬所得、特许权使用费所得

这四项所得综合征收个人所得税,称为综合所得。适用税率为七级超额累进税率,如表7-1所示。

表7-1　综合所得税率表

级次	全年应纳税所得额(元)	税率(%)	速算扣除数(元)
1	不超过36 000元的部分	3	0
2	36 000~144 000元的部分	10	2 520
3	144 000~300 000元的部分	20	16 920
4	300 000~420 000元的部分	25	31 920
5	420 000~660 000元的部分	30	52 920
6	660 000~960 000元的部分	35	85 920
7	超过960 000元的部分	45	181 920

2.经营所得

经营所得的税率,为五级超额累进税率,如表7-2所示。

表7-2　经营所得税率表

级次	全年应纳税所得额(元)	税率(%)	速算扣除数(元)
1	不超过30 000元的	5	0
2	30 000~90 000元的部分	10	1 500
3	90 000~300 000元的部分	20	10 500
4	300 000~500 000元的部分	30	40 500
5	500 000元的部分	35	65 500

3.其余各项所得

其余各项所得均为20%的比例税率。

四、减免税政策

(1) 下列各项个人所得,免征个人所得税:

①省级人民政府、国务院部委和中国人民解放军军以上单位,以及外国组织、国际组织颁发的科学、教育、技术、文化、卫生、体育、环境保护等方面的奖金;

②国债和国家发行的金融债券利息;

③按照国家统一规定发给的补贴、津贴;

④福利费、抚恤金、救济金;

⑤保险赔款;

⑥军人的转业费、复员费、退役金;

⑦按照国家统一规定发给干部、职工的安家费、退职费、基本养老金或者退休费、离休费、离休生活补助费;

⑧依照有关法律规定应予免税的各国驻华使馆、领事馆的外交代表、领事官员和其他人员的所得;

⑨中国政府参加的国际公约、签订的协议中规定免税的所得;

⑩国务院规定的其他免税所得。

(2)有下列情形之一的,可以减征个人所得税,具体幅度和期限,由省、自治区、直辖市人民政府规定,并报同级人民代表大会常务委员会备案:

①残疾、孤老人员和烈属的所得;

②因自然灾害遭受重大损失的。

(3)国务院、财政部、国家税务总局发布的其他减免税政策。

第二节　个人所得税的计算

一、综合所得

综合所得应缴个人所得税,按年计算,按月或季预扣预缴,年终汇算清缴。

(一)预缴的计算

1.工资薪金所得

工资薪金所得按月预缴,计算方法为:

月应纳税所得额=月工资薪金收入-当月专项扣除-5 000 元
　　　　　　　　-可按月扣除的专项附加扣除-可按月扣除的其他扣除

本月累计应纳税所得额=本月累计工资薪金收入-本月累计专项扣除-60 000 元-本月累计专项附加扣除-本月累计其他扣除

（累计应纳税所得额为0和负数时，不用缴纳工资薪金个人所得税）

本月应预交所得税＝本月累计应纳税所得额×适用最高税率－速算扣除数

－上月累计已预缴所得税

计算说明：

专项扣除，包括居民个人按照国家规定的范围和标准缴纳的基本养老保险、基本医疗保险、失业保险等社会保险费和住房公积金等；

专项附加扣除，包括子女教育、继续教育、大病医疗、住房贷款利息或者住房租金、赡养老人等支出。

其他扣除，包括：个人缴付符合国家规定的企业年金、职业年金，个人购买符合国家规定的商业健康保险、税收递延型商业养老保险的支出，以及国务院规定可以扣除的其他项目；个人将其所得对教育、扶贫、济困等公益慈善事业进行的捐赠等。（个人通过中国境内的公益性社会组织、国家机关向将其所得对教育、扶贫、济困等公益慈善事业进行捐赠，捐赠额未超过纳税人申报的全年应纳税所得额百分之三十的部分，可以从其应纳税所得额中扣除；向农村义务教育捐赠可全额扣除；资助技术研发费用，可全额扣除）

所谓可按月扣除的专项附加扣除、其他扣除，是指扣除办法规定了每月扣除金额或每月支出的项目（如子女教育、继续教育、住房贷款利息、住房租金、赡养老人、缴付企业年金和职业年金等），并且当月工资薪金扣除专项扣除金额后超过5 000元的部分足以扣除的情形；否则应在年终汇算清缴时扣除。

计算应预缴税额的税率见表7－1。

专项附加扣除办法如下：

（1）子女教育

纳税人的子女接受全日制学历教育的相关支出，按照每个子女每月1 000元的标准定额扣除。

学历教育包括义务教育（小学、初中教育）、高中阶段教育（普通高中、中等职业、技工教育）、高等教育（大学专科、大学本科、硕士研究生、博士研究生教育）。

年满3岁至小学入学前处于学前教育阶段的子女，按本条第一款规定执行。

父母可以选择由其中一方按扣除标准的100%扣除，也可以选择由双方分别按扣除标准的50%扣除，具体扣除方式在一个纳税年度内不能变更。

（2）继续教育

纳税人在中国境内接受学历（学位）继续教育的支出，在学历（学位）教育期间按照每月400元定额扣除。同一学历（学位）继续教育的扣除期限不能超过48个月。纳税人接受技能人员职业资格继续教育、专业技术人员职业资格继续教育的支出，在取得相关证书的当年，按照3 600元定额扣除。

个人接受本科及以下学历（学位）继续教育，符合本办法规定扣除条件的，可以选择由其父母扣除，也可以选择由本人扣除。

(3)大病医疗

在一个纳税年度内，纳税人发生的与基本医保相关的医药费用支出，扣除医保报销后个人负担(指医保目录范围内的自付部分)累计超过15 000元的部分，由纳税人在办理年度汇算清缴时，在80 000元限额内据实扣除。

纳税人发生的医药费用支出可以选择由本人或者其配偶扣除；未成年子女发生的医药费用支出可以选择由其父母一方扣除。

纳税人及其配偶、未成年子女发生的医药费用支出，分别计算扣除额。

(4)住房贷款利息

纳税人本人或者配偶单独或者共同使用商业银行或者住房公积金个人住房贷款为本人或者其配偶购买中国境内住房，发生的首套住房贷款利息支出，在实际发生贷款利息的年度，按照每月1 000元的标准定额扣除，扣除期限最长不超过240个月。纳税人只能享受一次首套住房贷款的利息扣除。

首套住房贷款是指购买住房享受首套住房贷款利率的住房贷款。

经夫妻双方约定，可以选择由其中一方扣除，具体扣除方式在一个纳税年度内不能变更。

夫妻双方婚前分别购买住房发生的首套住房贷款，其贷款利息支出，婚后可以选择其中一套购买的住房，由购买方按扣除标准的100%扣除，也可以由夫妻双方对各自购买的住房分别按扣除标准的50%扣除，具体扣除方式在一个纳税年度内不能变更。

(5)住房租金

纳税人在主要工作城市没有自有住房而发生的住房租金支出，可以按照以下标准定额扣除：

1)直辖市、省会(首府)城市、计划单列市以及国务院确定的其他城市，扣除标准为每月1 500元；

2)除第一项所列城市以外，市辖区户籍人口超过100万的城市，扣除标准为每月1 100元；市辖区户籍人口不超过100万的城市，扣除标准为每月800元。

纳税人的配偶在纳税人的主要工作城市有自有住房的，视同纳税人在主要工作城市有自有住房。

夫妻双方主要工作城市相同的，只能由一方扣除住房租金支出。

住房租金支出由签订租赁住房合同的承租人扣除。

纳税人及其配偶在一个纳税年度内不能同时分别享受住房贷款利息和住房租金专项附加扣除。

(6)赡养老人

纳税人赡养一位及以上被赡养人的赡养支出，统一按照以下标准定额扣除：

1)纳税人为独生子女的，按照每月2 000元的标准定额扣除；

2)纳税人为非独生子女的，由其与兄弟姐妹分摊每月2 000元的扣除额度，每人分摊的额度不能超过每月1 000元。可以由赡养人均摊或者约定分摊，也可以由被赡养人指定分摊。约定或者指定分摊的须签订书面分摊协议，指定分摊优先于约定分摊。具体分摊方式和额度在一个纳税年度内不能变更。

被赡养人是指年满 60 岁的父母，以及子女均已去世的年满 60 岁的祖父母、外祖父母。

[例 7-1] 省会城市某职工 6 月份工资及奖金收入 8 000 元。每月工资中包含应扣缴社会保险费 600 元。正在就读网络教育本科，在本市无自有住房，有房租支出。1～5 月份累计工资奖金收入为 60 000 元，1～5 月未预缴工资薪金所得税。计算本月应纳个人所得税。

6 月份累计应纳税所得额＝(8 000＋60 000)－600×6－60 000－400×6－1 500×6

＝－7 000(元)

6 月份应预缴所得税额＝0

2.劳务报酬所得

劳务报酬按次计税，劳务报酬连续取得时以一月为一次。

劳务报酬所得税预缴适用三级超额累进预扣税率，预扣率表见表 7-3。

表 7-3　劳务报酬所得税预缴预扣率表

级次	每次应纳税收入额	预扣率	速算扣除数
1	不超过 20 000 元的部分	20%	0
2	超过 20 000 元至 50 000 元的部分	30%	2 000
3	超过 50 000 元部分	40%	7 000

应纳税收入额＝每次收入－800 元　　　　(每次收入 4 000 元以下时)

＝每次收入×(1－20%)　　　　(每次收入 4 000 元以上时)

应预缴所得税额＝应纳税收入额×适用最高预扣率－速算扣除数

3.稿酬所得

应纳税收入额＝每次收入－800 元　　　　(每次收入 4 000 元以下时)

＝每次收入×(1－20%)　　　　(每次收入 4 000 元以上时)

应预缴所得税额＝应纳税收入额×70%×20%

4.特许权使用费所得

应纳税收入额＝每次收入－800 元　　　　(每次收入 4 000 元以下时)

＝每次收入×(1－20%)　　　　(每次收入 4 000 元以上时)

应预缴所得税额＝应纳税收入额×20%

(二)汇算清缴的计算

综合所得年终汇算清缴按照表 7-1 的税率计算，计算方法为：

年应纳税所得额＝全年综合所得应纳税收入总额－60 000 元－全年专项扣除总额

－全年专项附加扣除总额－全年其他扣除总额

全年应纳所得税额＝年应纳税所得额×达到最高级税率－本级速算扣除数－减税额

应补(＋)退(－)税额＝全年应纳所得税额－全年已预缴所得税额

[例 7-2] 某职工本年度工资、奖金扣除应缴基本社会保险费(五险一金)后收入总额为120 000元,从外单位取得技术服务收入共计 30 000 元,没有其他收入。有首套住房贷款利息支出,有一个儿子上高中,父母 60 岁以上(该职工为独生子女),本年度考取中级职称资格证,全年缴付职业年金 2 400 元,再无其他扣除项目。全年已预缴工资薪金所得税 290 元、预缴劳务报酬所得税 4 800 元。计算本年度应纳个人所得税额和应补(退)税额。

应纳税所得额=120 000+30 000×(1-20%)-60 000-1 000×12-1 000×12-2 000×12-3 600-2400=30 000(元)

应纳所得税额=30 000×3%-0=900(元)

应补(退)税额=900-290-4 800=-4 190(元)(应退税)

二、经营所得

经营所得按年计税,分月或分季预交,年终汇算清缴。

预缴时,根据当期利润总额,按照税务机关规定的方法计算预缴所得税额。

汇算清缴的计算方法如下(纳税调整项目类似企业所得税):

年应纳税所得额=年利润总额±纳税调整项目金额(适用查账征收)

=年收入总额×应税所得率(适用核定征收)

(取得经营所得的业主个人,没有领取工资薪金的,计算年度应纳税所得额时,应当减除费用 60 000 元、专项扣除、专项附加扣除、其他扣除)

年应纳所得税额=年应纳税所得额×适用最高税率-速算扣除数

应补(+)退(-)税额=全年应纳所得税额-全年已预缴所得税额

合伙企业的个人合伙人,按各人分得的以上式计算的企业应纳税所得额分别计税。

汇算清缴适用于查账征收的纳税人,定期定额征收的纳税人不需要汇算清缴。

[例 7-3] 某个体工商户全年营业收入总额为 100 000 元,税务机关核定的应税所得率为 20%,全年已预缴所得税 900 元。计算全年应纳个人所得税和应补(退)税额。

年应纳税所得额=100 000×20%=20 000(元)

年应纳所得税额=20 000×5%-0=1 000(元)

应补税额=1 000-900=100(元)

[例 7-4] 某人承包一企业全年取得承包净收益 200 000 元,纳税调增金额 30 000 元,调减金额 20 000 元,全年已预缴所得税 14 000 元,承包人未领取工资,社会保险费缴费率为10%,女儿大学在读,父母均 60 岁以上,承包人兄弟 2 人。进行应纳个人所得税汇算清缴。

年应纳税所得额=200 000+30 000-20 000-60 000-60 000×10%-1 000×12-1 000×12=120 000(元)

年应纳所得税额=120 000×20%-10 500=13 500(元)

应补(退)税额=13 500-14 000=-500(元)(退税)

三、财产租赁所得

1.应纳税所得额的计算

(1)每次(月)收入≤4 000 元：

应纳税所得额=租金收入−800 元

(2)每次收入>4 000 元：

应纳税所得额=租金收入×(1−20%)

2.应纳所得税额的计算

应纳所得税额=应纳税所得额×20%

[**例 7-5**] 某居民当月出租市区一处房屋租金收入 2 000 元,计算本月应纳租金个人所得税。

应纳税所得额=2 000−800=1 200(元)

应纳所得税额=1 200×20%=240(元)

四、财产转让所得

财产转让所得按次计税。

应纳税所得额=财产转让收入− 财产原值(取得成本)− 相关税费

应纳所得税额=应纳税所得额×20%

[**例 7-6**] 某居民以 100 000 元出售一处住房,支付中介机构手续费 500 元,支付过户费 100 元,缴纳增值税、城建税和教育费附加、印花税共计 5 550 元。此房原购价为 80 000 元。计算其应纳个人所得税。

应纳税所得额=100 000−80 000−500−100−5 550=13 850(元)

应纳所得税额=13 850×20%=2 770(元)

五、利息、股息、红利所得和偶然所得

利息、股息、红利所得和偶然所得按次计税。

应纳税所得额=每次收入额

应纳所得税额=应纳税所得额×20%

第三节　个人所得税的纳税申报

一、个人所得税的申报方式

个人所得税的征收方式主要有两种,一是代扣代缴,二是自行纳税申报。此外,一些地方为了提高征管效率,方便纳税人,对个别应税所得项目,采取了委托代征的方式。因此,个人所得税的申报方式也有两种。

1.扣缴申报

个人所得税,以所得人为纳税义务人,以支付所得的单位或者个人为扣缴义务人。扣缴义务人应当按照国家税法规定办理全员全额扣缴申报。

2.自行申报

纳税义务人有下列情形之一的,应当按照规定自行到主管税务机关办理纳税申报:

(1)取得综合所得需要办理汇算清缴;

(2)取得应税所得没有扣缴义务人;

(3)取得应税所得,扣缴义务人未扣缴税款;

(4)取得境外所得;

(5)因移居境外注销中国户籍;

(6)非居民个人在中国境内从两处以上取得工资、薪金所得;

(7)国务院规定的其他情形。

二、纳税期限

(1)居民个人取得综合所得,按年计算个人所得税;有扣缴义务人的,由扣缴义务人按月或者按次预扣预缴税款,扣缴义务人在代扣税款的次月15日内,向主管税务机关办理预缴申报;需要办理汇算清缴的,应当在取得所得的次年3月1日至6月30日内办理汇算清缴。

取得综合所得需要办理汇算清缴的情形包括:

①从两处以上取得综合所得,且综合所得年收入额减除专项扣除的余额超过6万元;

②取得劳务报酬所得、稿酬所得、特许权使用费所得中一项或者多项所得,且综合所得年收入额减除专项扣除的余额超过6万元;

③纳税年度内预缴税额低于应纳税额;

④纳税人申请退税。

(2)纳税人取得经营所得,按年计算个人所得税,由纳税人在月度或者季度终了后15日内向税务机关报送纳税申报表,并预缴税款;在取得所得的次年3月31日前办理汇算清缴。

(3)纳税人取得利息、股息、红利所得,财产租赁所得,财产转让所得和偶然所得,按月或者按次计算个人所得税,有扣缴义务人的,由扣缴义务人按月或者按次代扣代缴税款。

纳税人取得应税所得没有扣缴义务人的,应当在取得所得的次月15日内向税务机关报送纳税申报表,并缴纳税款。

三、纳税申报表的填制

对于企业来说,纳税申报主要是从事生产经营的个体工商户、企事业单位承包承租经营者、个人独资企业投资者和合伙企业合伙人的纳税申报;再就是扣缴个人所得税申报。

(一)经营所得个人所得税纳税申报表

1.经营所得个人所得税纳税申报表(A表)(表7-4)

适用于个体工商户、企事业单位承包承租经营者、个人独资企业投资者和合伙企业合伙人的预交纳税申报。

2.经营所得个人所得税纳税申报表(B表)(表7－5)

适用于实行查账征收的个体工商户、企事业单位承包承租经营者、个人独资企业投资者和合伙企业合伙人的年度汇算清缴纳税申报。

3.个人所得税基础信息表(B表)(表7－6)

属于个体工商户、企事业单位承包承租经营者、个人独资企业投资者和合伙企业合伙人的纳税申报表的附表,填写投资人的基础信息,初次申报时填报,以后有变化时填报。

(二)扣缴个人所得税申报表

1.扣缴个人所得税报告表(表7－7)

本表适用于扣缴义务人向居民个人支付工资、薪金所得,劳务报酬所得,稿酬所得和特许权使用费所得的个人所得税全员全额预扣预缴申报;向非居民个人支付工资、薪金所得,劳务报酬所得,稿酬所得和特许权使用费所得的个人所得税全员全额扣缴申报;以及向纳税人(居民个人和非居民个人)支付利息、股息、红利所得,财产租赁所得,财产转让所得和偶然所得的个人所得税全员全额扣缴申报。

2.个人所得税基础信息表(A表)(表7－8)

属于扣缴个人所得税报告表的附表,填写应纳税职工或提供劳务人员的基础信息,初次申报时填报,以后有变化时填报。

[实训7－1] 百姓火锅城为个人独资企业,位于河南省洛阳市西城区民生路18号,纳税人识别号214578458963210047。所得税实行查账征收。业主投资人张志华,身份证号码为623148198012250123,学历为大专,电子邮箱为123478987@126.com,缴纳养老保险和医疗保险,无对外投资。

2020年7月营业收入为50 000元,营业成本、费用、缴纳营业税金及附加共30 000元。

根据以上资料,填制、经营所得个人所得税纳税申报表(A表)和个人所得税基础信息表(B表)。

经营所得个人所得税纳税申报表(B表)的填写,与企业所得税年度纳税申报表类似,在此不再填写。

[实训7－2] 立达电器有限责任公司,2021年7月应扣缴工资薪金个人所得税的职工有3人,他们的纳税有关数据为如下:

张兴:每月工资10 000元,扣基本养老保险250元、医疗保险50元、失业保险40元;本人为独生子,1个子女读中学,父母60岁以上,有房贷;6月份累计已预缴个人所得税118.8元。

王仁:每月工资6 000元,扣基本养老保险230元、医疗保险40元、失业保险30元;本人为独生女,1个子女读大学,父母60岁以上。未预缴个人所得税。

李进:每月工资5 000元,扣基本养老保险220元、医疗保险30元、失业保险20元;本人兄妹2人,一个子女读小学,父母60岁以下,有房贷。未预缴个人所得税。

3人的有关信息如下:

张兴:身份证号310402195702132751,电话13577891230,电子邮箱985478912@qq.com。

王仁:身份证号210122196310152784,电话138264561237,电子邮箱lzdo@163.com。

李进:身份证号610529198012252756,电话13901485412,电子邮箱lzdo@126.com。

根据以上资料,填制7月扣缴个人所得税申报表和个人所得税基础信息表(A表)。

表 7-4 经营所得个人所得税纳税申报表(A 表)

税款所属期： 年 月 日至 年 月 日 金额单位：人民币元(列至角分)

<table>
<tr><td rowspan="2">投资者信息</td><td>姓名</td><td></td><td>身份证件类型</td><td></td><td>身份证件号码</td><td></td></tr>
<tr><td>国籍(地区)</td><td colspan="3"></td><td>纳税人识别号</td><td></td></tr>
<tr><td rowspan="2">被投资单位信息</td><td>名称</td><td colspan="3"></td><td>纳税人识别号</td><td></td></tr>
<tr><td>征收方式</td><td colspan="3">□查账征收 □核定征收</td><td>类型</td><td>□个体工商户 □承包、承租经营者
□个人独资企业 □合伙企业</td></tr>
<tr><td colspan="5">项目</td><td>行次</td><td>金额</td></tr>
<tr><td colspan="5">一、本期收入总额</td><td>1</td><td></td></tr>
<tr><td colspan="5">二、本期成本费用总额</td><td>2</td><td></td></tr>
<tr><td colspan="5">三、本期利润总额</td><td>3</td><td></td></tr>
<tr><td colspan="5">四、分配比例(%)</td><td>4</td><td></td></tr>
<tr><td colspan="5">五、应纳税所得额</td><td>5</td><td></td></tr>
<tr><td rowspan="2">查账征收</td><td colspan="4">1. 按本期实际计算的应纳税所得额</td><td>6</td><td></td></tr>
<tr><td colspan="4">2. 上年度应纳税所得额的 1/12 或 1/4</td><td>7</td><td></td></tr>
<tr><td rowspan="2">核定征收</td><td colspan="4">1. 税务机关核定的应税所得率(%)</td><td>8</td><td></td></tr>
<tr><td colspan="4">2. 税务机关认可的其他方法确定的应纳税所得额</td><td>9</td><td></td></tr>
<tr><td colspan="5">六、按上述内容换算出的全年应纳税所得额</td><td>10</td><td></td></tr>
<tr><td colspan="5">七、税率(%)</td><td>11</td><td></td></tr>
<tr><td colspan="5">八、速算扣除数</td><td>12</td><td></td></tr>
<tr><td colspan="5">九、本期预缴税额</td><td>13</td><td></td></tr>
<tr><td colspan="5">十、减免税额</td><td>14</td><td></td></tr>
<tr><td colspan="5">十一、本期实际应缴税额</td><td>15</td><td></td></tr>
<tr><td colspan="7">谨声明：此表是根据《中华人民共和国个人所得税法》及其实施条例和国家相关法律法规规定填写的，是真实的、完整的、可靠的。
纳税人签字： 年 月 日</td></tr>
<tr><td colspan="4">代理申报机构(人)公章：
经办人：
经办人执业证件号码：</td><td colspan="3">主管税务机关受理专用章：
受理人：</td></tr>
<tr><td colspan="4">代理申报日期： 年 月 日</td><td colspan="3">受理日期： 年 月 日</td></tr>
</table>

填表说明：

一、适用范围

本表适用于查账征收“个体工商户的生产、经营所得”和“对企事业单位的承包经营、承租经营所得”个人所得税的个体工商户、企事业单位承包承租经营者、个人独资企业投资者和合伙企业合伙人的预缴纳税申报，以及实行核定征收的纳税申报。纳税人在办理申报时，须同时附报附件2《个人所得税基础信息表(B表)》。

合伙企业有两个或两个以上自然人投资者的，应分别填报本表。

二、申报期限

实行查账征收的个体工商户、个人独资企业、合伙企业，纳税人应在次月15日内办理预缴纳税申报；承包承租者如果在1年内按月或分次取得承包经营、承租经营所得的，纳税人应在每月或每次取得所得后的15日内办理预缴纳税申报。

实行核定征收的，应当在次月15日内办理纳税申报。

三、本表各行填写方法如下：

1. 第1行“本期收入总额”：填写该投资单位在本期内取得的收入总额。

2. 第2行“本期成本费用总额”：填写该投资单位在本期内发生的所有成本、费用、税金总额。

3. 第3行“本期利润总额”：根据相关栏次计算。第3行＝第1行－第2行。

4. 第4行“分配比例”：纳税人为合伙企业合伙人的，填写本栏；其他则不填。分配比例按照合伙企业分配方案中规定的该合伙人的比例填写；没有，则按人平均分配。

5. 第5行“应纳税所得额”：根据不同的征收方式填写。

1) 查账征收

(1)除合伙企业合伙人外的其他纳税人

①按本期实际计算的，第5行＝第6行＝第3行

②按上年度应纳税所得额的1/12或1/4计算的，第5行＝第7行

(2)合伙企业合伙人

①按本期实际计算的，第5行＝第6行＝第3行×第4行

②按上年度应纳税所得额的1/12或1/4计算的，第5行＝第7行

2)核定征收

(1)除合伙企业合伙人外的其他纳税人

①税务机关采取核定应税所得率方式计算应纳税所得额的，第5行＝第1行×第8行或＝第2行÷(1－第8行)×第8行

②税务机关认可的其他方法确定应纳税所得额的，第5行＝第9行

(2)合伙企业合伙人

①税务机关采取核定应税所得率方式计算应纳税所得额的，

第5行＝第1行×第8行×第4行

或 ＝第2行÷(1－第8行)×第8行×第4行

②税务机关认可的其他方法确定应纳税所得额的，第5行＝第9行×第4行

6. 第10行“按上述内容换算出的全年应纳税所得额”：根据相关栏次计算。

第10行＝第9行×12个月(或4个季度)

7. 第11行“税率”及第12行“速算扣除数”：按照税率表，根据第10行计算得出的数额进行查找。

8. 第13行“本期预缴税额”：根据相关栏次计算。

第13行＝(第10行×第11行－第12行)÷12个月(或4个季度)

9. 第14行“减免税额”：是指符合税法规定可以减免的税额。

10. 第15行“本期实际应缴税额”：根据相关栏次计算。第15行＝第13行－第14行

11. 如果税务机关采取核定税额方式征收个人所得税的，将核定的税额直接填入第15行“本期实际应缴税额”栏。

表 7－5　经营所得个人所得税纳税申报表(B 表)

税款所属期：　　年　　月　　日至　　年　　月　　日　　　　金额单位：人民币元(列至角分)

投资者信息	姓名		身份证件类型		身份证件号码	
	国籍(地区)				纳税人识别号	
被投资单位信息	名称				纳税人识别号	
	类型	□个体工商户　□承包、承租经营者　□个人独资企业　□合伙企业				

项目	行次	金额	补充资料
一、收入总额	1		1. 年平均职工人数：______人 2. 工资总额：______元 3. 投资者人数：______人
减：成本	2		
营业费用	3		
管理费用	4		
财务费用	5		
营业税金及附加	6		
营业外支出	7		
二、利润总额	8		
三、纳税调整增加额	9		
1. 超过规定标准扣除的项目	10		
(1) 职工福利费	11		
(2) 职工教育经费	12		
(3) 工会经费	13		
(4) 利息支出	14		
(5) 业务招待费	15		
(6) 广告费和业务宣传费	16		

（续表）

（7）教育和公益事业捐赠	17	
（8）住房公积金	18	
（9）社会保险费	19	
（10）折旧费用	20	
（11）无形资产摊销	21	
（12）资产损失	22	
（13）其他	23	
2. 不允许扣除的项目	24	
（1）资本性支出	25	
（2）无形资产受让、开发支出	26	
（3）税收滞纳金、罚金、罚款	27	
（4）赞助支出、非教育和公益事业捐赠	28	
（5）灾害事故损失赔偿	29	
（6）计提的各种准备金	30	
（7）投资者工资薪金	31	
（8）与收入无关的支出	32	
其中：投资者家庭费用	33	
四、纳税调整减少额	34	
1. 国债利息收入	35	
2. 其他	36	
五、以前年度损益调整	37	
六、经纳税调整后的生产经营所得	38	

（续表）

减：弥补以前年度亏损	39		
乘：分配比例（%）	40		
七、允许扣除的其他费用	41		
八、投资者减除费用	42		
九、应纳税所得额	43		
十、税率（%）	44		
十一、速算扣除数	45		
十二、应纳税额	46		
减：减免税额	47		
十三、全年应缴税额	48		
加：期初未缴税额	49		
减：全年已预缴税额	50		
十四、应补（退）税额	51		

谨声明：此表是根据《中华人民共和国个人所得税法》及其实施条例和国家相关法律法规规定填写的，是真实的、完整的、可靠的。

纳税人签字：　　年　　月　　日

代理申报机构（人）公章： 经办人： 经办人执业证件号码：	主管税务机关受理专用章： 受理人：
代理申报日期：　　年　月　日	受理日期：　　年　月　日

表 7-6 个人所得税基础信息表(B 表)

<table>
<tr><td>姓名</td><td></td><td>身份证件类型</td><td></td><td>身份证件号码</td><td colspan="3"></td></tr>
<tr><td>纳税人类型</td><td colspan="7">□有任职受雇单位 □无任职受雇单位(不含股东投资者) □投资者 □无住所个人(可多选)</td></tr>
<tr><td>任职受雇
单位名称及纳税人识别号</td><td colspan="5"></td><td colspan="2"></td></tr>
<tr><td>“三费一金”缴纳情况</td><td colspan="5">□基本养老保险费 □基本医疗保险费
□失业保险费 □住房公积金 □无(可多选)</td><td>电子邮箱</td><td></td></tr>
<tr><td>境内
联系地址</td><td colspan="5">____省____市____区(县)____
________</td><td>邮政编码</td><td></td></tr>
<tr><td>联系电话</td><td colspan="5">手机:________ 固定电话:________</td><td>职业</td><td></td></tr>
<tr><td>职务</td><td colspan="5">○高层 ○中层 ○普通 (只选一)</td><td>学历</td><td></td></tr>
<tr><td>是否残疾人/烈属/孤老</td><td colspan="5">□残疾 □烈属 □孤老 □否</td><td>残疾等级情况</td><td></td></tr>
<tr><td>该栏仅由有境外所得纳税人填写</td><td colspan="3">○户籍所在地 ○经常居住地</td><td colspan="4">____省____市____区(县)____ 邮政编码____</td></tr>
<tr><td rowspan="8">该栏仅由投资者纳税人填写</td><td colspan="2">投资者类型</td><td colspan="5">□个体工商户 □个人独资企业投资者 □合伙企业合伙人
□承包、承租经营者 □股东 □其他投资者 (可多选)</td></tr>
<tr><td rowspan="4">被投资单位信息</td><td>名称</td><td colspan="3"></td><td>扣缴义务人编码</td><td></td></tr>
<tr><td>地址</td><td colspan="3"></td><td>邮政编码</td><td></td></tr>
<tr><td>登记注册类型</td><td colspan="3"></td><td>行业</td><td></td></tr>
<tr><td>所得税征收方式</td><td colspan="3">○查账征收 ○核定征收(只选一)</td><td>主管税务机关</td><td></td></tr>
<tr><td colspan="7">以下由股东及其他投资者填写</td></tr>
<tr><td colspan="2">公司股本(投资)总额</td><td colspan="3"></td><td>个人股本(投资)额</td><td></td></tr>
</table>

（续表）

该栏仅由无住所纳税人填写	纳税人识别号				
	国籍（地区）			出生地	
	性别			出生日期	______年__月__日
	劳动就业证号码			是否税收协定缔约国对方居民	○是　○否
	境内职务			境外职务	
	来华时间			任职期限	
	预计离境时间			预计离境地点	
	境内任职受雇单位	名称		扣缴义务人编码	
		地址		邮政编码	
	境内受聘签约单位	名称		扣缴义务人编码	
		地址		邮政编码	
	境外派遣单位	名称		地址	
	支付地		○境内支付　○境外支付 ○境内、外同时支付　（只选一）	境外支付国国别（地区）	
谨声明：此表是根据《中华人民共和国个人所得税法》及其实施条例和国家相关法律法规规定填写的，是真实的、完整的、可靠的。 纳税人签字：　　年　月　日					

填写说明：

有境外所得的纳税人填写栏：纳税人从中国境外取得所得的填写本栏；没有则不填。

投资者纳税人填写栏：由自然人股东、投资者填写。如果没有对外投资的，则不填。

无住所纳税人填写栏：由在中国境内无住所纳税人填写，其他则不填。

表 7-7 个人所得税扣缴申报表

税款所属期：　年　月　日至　年　月　日

扣缴义务人名称：

扣缴义务人纳税人识别号（统一社会信用代码）：□□□□□□□□□□□□□□□□□□□□　　金额单位：人民币元（列至角分）

序号	姓名	身份证件类型	身份证件号码	纳税人识别号	是否为非居民个人	所得项目	本月（次）情况														累计情况（工资、薪金）									减按计税比例	准予扣除的捐赠额	税款计算							备注
							收入额计算			减除费用	专项扣除				其他扣除						累计收入额	累计减除费用	累计专项扣除	累计专项附加扣除					累计其他扣除			应纳税所得额	税率/预扣率	速算扣除数	应纳税额	减免税额	已扣缴税额	应补（退）税额	
							收入	费用	免税收入		基本养老保险费	基本医疗保险费	失业保险费	住房公积金	年金	商业健康保险	税延养老保险	财产原值	允许扣除的税费	其他				子女教育	赡养老人	住房贷款利息	住房租金	继续教育											
1	2	3	4	5	6	7	8	9	10	11	12	13	14	15	16	17	18	19	20	21	22	23	24	25	26	27	28	29	30	31	32	33	34	35	36	37	38	39	40
合计																																							

谨声明：本扣缴申报表是根据国家税收法律法规及相关规定填报的，是真实的、可靠的、完整的。

扣缴义务人（签章）：　　　　年　月　日

代理机构签章： 代理机构统一社会信用代码： 经办人签字： 经办人身份证件号码：	受理人： 受理税务机关（章）： 受理日期：　年　月　日

表 7-8　个人所得税基础信息表(A 表)

扣缴义务人名称：

扣缴义务人编码：□□□□□□□□□□□□□□□□□□

序号	姓名	国籍(地区)	身份证件类型	身份证件号码	是否残疾烈属孤老	雇员		非雇员			股东、投资者		境内无住所个人									备注
						电话	电子邮箱	联系地址	电话	工作单位	公司股本(投资)总额	个人股本(投资)额	人年纳税人识别号	来华时间	任职期限	预计离境时间	预计离境地点	境内职务	境外职务	支付地	境外支付地(国别/地区)	
1																						
2																						
3																						
4																						
5																						
6																						
7																						
8																						
9																						
10																						
11																						
12																						
13																						
14																						

谨声明：此表是根据《中华人民共和国个人所得税法》及其实施条例和国家相关法律法规规定填报的，是真实的、完整的、可靠的。

法定代表人(负责人)签字：　　年　月　日

扣缴义务人公章： 经办人：	代理机构(人)签章： 经办人： 经办人执业证件号码：	主管税务机关受理专用章： 受理人：
填表日期：　年　月　日	代理申报日期：　年　月　日	受理日期：　年　月　日

第四节　个人所得税的会计处理

一、个体工商户、个人独资企业和对企事业单位承包承租经营缴纳经营所得个人所得税

1. 纳税申报的会计处理

借：所得税费用

　　贷：应交税费——应交所得税

同时结转：

借：本年利润

　　贷：所得税费用

年度汇算清缴的会计处理与企业所得税的方法相同。

2. 缴纳税款的会计处理

借：应交税费——应交所得税

　　贷：银行存款

二、企业扣缴职工工资薪金所得税

1. 代扣所得税的会计处理

借：应付职工薪酬——工资【应发工资】

　　贷：应交税费——应交个人所得税【扣缴个人所得税】

　　　　银行存款或库存现金【实发工资】

[**例 7-7**] 某企业某月职工应发工资总额 90 000 元，申报代扣工资薪金个人所得税 500 元，实发工资 89 500 元，已转入职工工资卡。

会计处理为：

借：应付职工薪酬——工资　　　　90 000

　　贷：应交税费——应交个人所得税　　500

　　　　银行存款　　　　　　　　　　　89 500

2. 缴纳税款的会计处理

借：应交税费——应交个人所得税

　　贷：银行存款

三、企业扣缴支付外部人员劳务报酬、稿酬和特许权使用费所得的应交所得税

借：主营业务成本或制造费用、管理费用【应付报酬额】

　　贷：应交税费——应交个人所得税【扣缴个人所得税】

　　　　银行存款或库存现金【实付金额】

缴纳税款的会计处理同上。

[**例 7-8**] 某工业企业某月以现金支付外聘人员技术服务费，应付 2 000 元，代扣个人所

得税 240 元，实付 1 760 元。

会计处理为：

借：制造费用　　2 000

贷：应交税费——应交个人所得税　　240

库存现金　　1 760

四、扣缴支付个人利息、股息、红利个人的所得税

借：财务费用或应付利润

贷：应交税费——个人所得税

银行存款

练习题

一、不定项选择题

1. 个人所得税的纳税人包括（　　）。

A. 中国公民、从中国境内取得所得的外国人　　B. 个体工商户

C. 个人独资企业　　D. 合伙企业的个人合伙人

2. 属于个人所得税征税范围的所得有（　　）。

A. 经营所得　　B. 综合所得

C. 财产租赁所得　　D. 偶然所得

3. 综合所得包括（　　）。

A. 工资薪金所得　　B. 稿酬所得

C. 劳务报酬所得　　D. 特许权使用费所得

4. 经营所得包括（　　）。

A. 个体工商户生产经营所得　　B. 个人独资企业生产经营所得

C. 合伙企业的个人合伙人生产经营所得　　D. 对企事业单位承包承租经营所得

5. 工资薪金所得包括（　　）。

A. 工资薪金　　B. 奖金　　C. 津贴　　D. 补贴

6. 下列属于劳务报酬所得的是（　　）。

A. 技术咨询收入　　B. 聘请演出收入

C. 学术讲座收入　　D. 稿费收入

7. 偶然所得包括（　　）。

A. 彩票中奖　　B. 销售抽奖中奖

C. 安家费收入　　D. 接受捐赠

8. 个人所得税的税率形式有（　　）。

A. 超额累进税率　　B. 比例税率(20%)

C. 定额税率　　D. 复合税率

9. 个人所得税适用超额累进税率的所得项目为（　　）。

A. 综合所得　　B. 经营所得

C. 劳务报酬所得预缴　　　　　　　　D. 财产转让所得

10. 劳务报酬、稿酬、特许权使用费的预缴应纳税收入额和财产租赁所得的应纳税所得额的计算方法有(　　)。

A. 每次收入－800 元　　　　　　　　B. 每次收入×(1－20%)

C. 每次收入－2 000 元　　　　　　　D. 每次收入－合理费用

11. 综合所得个人所得税的计算、缴纳办法为(　　)。

A. 按年计征，分月、次预缴

B. 工资薪金月预缴应纳税所得额＝月工资薪金收入－5 000 元－专项、专项附加、其他扣除

C. 年应纳税所得额＝年应纳税收入合计－60 000 元－年专项、专项附加、其他扣除合计

D. 年应纳个人所得税＝年应纳税所得额×适用最高税率－速算扣除数

12. 经营所得个人所得税的计算、缴纳办法为(　　)。

A. 按年计征，分月或季预缴

B. 年应纳税所得额＝年利润总额±纳税调整项目金额

C. 年应纳税所得额＝年收入总额×应税所得率

D. 年应纳个人所得税＝年应纳税所得额×适用最高税率－速算扣除数

13. 财产转让所得应纳税所得额的计算方法为(　　)。

A. 转让收入－财产原值

B. 转让收入－财产原值(取得成本)－相关税费

C. 转让收入－费用

D. 转让收入总额

14. 利息、股息、红利所得应纳个人所得税的计算方法为(　　)。

A. 每次收入×20%　　　　　　　　B.(每次收入－费用)×20%

C.(每次收入－2000)×20%　　　　　D. 每次收入×25%

15. 某彩民购买彩票中奖 200 万元，应扣缴其个人所得税为(　　)。

A. 40 万元　　　　B. 32 万元　　　　C. 50 万元　　　　D. 0 万元

16. 综合所得个人所得税计算的专项扣除有(　　)。

A. 个人缴纳的国家规定范围和标准内的各项基本社会保险费

B. 个人缴纳的住房公积金

C. 企业年金

D. 个人购买的商业保险

17. 综合所得个人所得税计算的专项附加扣除有(　　)。

A. 子女教育、继续教育支出　　　　　B. 大病医疗支出

C. 住房贷款利息或者住房租金支出　　D. 赡养老人支出

18. 综合所得个人所得税计算的其他扣除有(　　)。

A. 个人缴付符合国家规定的企业年金、职业年金

B. 个人购买符合国家规定的商业健康保险、税收递延型商业养老保险的支出

C. 个人将其所得对教育、扶贫、济困等公益慈善事业进行的捐赠支出

D. 个人购买的商业人寿保险支出

19. 专项附加扣除的标准为（　　）。

A. 子女教育支出，每个子女每月 1 000 元

B. 继续教育支出，在取得相关证书的当年，按照 3 600 元扣除

C. 住房贷款利息，每月 1 000 元

D. 赡养老人支出，每月 2 000 元

20. 个人所得税的申报方式有（　　）。

A. 扣缴申报　　B. 自行申报　　C. 自选方式　　D. 其他方式

21. 个人所得税应自行申报的情形有（　　）。

A. 取得综合所得需要办理汇算清缴

B. 取得应税所得没有扣缴义务人

C. 取得应税所得，扣缴义务人未扣缴税款

D. 取得境外所得

22. 扣缴个人所得税的会计处理，借记的账户可能有（　　）。

A. 所得税费用　　B. 应付职工薪酬

C. 制造费用　　D. 管理费用

23. 个人所得税的免税所得有（　　）。

A. 国债和国家发行的金融债券利息

B. 按照国家统一规定发给的补贴、津贴

C. 保险赔款、抚恤金、救济金

D. 按照国家统一规定发给干部、职工的安家费、退职费、基本养老金或者退休费、离休费、离休生活补助费，军人的转业费、复员费、退役金

24. 个人所得税的纳税期限和申报期限为（　　）。

A. 个人取得综合所得，有扣缴义务人的，由扣缴义务人按月或者按次预扣预缴税款，扣缴义务人在代扣税款的次月 15 日内，办理预缴申报；需要办理汇算清缴的，应当在取得所得的次年 3 月 1 日至 6 月 30 日内办理汇算清缴。

B. 经营所得，由纳税人在月度或者季度终了后 15 日内办理预缴纳税申报并预缴税款；在次年 3 月 31 日前办理汇算清缴。

C. 纳税人取得利息、股息、红利所得，财产租赁所得，财产转让所得和偶然所得，有扣缴义务人的，由扣缴义务人按月或者按次代扣代缴税款。

D. 纳税人取得应税所得没有扣缴义务人的，应当在取得所得的次月 15 日内办理纳税申报并缴纳税款。

二、计算题

1.某企业 7 月份职工应发工资总额 80 000 元，经理王致和工资及奖金扣除社保缴费后共计 12 000 元，（其他职工每月工资均在 5 000 元以下）工资以银行转账发放。王致和有 1 个儿子大学在读，父母均 60 岁以上，本人兄弟 2 人。王致和 1～6 月累计工资奖金额为 75 000元（扣除社保缴费后），累计已预缴工资薪金所得税 90 元。

要求：

(1)计算王致和本月应预缴工资薪金个人所得税；

(2)写出发放工资、扣缴王致和个人所得税的会计分录。

2.某教授本月取得一项著作权使用费收入 50 000 元，兼职讲课费收入 40 000 元，出租市区一处住房租金收入 2 000 元。

要求：计算本月应纳或预缴各项个人所得税。

3.某作家出版小说一部获稿酬 100 000 元。

要求：计算应预缴个人所得税。

4.某居民以 500 000 元出售一处住房，支付中介机构介绍费、房产过户费共计 500 元，缴纳相关税费共 21 000 元。此房原购价为 300 000 元。

要求：计算应纳个人所得税。

5.某人承包一家企业全年承包净收益 500 000 元，无纳税调整项目，本人在企业领取工资。又从另一投资企业分得股利 20 000 元。

要求：计算本年度应纳个人所得税。

6.某个人独资企业全年应纳税所得额为 200 000 元，全年已预缴所得税 30 000 元。业主在企业领取工资。

要求：

(1)计算本年应纳个人所得税。

(2)计算汇算清缴应补(退)所得税。

(3)写出企业应纳所得税的会计分录。

第四篇 资源税类纳税实务

第八章 土地增值税

学习目标

1. 明确土地增值税的纳税人、征税范围、计税依据和税率。
2. 掌握土地增值税的计税方法。
3. 掌握土地增值税的申报方法。
4. 掌握土地增值税的会计处理方法。

重点难点

1. 土地增值税的计算。
2. 土地增值税纳税申报表的填制。
3. 土地增值税的会计处理。

第一节 土地增值税的基本知识

一、土地增值税的纳税人和征税范围

土地增值税是指转让国有土地使用权、地上的建筑物及其附着物并取得收入的单位和个人缴纳的一种税。

简单地说，土地增值税的纳税人就是出售房地产的单位和个人。房地产的范围包括土地、房屋、建筑物、附着物。

二、土地增值税的计税依据

土地增值税的计税依据为土地增值额。

土地增值额＝房地产转让收入－扣除项目金额

(一)转让收入

转让收入(含增值税)包括收取的货币、实物及其他形式的收入,房地产交换、抵债和房地产开发企业以房地产对外投资,视同转让房地产,计算收入。

(二)扣除项目金额

扣除项目金额包括:

1. 取得土地支付的价款金额

2. 房地产开发成本

包括土地征用及拆迁补偿费、前期工程费、建筑安装工程费、基础设施费、公共设施配套费、开发间接费用。

3. 开发费用

它是指可以计税时扣除的销售费用、管理费用、财务费用。计算方法如下:

(1)纳税人能计算分摊房地产项目的利息支出、提供贷款证明的:

开发费用=该房地产项目分摊的利息支出+(土地价款+开发成本)×5%

(2)纳税人不能计算分摊房地产项目的利息支出、提供贷款证明的:

开发费用=(土地价款+开发成本)×10%

4. 转让房地产缴纳的税金

它包括转让房地产缴纳的增值税、城建税、教育费附加、非房地产开发企业的印花税。

5. 其他扣除项目

它是指房地产开发企业计税时的加计扣除额,非房地产开发企业不享受此项优惠政策。

房地产开发企业加计扣除额=(土地价款+开发成本)×20%

6. 出售旧房及建筑物的评估价值

评估价值=重置价值×成新度折旧率

支付的房地产评估费用可以扣除。

三、土地增值税的税率

土地增值税的税率为4级超率累进税率,税率表如表8-1所示。

表8-1　土地增值税税率表

级次	土地增值率	适用税率	速算扣除率
1	未超过50%的部分	30%	0
2	超过50%至100%的部分	40%	5%
3	超过100%至200%的部分	50%	15%
4	超过200%的部分	60%	35%

四、减免税政策

(1)纳税人建造普通标准住宅出售,增值额未超过扣除项目金额20%的免税。

(2)因国家建设需要依法征用、收回的房地产免税。

(3)国务院、财政部、国家税务总局发布的其他减免税政策。

第二节 土地增值税的计算

一、土地增值税的计算原理和方法

计算原理为:

应纳税额=∑每级土地增值额×适用本级税率

计算方法(速算法)为:

应纳税额=土地增值额×达到最高级的税率—扣除项目金额×速算扣除率

二、土地增值税的计算步骤

第一步,计算土地增值额。

土地增值额=房地产转让收入-扣除项目金额

第二步,计算土地增值率。

土地增值率=土地增值额/扣除项目金额×100%

第三步,确定土地增值率达到的级次,找到适用税率和速算扣除率。

第四步,计算应纳税额。

应纳税额=土地增值额×达到最高级的税率—扣除项目金额×速算扣除率

[**例 8-1**] 某房地产开发公司出售一栋住宅楼收入 3 500 万元,建楼总投资 600 万元,购进土地支出 300 万元,缴纳相关税金 29 万元(包括城建税、教育费附加)。属于本开发项目的借款利息 100 万元。要求计算应纳土地增值税的税额。

开发费用=100+(300+600)×5%=145(万元)

加计扣除额=(300+600)×20%=180(万元)

扣除项目金额合计=300+600+145+29+180=1 254(万元)

土地增值额=3 500-1 254=2 246(万元)

土地增值率=2 246 / 1 254=179.11%(查税率表,达到第 3 级)

应纳土地增值税额=2 246×50%-1 254×15%=934.90(万元)

第三节 土地增值税的纳税申报

一、土地增值税纳税申报的期限和办法

纳税人应在转让房地产合同签订后的 7 日内,到房地产所在地主管税务机关办理纳税申报,并向税务机关提交房屋及建筑物产权、土地使用权证书,土地转让、房产买卖合同、房地产评估报告及其他与转让房地产有关的资料。

纳税人在项目全部竣工结算前转让房地产取得的收入,由于涉及成本确定或其他原因,

而无法据以计算土地增值税的，可以预征土地增值税，待该项目全部竣工、办理结算后再进行清算，多退少补。

对房地产开发企业土地增值税预征的办法为：

预征土地增值税额＝房地产销售收入×预征率

二、土地增值税纳税申报表的填制

土地增值税纳税申报表(地方税费综合纳税申报表)如表 8－2 所示。

[实训 8－1] 绿城房地产开发公司 2021 年 1 月将其开发的写字楼一幢出售，共取得收入 3 800 万元。企业为开发该项目支付土地出让金 600 万元，房地产开发本为 1 400 万元，专门为开发该项目支付的贷款利息 120 万元。为转让该项目缴纳增值税、城市维护建设税及教育费附加共计 210.9 万元。当地政府规定，企业可以按土地使用权出让费、房地产开发成本之和的 5％计算扣除其他房地产开发费用。另外，税法规定，从事房地产开发的企业可以按土地出让费和房地产开发成本之和的 20％加计扣除。

要求计算填写土地增值税纳税申报表(表 8－2)。

第四节　土地增值税的会计处理

一、房地产开发企业应纳土地增值税的会计处理

房地产开发企业缴纳的土地增值税，属于销售税金，因此会计处理为：

借：税金及附加

　　贷：应交税费——应交土地增值税

二、其他企业应纳土地增值税的会计处理

1. 出售房屋、建筑物应纳土地增值税的会计处理

其他企业出售房屋、建筑物，属于出售固定资产，因此会计处理为：

借：固定资产清理

　　贷：应交税费——应交土地增值税

2. 转让土地

其他企业转让土地，属于转让无形资产所有权，因此会计处理为：

借：银行存款【转让收入】

　　累计摊销【土地使用权已摊销金额】

　　贷：无形资产——土地使用权【土地使用权账面余额】

　　　　应交税费——应交土地增值税【土地增值税】

　　　　　　　　——应交增值税【转让土地使用权增值税】

　　　　　　　　——应交城建税、教育费附加、印花税等

　　　　营业外收入【转让净收益】

表 8－2　地方税(费)综合纳税申报表

税务登记证件号码:□□□□□□□□□□□□□□□□□□□□　　管理代码:□□□□□□□□□

纳税人名称:　　税款所属时期:　　年　月　日至　　年　月　日　　金额单位:元(列至角分)

税种	税目	征收范围	税款所属时期	计税总额或总数量	减免项目金额或数量	计税依据	税率(%)或单位税额	应纳税额	减免税额扣抵税额	已纳税额	应补(退)税额
合计											

<table>
<tr><td rowspan="4">纳税人或代理人声明:
此纳税申报表是根据国家税收法律的规定填报的,我确定它是真实的、可靠的、完整的。</td><td colspan="5">如纳税人填报,由纳税人填写以下各栏:</td><td rowspan="4">受理机关(签章)
受理日期:
年　月　日</td></tr>
<tr><td>办税人员(签章)</td><td>财务负责人(签章)</td><td>法定代表人(签章)</td><td>联系电话</td><td></td></tr>
<tr><td colspan="5">如委托代理人填报,由代理人填写以下各栏:</td></tr>
<tr><td>代理人名称</td><td>经办人(签章)</td><td>联系电话</td><td></td><td>代理人(公章)</td></tr>
</table>

［例 8－2］某工业企业因搬迁转让原址土地，该土地使用权账面余额为 500 万元，已摊销 200 万元，转让收入 1 090 万元，申报应交土地增值税 130 万元，应交增值税 90 万元，应交城建税和和教育费附加 9 万元，应交印花税 0.5 万元。

转让净收益＝转让收入－土地使用权账面价值－应交税费

＝1 090－(500－200)－(130＋90＋9＋0.5)＝560.5(万元)

会计处理为：

借：银行存款　　1 090 万元
　　累计摊销　　200 万元
　贷：无形资产——土地使用权　　500 万元
　　　应交税费——应交土地增值税　　130 万元
　　　　　　　——应交增值税　　90 万元
　　　　　　　——应交城建税和教育费附加　　9 万元
　　　　　　　——应交印花税　　0.5 万元
　　　营业外收入　　560.5 万元

练习题

一、不定项选择题

1. 土地增值税的纳税人包括(　　)。

A. 出售房产的单位和个人　　B. 出售土地的单位和个人

C. 房地产开发企业　　D. 建筑企业

2. 房地产的范围包括(　　)。

A. 土地　　B. 房屋　　C. 建筑物　　D. 附着物

3. 土地增值额的计算方法为(　　)。

A. 房地产转让收入－扣除项目金额　　B. 销售收入－销售成本

C. 销售收入－购进材料成本　　D. 增值税额

4. 房地产转让收入包括(　　)。

A. 货币、实物及其他形式的收入　　B. 房地产交换

C. 房地产抵债　　D. 房地产开发企业以房地产对外投资

5. 扣除项目金额包括(　　)。

A. 支付的土地价款、房地产开发成本、出售旧房及建筑物的评估价值

B. 房地产开发企业加计扣除额

C. 开发费用

D. 转让房地产缴纳的税金

6. 开发费用是指可以计税时扣除的(　　)。

A. 管理费用　　B. 销售费用　　C. 财务费用　　D. 制造费用

7. 开发费用的计算方法有(　　)。

A. 该房地产项目分摊的利息支出＋(土地价款＋开发成本)×5%

B.(土地价款＋开发成本)×10%

C. 发生的三项费用合计

D. 开发项目分摊的三项费用

8. 转让房地产缴纳的税金包括（　　）。

A. 增值税　　B. 城建税　　C. 教育费附加　　D. 印花税

9. 土地增值税的税率为（　　）。

A. 比例税率　　B. 超额累进税率　　C. 超率累进税率　　D. 全额累进税率

10. 土地增值税的计税步骤依次为（　　）。

A. 计算土地增值额

B. 计算土地增值率

C. 确定土地增值率达到的级次，找到适用税率和速算扣除率

D. 计算应纳税额

11. 应交土地增值税的会计处理可能有（　　）。

A. 借记“税金及附加”账户　　B. 借记“固定资产清理”账户

C. 作为出售土地使用权的一项成本　　D. 借记“其他业务成本”账户

12. 土地增值税纳税申报期限为（　　）。

A. 期满 7 日　　B. 期满 10 日

C. 期满 15 日　　D. 转让房地产合同签订后 7 日

13. 房地产开发企业土地增值税的缴纳办法为（　　）。

A. 竣工结算前房地产销售，预征税　　B. 竣工结算后进行清算，多退少补

C. 按月清算缴纳　　D. 按年清算缴纳

14. 土地增值税的减免税政策有（　　）。

A. 建造普通标准住宅出售，增值额未超过扣除项目金额 20%的，免税

B. 因国家建设需要依法征用、收回的房地产，免税

C. 非居民转让境内房地产，免税

D. 国务院、财政部、国家税务总局发布的其他减免税政策

二、计算题

1. 某房地产开发企业开发的一个房地产项目已经竣工结算，此项目支付土地出让金 300 万元，建成 10 000 平方米的普通标准住宅，以每平方米 4 000 元价格全部出售。开发土地、建房及配套设施的成本为每平方米 1 500 元，不能按转让房地产项目计算分摊利息支出。已缴纳增值税、城建税、教育费附加、印花税共计 170 万元。

要求：

（1）计算应纳土地增值税额。

（2）写出申报应纳土地增值税的会计分录。

2. 某工业企业转让一幢 2000 年建造的办公楼，经房地产评估机构评定，该楼的重置价值为 3 000 万元，该楼房为七成新。另支付房地产评估费用 3 万元。取得转让收入 6 800 万元，已按规定缴纳了转让环节的增值税、城建税、教育费附加、印花税共计 377.4 万元。评估价格已经税务机关认定。

要求：

（1）计算应纳土地增值税。

（2）写出申报应纳土地增值税的会计分录。

第九章　城镇土地使用税

学习目标

1. 明确城镇土地使用税的纳税人、征税范围、计税依据和税率。
2. 掌握城镇土地使用税的计税方法。
3. 掌握城镇土地使用税的申报方法。
4. 掌握城镇土地使用税的会计处理方法。

重点难点

1. 城镇土地使用税的计算。
2. 城镇土地使用税纳税申报表的填制。
3. 城镇土地使用税的会计处理。

第一节　城镇土地使用税的基本知识、计算与会计处理

一、城镇土地使用税的征税范围和纳税人

在城市、县城、建制镇、工矿区范围内使用土地的单位和个人为城镇土地使用税的纳税人。

二、城镇土地使用税的计税依据

计税依据为占用土地面积(平方米)。

三、城镇土地使用税的税率

城镇土地使用税的税率为地区差别幅度定额税率,具体适用税率由地方政府确定。每平方米土地年税额规定如下:

(1)大城市 1.5～30 元。

(2)中等城市 1.2～24 元。

(3)小城市 0.9～18 元。

(4)县城、建制镇、工矿区 0.6～12 元。

四、城镇土地使用税的计算

城镇土地使用税的计算方法为：

年应纳城镇土地使用税＝占用土地面积×适用税率

五、城镇土地使用税的会计处理

城镇土地使用税计入管理费用或税金及附加(小企业)。

借:管理费用或税金及附加

贷:应交税费——应交城镇土地使用税

六、减免税政策

(1)国家机关、人民团体、军队自用的土地免税；

(2)由国家财政部门拨付事业经费的单位自用的土地免税；

(3)宗教寺庙、公园、名胜古迹自用的土地免税；

(4)市政街道、广场、绿化地带等公共用地免税；

(5)直接用于农、林、牧、渔业的生产用地免税；

(6)经批准开山填海整治的土地和改造的废弃土地,从使用的月份起免缴土地使用税 5 年至 10 年；

(7)由财政部另行规定免税的能源、交通、水利设施用地和其他用地免税。

第二节　城镇土地使用税的纳税申报

一、纳税期限与起征时间

城镇土地使用税按年计算、分期缴纳。缴纳期限由省、自治区、直辖市人民政府确定。

新征收的土地,依照下列规定缴纳土地使用税：

(1)征收的耕地,自批准征用之日起满 1 年时开始缴纳土地使用税。

(2)征收的非耕地,自批准征用次月起缴纳土地使用税。

二、纳税申报表的填制

城镇土地使用税的纳税申报表如表 9－1 所示。

[实训 9－1] 富达机电有限公司位于小城市,占地面积 50 000 平方米,当地政府规定的城镇土地使用税年税率为 10 元/平方米。现申报上半年城镇土地使用税。

根据以上资料填制纳税申报表(表 9－1)。

表 9－1　地方税(费)综合纳税申报表

税务登记证件号码:□□□□□□□□□□□□□□□□□□□□　　管理代码:□□□□□□□□□□

纳税人名称:　　　　税款所属时期:　　年　月　日至　　年　月　日　　金额单位:元(列至角分)

税种	税目	征收范围	税款所属时期	计税总额或总数量	减免项目金额或数量	计税依据	税率(%)或单位税额	应纳税额	减免税额扣抵税额	已纳税额	应补(退)税额
合计											

<table>
<tr><td rowspan="4">纳税人或代理人声明：
此纳税申报表是根据国家税收法律的规定填报的，我确定它是真实的、可靠的、完整的。</td><td colspan="5">如纳税人填报，由纳税人填写以下各栏：</td><td rowspan="4">受理机关(签章)
受理日期：
年　月　日</td></tr>
<tr><td>办税人员(签章)</td><td>财务负责人(签章)</td><td>法定代表人(签章)</td><td>联系电话</td><td></td></tr>
<tr><td colspan="5">如委托代理人填报，由代理人填写以下各栏：</td></tr>
<tr><td>代理人名称</td><td>经办人(签章)</td><td>联系电话</td><td></td><td>代理人(公章)</td></tr>
</table>

练习题

一、不定项选择题

1. 城镇土地使用税的纳税人包括在(　　)范围内使用土地的单位和个人。

A. 城市　　B. 县城　　C. 建制镇　　D. 工矿区

2. 城镇土地使用税的计算方法为(　　)。

A. 占用土地面积×适用税率　　B. 占用土地价值×适用税率

C. 土地增值额×适用税率　　D. 营业收入×适用税率

3. 城镇土地使用税的计税依据为(　　)。

A. 占用土地面积(亩)　　B. 占用土地面积(平方米)

C. 占用土地面积(公顷)　　D. 占用土地价值

4. 城镇土地使用税的税率为(　　)。

A. 统一比例税率　　B. 地区差别比例税率

C. 统一定额税率　　D. 地区差别定额税率

5. 城镇土地使用税的会计处理可以记入(　　)账户。

A. 管理费用　　B. 税金及附加　　C. 生产成本　　D. 转让成本

6. 城镇土地使用税的纳税期限为(　　)。

A. 按年计算、分期缴纳　　B. 按月缴纳

C. 按季缴纳　　D. 按年缴纳

7. 城镇土地使用税的起征时间为(　　)。

A. 征收的耕地,自批准征用之日起满 1 年时

B. 征收的非耕地,自批准征用次月起

C. 单位成立之日

D. 使用土地之日

8. 城镇土地使用税的免税土地包括(　　)。

A. 国家机关、人民团体、军队自用的土地和由国家财政部门拨付事业经费的单位自用的土地

B. 宗教寺庙、公园、名胜古迹自用的土地和市政街道、广场、绿化地带等公共用地

C. 直接用于农、林、牧、渔业的生产用地

D. 由财政部另行规定免税的能源、交通、水利设施用地和其他用地

二、计算题

某企业位于中等城市,占地面积 50 000 平方米,适用城镇土地使用税的税率为每平方米 10 元。

要求 :

(1)计算每年应纳城镇土地使用税额。

(2)写出申报城镇土地使用税的会计分录。

第十章　耕地占用税

学习目标

1. 明确耕地占用税的纳税人、征税范围、计税依据和税率。
2. 掌握耕地占用税的计税方法。
3. 掌握耕地占用税的申报方法。
4. 掌握耕地占用税的会计处理方法。

重点难点

1. 耕地占用税的计算。
2. 耕地占用税纳税申报表的填制。
3. 耕地占用税的会计处理。

第一节　耕地占用税的基本知识、计算与会计处理

一、耕地占用税的征税范围和纳税人

占用耕地建房或者从事其他非农业建设的单位和个人为耕地占用税的纳税人。

耕地占用税的征税范围，包括纳税人为建房或从事其他非农业建设而占用的国家所有和集体所有的耕地。

所谓耕地，是指种植农业作物的土地，包括菜地、园地。其中，园地包括花圃、苗圃、茶园、果园、桑园以及其他种植经济林木的土地。占用鱼塘、林地、草地及其他农用土地建房或从事其他非农业建设，也视同占用耕地。

二、耕地占用税的计税依据

耕地占用税的计税依据为占用耕地的面积（平方米）。

三、耕地占用税的税率

耕地占用税的税率为地区差别幅度定额税率，具体适用税率由地方政府确定。

每平方米耕地税额规定如下（以县级行政区域为单位）：

(1)人均耕地不超过1亩的地区，每平方米为10～50元。

(2)人均耕地超过1亩但不超过2亩的地区，每平方米为8～40元。

(3)人均耕地超过 2 亩但不超过 3 亩的地区,每平方米为 6～30 元。

(4)人均耕地超过 3 亩的地区,每平方米为 5～25 元。

四、耕地占用税的计算

耕地占用税的计算方法为:

应纳耕地占用税=占用耕地面积×适用税率

五、耕地占用税的会计处理

耕地占用税计入购买耕地的成本。

1. 房地产开发企业的会计处理

借:开发成本

贷:银行存款

2. 其他企业的会计处理

借:无形资产——土地使用权

贷:银行存款

六、减免税政策

(1)下列情形免征耕地占用税:

①军事设施占用耕地;

②学校、幼儿园、养老院、医院占用耕地。

(2)铁路线路、公路线路、飞机场跑道、停机坪、港口、航道占用耕地,减按每平方米 2 元的税额征收耕地占用税。根据实际需要,国务院财政、税务主管部门商国务院有关部门并报国务院批准后,可以免征或者减征耕地占用税。

(3)农村居民占用耕地新建住宅,按照当地适用税额减半征收耕地占用税。农村烈士家属、残疾军人、鳏寡孤独以及革命老根据地、少数民族聚居区和边远贫困山区生活困难的农村居民,在规定用地标准以内新建住宅缴纳耕地占用税确有困难的,经所在地乡(镇)人民政府审核,报经县级人民政府批准后,可以免征或者减征耕地占用税。

依照(1)、(2)规定免征或者减征耕地占用税后,纳税人改变原占地用途,不再属于免征或者减征耕地占用税情形的,应当按照当地适用税额补缴耕地占用税。

第二节　耕地占用税的纳税申报

一、纳税期限与申报期限

耕地占用税在占用耕地时一次性征收,自批准占用耕地之日起 30 日内申报缴纳。

二、纳税申报表的填制

耕地占用税的纳税申报表如表 10－1 所示。

［实训 10－1］光辉房地产有限公司征用耕地 40 000 平方米，当地人均耕地在 1 亩以下，适用耕地占用税税率为 30 元／平方米。

根据以上资料填制纳税申报表（表 10－1）。

表 10－1 耕地占用税纳税申报表

填表日期： 年 月 日 金额单位：人民币元（列至角分）

<table>
<tr><td>纳税人名称</td><td colspan="3"></td><td>联系电话</td><td></td></tr>
<tr><td>地址</td><td colspan="3"></td><td>邮政编码</td><td></td></tr>
<tr><td colspan="6">批准通知书 ________年国土征 No ________</td></tr>
<tr><td>受让耕地面积（平方米）</td><td colspan="3">标准税额/平方米</td><td colspan="2">计征税额</td></tr>
<tr><td></td><td colspan="3"></td><td colspan="2"></td></tr>
<tr><td rowspan="2">滞纳金申报</td><td>逾期缴款金额</td><td>应纳税期限</td><td colspan="2">逾期天数</td><td>应纳滞纳金</td></tr>
<tr><td></td><td></td><td colspan="2">年 月 日</td><td></td></tr>
<tr><td>应缴金额合计</td><td colspan="5">人民币（大写）</td></tr>
<tr><td colspan="6">此纳税申报表是根据（中华人民共和国耕地占用税暂行条例）的规定填报的，以上填报内容是真实的、可靠的、完整的。
声明人签字：__________</td></tr>
</table>

练习题

一、不定项选择题

1. 耕地占用税的纳税人为占用耕地进行（ ）的单位和个人。

A. 建房　　B. 农田水利工程建设

C. 非农业建设　　D. 农业生产

2. 征收耕地占用税的耕地包括（ ）。

A. 种植农业作物的土地　　B. 种植经济林木的土地

C. 鱼塘　　D. 荒地

3. 耕地占用税的计税依据为（ ）。

A. 占用耕地面积（亩）　　B. 占用耕地面积（平方米）

C. 占用耕地面积（公顷）　　D. 占用耕地价值

4. 耕地占用税的税率为（ ）。

A. 统一比例税率　　B. 地区差别比例税率

C. 统一定额税率　　D. 地区差别定额税率

5. 缴纳耕地占用税的会计处理可以记入（ ）账户。

A. 管理费用　　B. 税金及附加

C. 开发成本　　D. 无形资产——土地使用权

6. 耕地占用税的纳税期限为(　　)。

A. 按年计算、分期缴纳　　B. 占用耕地时一次性缴纳

C. 按季缴纳　　D. 按年缴纳

7. 耕地占用税的申报期限为(　　)。

A. 自批准占用耕地之日起 30 日内　　B. 自批准占用耕地之日起 10 日内

C. 自批准占用耕地之日起 15 日内　　D. 自批准占用耕地之日起 3 个月内

8. 耕地占用税的减免税政策有(　　)。

A. 军事设施占用耕地免税

B. 学校、幼儿园、养老院、医院占用耕地免税

C. 铁路线路、公路线路、飞机场跑道、停机坪、港口、航道占用耕地,减按每平方米 2 元的税额征收耕地占用税

D. 农村居民占用耕地新建住宅,按照当地适用税额减半征收耕地占用税

二、计算题

1. 某房地产开发公司征用耕地 50 000 平方米用于建商品房,买价为 500 元/平方米,由土地管理部门发给土地使用证。当地人均耕地 1.4 亩,适用耕地占用税税率为 20 元/平方米。

要求:

(1)计算应纳耕地占用税额。

(2)写出申报缴纳耕地占用税的会计分录。

2. 某新建工业企业征用耕地 40 000 平方米,买价为 250 元/平方米,由土地管理部门发给土地使用证。当地人均耕地在 1 亩以下,适用耕地占用税税率为上限值。

要求:

(1)计算应纳耕地占用税额。

(2)写出申报缴纳耕地占用税的会计分录。

第十一章 资源税

学习目标

1. 明确资源税的纳税人、征税范围、计税依据和税率。
2. 掌握资源税的计税方法。
3. 掌握资源税的申报方法。
4. 掌握资源税的会计处理方法。

重点难点

1. 资源税的计算。
2. 资源税纳税申报表的填制。
3. 资源税的会计处理。

第一节 资源税的基本知识、计算与会计处理

一、资源税的征税范围和纳税人

资源税的纳税人为开采矿产品和盐的单位和个人。

征税范围(应税产品)包括能源矿产、金属矿产、非金属矿产、水气矿产、盐。

二、资源税的计税依据

资源税的计税依据为应税产品的销售量、自用量和销售额。

三、资源税的税率

资源税税率如表 11-1 所示。

表 11－1 资源税税目税率表

税目			征税对象	税率
能源矿产	原油		原矿	6%
	天然气、页岩气、天然气水合物		原矿	6%
	煤		原矿或者选矿	2%～10%
	煤成(层)气		原矿	1%～2%
	铀、钍		原矿	4%
	油页岩、油砂、天然沥青、石煤		原矿或者选矿	1%～4%
	地热		原矿	1%～20%或者每立方米1～30元
金属矿产	黑色金属	铁、锰、铬、钒、钛	原矿或者选矿	1%～9%
	有色金属	铜、铅、锌、锡、镍、锑、镁、钴、铋、汞	原矿或者选矿	2%～9%
		铝土矿	原矿或者选矿	2%～9%
		钨	选矿	6.5%
		钼	选矿	8%
		金、银	原矿或者选矿	2%～6%
		铂、钯、钌、锇、铱、铑	原矿或者选矿	5%～10%
		轻稀土	选矿	7%～12%
		中重稀土	选矿	20%
		铍、锂、锆、锶、铷、铯、铌、钽、锗、镓、铟、铊、铪、铼、镉、硒、碲	原矿或者选矿	2%～10%
非金属矿产	矿物类	高岭土	原矿或者选矿	1%～6%
		石灰岩	原矿或者选矿	1%～6%或者每吨(或者每立方米)1～10元
		磷	原矿或者选矿	3%～8%
		石墨	原矿或者选矿	3%～12%
		萤石、硫铁矿、自然硫	原矿或者选矿	1%～8%
		天然石英砂、脉石英、粉石英、水晶、工业用金刚石、冰洲石、蓝晶石、硅线石(矽线石)、长石、滑石、刚玉、菱镁矿、颜料矿物、天然碱、芒硝、钠硝石、明矾石、砷、硼、碘、溴、膨润土、硅藻土、陶瓷土、耐火黏土、铁矾土、凹凸棒石黏土、海泡石黏土、伊利石黏土、累托石黏土	原矿或者选矿	1%～12%

续表

税目			征税对象	税率
非金属矿产	矿物类	叶蜡石、硅灰石、透辉石、珍珠岩、云母、沸石、重晶石、毒重石、方解石、蛭石、透闪石、工业用电气石、白垩、石棉、蓝石棉、红柱石、石榴子石、石膏	原矿或者选矿	2%～12%
		其他黏土（铸型用黏土、砖瓦用黏土、陶粒用黏土、水泥配料用黏土、水泥配料用红土、水泥配料用黄土、水泥配料用泥岩、保温材料用黏土）	原矿或者选矿	1%～5%或者每吨（或者每立方米）0.1～5元
	岩石类	大理岩、花岗岩、白云岩、石英岩、砂岩、辉绿岩、安山岩、闪长岩、板岩、玄武岩、片麻岩、角闪岩、页岩、浮石、凝灰岩、黑曜岩、霞石正长岩、蛇纹岩、麦饭石、泥灰岩、含钾岩石、含钾砂页岩、天然油石、橄榄岩、松脂岩、粗面岩、辉长岩、辉石岩、正长岩、火山灰、火山渣、泥炭	原矿或者选矿	1%～10%
		砂石	原矿或者选矿	1%～5%或者每吨（或者每立方米）0.1～5元
	宝玉石类	宝石、玉石、宝石级金刚石、玛瑙、黄玉、碧玺	原矿或者选矿	4%～20%
水气矿产	二氧化碳气、硫化氢气、氦气、氡气		原矿	2%～5%
	矿泉水		原矿	1%～20%或者每立方米1～30元
盐	钠盐、钾盐、镁盐、锂盐		选矿	3%～15%
	天然卤水		原矿	3%～15%或者每吨（或者每立方米）1～10元
	海盐			2%～5%

四、资源税的计算

资源税目前采用从量计税和从价计税两种方法。

计算方法为：

应纳资源税＝销售量和自用量×适用定额税率　（从量计税）

＝销售额×适用比例税率　（从价计税）

[例 11－1] 某砂石场销售砂石 5 000 立方米，适用定额税率为 5 元/立方米。要求计算本月应纳资源税的税额。

应纳资源税＝5 000×5＝25 000（元）

[例 11－2] 某气田某月销售天然气不含增值税的销售额为 500 万元，适用的资源税税

率为6%。要求计算本月应纳资源税的税额。

应纳资源税=500×6%=30(万元)

五、资源税的会计处理

1. 对外销售应税产品应纳资源税

销售应税产品应纳资源税,属于销售税金,会计处理为:

借:税金及附加

　贷:应交税费——应交资源税

2. 生产自用应税产品应纳资源税

自用应税产品作为生产产品原料的,应纳资源税记入"生产成本"账户;作为生产过程加热燃料的,应纳资源税记入"制造费用"账户。

借:生产成本或制造费用

　贷:应交税费——应交资源税

3. 生活福利自用应税产品应纳资源税

借:管理费用

　贷:应交税费——应交资源税

六、减免税政策

(1)有下列情形之一的,免征资源税:

①开采原油以及在油田范围内运输原油过程中用于加热的原油、天然气;

②煤炭开采企业因安全生产需要抽采的煤成(层)气。

(2)有下列情形之一的,减征资源税:

①从低丰度油气田开采的原油、天然气,减征20%资源税;

②高含硫天然气、三次采油和从深水油气田开采的原油、天然气,减征30%资源税;

③稠油、高凝油减征40%资源税;

④从衰竭期矿山开采的矿产品,减征30%资源税。

根据国民经济和社会发展需要,国务院对有利于促进资源节约集约利用、保护环境等情形可以规定免征或者减征资源税,报全国人民代表大会常务委员会备案。

(3)有下列情形之一的,省、自治区、直辖市可以决定免征或者减征资源税:

①纳税人开采或者生产应税产品过程中,因意外事故或者自然灾害等原因遭受重大损失;

②纳税人开采共伴生矿、低品位矿、尾矿。

第二节　资源税的纳税申报

一、纳税期限与申报期限

资源税按月或者按季申报缴纳;不能按固定期限计算缴纳的,可以按次申报缴纳。

纳税人按月或者按季申报缴纳的,应当自月度或者季度终了之日起15日内,向税务机关办理纳税申报并缴纳税款;按次申报缴纳的,应当自纳税义务发生之日起15日内,向税务机关办理纳税申报并缴纳税款。

二、纳税申报表的填制

资源税的纳税申报表如表11-2所示。

[实训11-1] 华源矿业有限责任公司,2021年1月销售石灰岩600 000吨,销售天然气50 000 000万元(不含增值税),石灰岩适用税率为3元/吨,天然气适用税率为6%。

根据以上资料填制资源税纳税申报表(表11-2)。

表 11－2　资源税纳税申报表

纳税人识别号(统一社会信用代码):□□□□□□□□□□□□□□□□□□□□

纳税人名称:　　　　　　　　　　　　　　　　　　　　金额单位:人民币元(列至角分)

税款所属期限:自　　年　　月　　日至　　年　　月　　日

本期是否适用增值税小规模纳税人减征政策(减免性质代码:06049901)						是□　否□		减征比例(%)		
税目	子目	计量单位	计税销售数量	计税销售额	适用税率	本期应纳税额	本期减免税额	本期增值税小规模纳税人减征额	本期已缴税额	本期应补(退)税额
1	2	3	4	5	6	7①＝4×6 7②＝5×6	8	9＝(7－8)×减征比例	10	11＝7－8－9－10
合　计		—			—					
谨声明:本纳税申报表是根据国家税收法律法规及相关规定填报的,是真实的、可靠的、完整的。 纳税人(签章):　　　　年　　月　　日										
经办人:						受理人:				
经办人身份证号:						受理税务机关(章):				
代理机构签章:						受理日期:　年　月　日				
代理机构统一社会信用代码:										

资源税纳税申报表附表

（申报和减免税计算明细）

纳税人识别号(统一社会信用代码)：□□□□□□□□□□□□□□□□□□□□

纳税人名称：

金额单位：人民币元(列至角分)

申报计算明细										
序号	税目	子目	计量单位	销售数量	准予扣减的外购应税产品购进数量	计税销售数量	销售额	准予扣除的运杂费	准予扣减的外购应税产品购进金额	计税销售额
	1	2	3	4	5	6＝4－5	7	8	9	10－7－8－9
1										
2										
合计	—	—	—							

减免税计算明细										
序号	税目	子目	减免项目名称	计量单位	减免税销售数量	减免税销售额	适用税率	减免性质代码	减征比例	本期减免税额
	1	2	3	4	5	6	7	8	9	10①＝5×7×9 10②＝6×7×9
合计	—	—	—	—			—	—	—	

练习题

一、不定项选择题

1. 资源税的纳税人为开采(　　)的单位和个人。

A. 矿产品　　B. 天然水产品　　C. 天然林产品　　D. 盐

2. 资源税的征税范围包括(　　)。

A. 能源矿产　　B. 金属矿产　　C. 非金属矿产　　D. 水气矿产、盐

3. 资源税的计税依据为(　　)。

A. 销售量　　B. 自用量　　C. 销售额　　D. 产值

4. 资源税的税率为(　　)。

A. 统一比例税率　　B. 地区差别比例税率

C. 统一定额税率　　D. 地区差别定额税率

5. 应交资源税的会计处理可以记入的账户有(　　)。

A. 管理费用　　B. 税金及附加　　C. 生产成本　　D. 制造费用

6. 资源税的纳税期限为(　　)。

A. 按月　　B. 按季　　C. 按次　　D. 按年

7. 资源税的申报期限为(　　)。

A. 月或季满 15 日内

B. 月或季满 10 日内

C. 按次申报缴纳的为纳税义务发生之日起 15 日内

D. 纳税义务发生之日起 10 日内

8. 资源税的减免税政策有(　　)。

A. 开采原油以及在油田范围内运输原油过程中用于加热的原油、天然气，免税

B. 煤炭开采企业因安全生产需要抽采的煤成(层)气，免税

C. 纳税人开采或者生产应税产品过程中，因意外事故或者自然灾害等原因遭受重大损失可以免征或者减征

D. 纳税人开采共伴生矿、低品位矿、尾矿，可以免征或者减征

二、计算题

某油田某月原油销售收入 2 000 000 元，该油田适用的资源税税率为 6%。

要求：

(1)计算本月应纳资源税额。

(2)写出申报应纳资源税的会计分录。

第五篇 财产税纳税实务

第十二章 房产税

学习目标

1. 明确房产税的纳税人、征税范围、计税依据和税率。
2. 掌握房产税的计税方法。
3. 掌握房产税的申报方法。
4. 掌握房产税的会计处理方法。

重点难点

1. 房产税的计算。
2. 房产税纳税申报表的填制。
3. 房产税的会计处理。

第一节 房产税的基本知识、计算与会计处理

一、房产税的征税范围和纳税人

在城市、县城、建制镇、工矿区范围内拥有房产的单位和个人，为房产税的纳税人。

二、房产税的计税依据、税率和应纳税额的计算

房产税的计税依据，根据用途不同分为两种情况。

1. 房产出租

房产出租的计税依据为租金收入，税率为12%，计算方法为：

$$应纳房产税=租金收入\times 12\%$$

居民住房出租，用于居住的，可暂减按4%的税率征收房产税。

2. 自用房产及其他情形

自用房产及其他情形的计税依据为房产余值，税率为1.2%。房产余值是指房产原值减去10%～30%后的余值。计算方法为：

年应纳房产税额＝房产原值×(1－10%～30%)×1.2%

[例12-1] 华电科技有限公司自用房产原值总计为1 000 000元，税务机关核定的折旧减除率为20%；出租的房产当年租金收入24 000元。计算当年企业应纳房产税。

应纳房产税＝1 000 000×(1－20%)×1.2%＋24 000×12%＝12 480(元)

三、房产税的会计处理

1. 房产出租

房产出租的租金收入为企业的其他业务收入，应交的房产税属于营业税金，因此，会计处理为：

借：税金及附加

　　贷：应交税费——应交房产税

2. 自用房产及其他情形

企业自用房产及其他情形应交的房产税记入“管理费用”或“税金及附加”(小企业)账户，会计处理为：

借：管理费用或税金及附加

　　贷：应交税费——应交房产税

四、减免税政策

(1)下列房产免纳房产税：

①国家机关、人民团体、军队自用的房产；

②由国家财政部门拨付事业经费的单位自用的房产；

③宗教寺庙、公园、名胜古迹自用的房产；

④个人所有非营业用的房产；

⑤经财政部批准免税的其他房产。

(2)纳税人纳税确有困难的，可由省、自治区、直辖市人民政府确定，定期减征或者免征房产税。

第二节　房产税的纳税申报

一、纳税期限与起征时间

房产税按年征收，可分期缴纳。开始纳税时间为房产使用、出租的次月。

二、纳税申报表的填制

房产税的纳税申报表如表12-1所示。

[实训12-1] 根据[例12-1]资料填制房产税纳税申报表(表12-1)。

表 12－1 地方税(费)综合纳税申报表

税务登记证件号码：□□□□□□□□□□□□□□□□□□□□ 管理代码：□□□□□□□□□□

纳税人名称： 税款所属时期： 年 月 日至 年 月 日 金额单位：元(列至角分)

<table>
<tr><th>税种</th><th>税目</th><th>征收范围</th><th>税款所属时期</th><th>计税总额或总数量</th><th>减免项目金额或数量</th><th>计税依据</th><th>税率(%)或单位税额</th><th>应纳税额</th><th>减免税额扣抵税额</th><th>已纳税额</th><th>应补(退)税额</th></tr>
<tr><td></td><td></td><td></td><td></td><td></td><td></td><td></td><td></td><td></td><td></td><td></td><td></td></tr>
<tr><td></td><td></td><td></td><td></td><td></td><td></td><td></td><td></td><td></td><td></td><td></td><td></td></tr>
<tr><td></td><td></td><td></td><td></td><td></td><td></td><td></td><td></td><td></td><td></td><td></td><td></td></tr>
<tr><td></td><td></td><td></td><td></td><td></td><td></td><td></td><td></td><td></td><td></td><td></td><td></td></tr>
<tr><td></td><td></td><td></td><td></td><td></td><td></td><td></td><td></td><td></td><td></td><td></td><td></td></tr>
<tr><td></td><td></td><td></td><td></td><td></td><td></td><td></td><td></td><td></td><td></td><td></td><td></td></tr>
<tr><td></td><td></td><td></td><td></td><td></td><td></td><td></td><td></td><td></td><td></td><td></td><td></td></tr>
<tr><td>合计</td><td></td><td></td><td></td><td></td><td></td><td></td><td></td><td></td><td></td><td></td><td></td></tr>
<tr><td colspan="2" rowspan="4">纳税人或代理人声明：
此纳税申报表是根据国家税收法律的规定填报的，我确定它是真实的、可靠的、完整的。</td><td colspan="9">如纳税人填报，由纳税人填写以下各栏：</td><td rowspan="4">受理机关(签章)
受理日期：
年 月 日</td></tr>
<tr><td colspan="2">办税人员(签章)</td><td colspan="2">财务负责人(签章)</td><td colspan="2">法定代表人(签章)</td><td colspan="2">联系电话</td><td></td></tr>
<tr><td colspan="9">如委托代理人填报，由代理人填写以下各栏：</td></tr>
<tr><td colspan="2">代理人名称</td><td colspan="2">经办人(签章)</td><td colspan="2">联系电话</td><td colspan="2"></td><td>代理人(公章)</td></tr>
</table>

练习题

一、不定项选择题

1. 房产税的纳税人包括在(　　)拥有房产的单位和个人。

A. 城市　　B. 县城　　C. 建制镇　　D. 工矿区

2. 房产税的计算方法为(　　)。

A. 房产余值×1.2%　　B. 租金收入×12%

C. 房产原值×1.2%　　D. 租金收入×1.2%

3. 房产税的计税依据为(　　)。

A. 房产原值×(1－10%～30%)　　B. 房产原值－累计折旧

C. 房产评估价值　　D. 租金

4. 房产税的税率为(　　)。

A. 统一比例税率　　B. 地区差别比例税率

C. 统一定额税率　　D. 地区差别定额税率

5. 应交房产税的会计处理可以记入(　　)账户。

A. 管理费用　　B. 税金及附加　　C. 其他业务成本　　D. 制造费用

6. 房产税的纳税期限为(　　)。

A. 按年计征、可分期缴纳　　B. 按月缴纳

C. 按季缴纳　　D. 按年缴纳

7. 房产税的起征时间为(　　)。

A. 房产使用的次月　　B. 房产出租的次月

C. 房产建成之日　　D. 办理房产证之日

8. 房产税的免税房产包括(　　)。

A. 国家机关、人民团体、军队自用的房产

B. 宗教寺庙、公园、名胜古迹自用的房产

C. 由国家财政部门拨付事业经费的单位自用的房产

D. 个人所有非营业用的房产

二、计算题

某企业位于城市,全部自用房产原值为100万元,税务机关核定的折旧减除率为20%;出租房屋一座,本月收取租金20 000元。

要求:

(1)计算自用房产每年应纳房产税,并写出申报应纳房产税的会计分录。

(2)计算出租房产本月应纳房产税,并写出申报应纳房产税的会计分录。

第十三章　车船税

学习目标

1. 明确车船税的纳税人、征税范围、计税依据和税率。
2. 掌握车船税的计税方法。
3. 掌握车船税的申报方法。
4. 掌握车船税的会计处理方法。

重点难点

1. 车船税的计算。
2. 车船税纳税申报表的填制。
3. 车船税的会计处理。

第一节　车船税的基本知识、计算与会计处理

一、车船税的征税范围和纳税人

车船税的纳税人为在我国境内拥有车船的单位和个人。

车船税的征税范围包括：

(1)车辆：汽车、电车、摩托车、其他机动车辆。

(2)船舶：机动船、非机动驳船。

节能车船减半征税，使用新能源的车船免税。

二、车船税的计税依据

车船税的计税依据，根据用途不同分为三种类型。

(1)载人车辆、摩托车：计税依据为辆数。

(2)载货车辆：计税依据为整备质量吨数。

(3)船舶：计税依据一般为净吨位数，游艇为长度。

三、车船税的税率

车船税的税目税率表如表 13-1 所示。

四、车船税的计算

根据计税依据不同，计算方法为：

年应纳车船税额＝车辆辆数×每辆年税额

或　　　　　　＝整备质量吨数或净吨位数×每吨年税额

或　　　　　　＝艇身长度×每米年税额

［**例 13－1**］兴茂商贸有限公司拥有整备质量为 5 吨的卡车一辆、小轿车一辆。载货汽车适用税率为每吨 50 元，乘用车适用税率为每辆 100 元。计算当年企业应纳车船税。

应纳车船税＝5×50＋1×100＝350(元)

五、车船税的会计处理

车船税属于财产税，应交车船税记入“管理费用或税金及附加(小企业)”账户。

借：管理费用或税金及附加

　贷：应交税费——应交车船税

表 13－1　车船税税目税率表

税目		计税单位	年基准税额	备注
乘用车〔按发动机汽缸容量(排气量)分档〕	1.0 升(含)以下的	每辆	60 元至 360 元	核定载客人数 9 人(含)以下
	1.0 升以上至 1.6 升(含)的		300 元至 540 元	
	1.6 升以上至 2.0 升(含)的		360 元至 660 元	
	2.0 升以上至 2.5 升(含)的		660 元至 1 200 元	
	2.5 升以上至 3.0 升(含)的		1 200 元至 2 400 元	
	3.0 升以上至 4.0 升(含)的		2 400 元至 3 600 元	
	4.0 升以上的		3 600 元至 5 400 元	
商用车	客车	每辆	480 元至 1 440 元	核定载客人数 9 人以上，包括电车
	货车	整备质量每吨	16 元至 120 元	包括半挂牵引车、三轮汽车和低速载货汽车等
挂车		整备质量每吨	按照货车税额的 50%计算	
其他车辆	专用作业车	整备质量每吨	16 元至 120 元	不包括拖拉机
	轮式专用机械车		16 元至 120 元	
摩托车		每辆	36 元至 180 元	
船舶	机动船舶	净吨位每吨	3 元至 6 元	拖船、非机动驳船分别按照机动船舶税额的 50%计算
	游艇	艇身长度每米	600 元至 2 000 元	

六、减免税政策

(1)下列车船免征车船税：

①非机动车船(不包括非机动驳船)；

②拖拉机；

③捕捞、养殖渔船；

④军队、武警专用的车船；

⑤警用车船；

⑥按照有关规定已经缴纳船舶吨税的船舶；

⑦依照我国有关法律和我国缔结或者参加的国际条约的规定应当予以免税的外国驻华使馆、领事馆和国际组织驻华机构及其有关人员的车船。

(2)省、自治区、直辖市人民政府可以根据当地实际情况，对城市、农村公共交通车船给予定期减税、免税。

(3)节能车船减半征税，使用新能源的车船免税。

第二节 车船税的纳税申报

一、纳税期限与起征时间

车船税按年征收，可分期缴纳。开始纳税时间为购买车船的当月，购买时间以购买发票时间为准。

二、纳税申报表的填制

车船税的纳税申报表如表 13-2 所示。

[实训 13-1] 根据[例 13-1]资料填制车船税纳税申报表(表 13-2)。

练习题

一、不定项选择题

1. 车船税的纳税人为在我国境内( )的单位和个人。

A. 拥有车船　B. 制造车船　C. 使用车船　D. 销售车船

2. 车船税的征税范围为( )。

A. 汽车、电车　B. 摩托车

C. 其他机动车辆　D. 机动船、非机动驳船

3. 车船税的计税依据为( )。

A. 辆数　B. 整备质量吨数　C. 净吨位数　D. 长度

4. 车船税的税率为(　　)。

A. 比例税率　　B. 固定定额税率

C. 统一定额税率　　D. 分类幅度定额税率

5. 应交车船税的会计处理可以记入(　　)账户。

A. 管理费用　　B. 税金及附加　　C. 其他业务成本　　D. 销售费用

6. 车船税的纳税期限为(　　)。

A. 按年计征、可分期缴纳　　B. 按月缴纳

C. 按季缴纳　　D. 按年缴纳

7. 车船税的起征时间为(　　)。

A. 购买车船的当月　　B. 购买车船的次月

C. 使用车船的当月　　D. 车船登记的当月

8. 减免税车船包括(　　)。

A. 非机动车船免税　　B. 捕捞、养殖渔船免税

C. 军队武警专用的车船、警用车船免税　　D. 节能车船减半征税,新能源车船免税

二、计算题

某企业本年度拥有整备质量为4吨的货车和排气量为1.5升的小轿车各一辆。货车适用税率为每吨100元,小轿车适用税率为每辆400元。

要求:

(1)计算本年度应纳车船税额。

(2)写出申报应纳车船税的会计分录。

表 13－2　地方税(费)综合纳税申报表

税务登记证件号码:□□□□□□□□□□□□□□□□□□□□　　管理代码:□□□□□□□□□□□

纳税人名称:　　税款所属时期:　　年　月　日至　　年　月　日　　金额单位:元(列至角分)

税种	税目	征收范围	税款所属时期	计税总额或总数量	减免项目金额或数量	计税依据	税率(%)或单位税额	应纳税额	减免税额扣抵税额	已纳税额	应补(退)税额
合计											

<table>
<tr><td rowspan="4">纳税人或代理人声明:
此纳税申报表是根据国家税收法律的规定填报的,我确定它是真实的、可靠的、完整的。</td><td colspan="5">如纳税人填报,由纳税人填写以下各栏:</td><td rowspan="4">受理机关(签章)
受理日期:
年　月　日</td></tr>
<tr><td>办税人员(签章)</td><td>财务负责人(签章)</td><td>法定代表人(签章)</td><td>联系电话</td><td></td></tr>
<tr><td colspan="5">如委托代理人填报,由代理人填写以下各栏:</td></tr>
<tr><td>代理人名称</td><td>经办人(签章)</td><td>联系电话</td><td></td><td>代理人(公章)</td></tr>
</table>

第六篇
行为税纳税实务

第十四章　车辆购置税

学习目标

1. 明确车辆购置税的纳税人、征税范围、计税依据和税率。
2. 掌握车辆购置税的计税方法。
3. 掌握车辆购置税的申报方法。
4. 掌握车辆购置税的会计处理方法。

重点难点

1. 车辆购置税的计算。
2. 车辆购置税纳税申报表的填制。
3. 车辆购置税的会计处理。

第一节　车辆购置税的基本知识、计算与会计处理

一、车辆购置税的征税范围和纳税人

车辆购置税的纳税人为购置并使用车辆的单位和个人。

车辆的范围包括:汽车、排气量超过 150 毫升的摩托车、电车、挂车。

购置包括:购买、进口、自产、受赠、获奖等方式取得并自用车辆的行为。

2018～2020 年,购置新能源汽车免税。

二、车辆购置税的计税依据

车辆购置税的计税依据为车辆的价值。具体为:

(1)购买:为价款及价外费用,不含增值税。
(2)进口:到岸价格+进口关税+进口消费税。
(3)自产、受赠、获奖取得:参照市场价格确定。

三、车辆购置税的税率

车辆购置税的税率为10%。

四、车辆购置税的计算

车辆购置税的计算方法为:

应纳车辆购置税=车辆价值×10%

[例14-1]三江广告有限公司购买汽车一辆,不含增值税买价为150 000元。计算企业应纳车辆购置税。

应纳车辆购置税=150 000×10%=15 000(元)

五、车辆购置税的会计处理

企业缴纳的车辆购置税计入车辆的购置成本,会计处理为:

借:固定资产【发票价款+车辆购置税】
　　应交税费——应交增值税(进项税额)【发票增值税】
　贷:银行存款【发票价税合计+车辆购置税】

六、减免税政策

(1)外国驻华使馆、领事馆和国际组织驻华机构及其外交人员自用的车辆,免税;
(2)中国人民解放军和中国人民武装警察部队列入军队武器装备订货计划的车辆,免税;
(3)设有固定装置的非运输车辆,免税;
(4)有国务院规定予以免税或者减税的其他情形的,按照规定免税或者减税。

第二节　车辆购置税的纳税申报

一、纳税期限

车辆购置税为一次性征收。应于取得车辆60日内申报纳税,在登记注册前一次性缴纳。

二、纳税申报表的填制

车辆购置税的纳税申报表如表14-1所示。

[实训14-1]根据[例14-1]资料填制车辆购置税纳税申报表(表14-1)。

表 14－1　车辆购置税纳税申报表

填表日期：　　年　月　日　　　　　　　　行业代码：　　　　　　　　注册类型代码：

纳税人名称：　　　　　　　　　　　　　　　　　　　　　　　　　　　　　　金额单位：元

纳税人证件名称			证件号码		
联系电话		邮政编码		地址	
车辆基本情况					
车辆类别	1. 汽车　2. 摩托车　3. 电车　4. 挂车				
生产企业名称			机动车销售统一发票(或有效凭证)价格		
厂牌型号			关税完税价格		
发动机号码			关税		
车辆识别代号(车架号码)			消费税		
购置日期			免(减)税条件		

申报计税价格	计税价格	税率	免税、减税额	应纳税额
1	2	3	4＝2×3	5＝1×3 或 2×3
		10％		

申报人声明	授权声明
此纳税申报表是根据《中华人民共和国车辆购置税暂行条例》的规定填报的，我相信它是真实的、可靠的、完整的。 声明人签字：	如果你已委托代理人申报，请填写以下资料： 为代理一切税务事宜，现授权（　　　），地址（　　　　　　　）为本纳税人的代理申报人，任何与本申报表有关的往来文件，都可寄予此人。 授权人签字：

纳税人签名或盖章	如委托代理人的，代理人应填写以下各栏		
	代理人名称		代理人(章)
	地址		
	经办人		
	电话		

接收人： 接收日期：	主管税务机关(章)：

《车辆购置税纳税申报表》填表说明

1. 本表由车辆购置税纳税人(或代理人)在办理纳税申报时填写。

2.“纳税人名称”栏，填写车主名称。

3.“纳税人证件名称”栏，单位车辆填写《组织机构代码证书》；个人车辆填写《居民身份证》或其他身份证明名称。

4.“证件号码”栏，填写《组织机构代码证书》《居民身份证》及其他身份证件的号码。

5.“车辆类别”栏，在表中所列项目中划√。

6.“生产企业名称”栏，国产车辆填写国内生产企业名称，进口车辆填写国外生产企业名称。

7.“厂牌型号”“发动机号码”“车辆识别代号（车架号码）”栏，分别填写车辆整车出厂合格证或《中华人民共和国海关货物进口证明书》或《中华人民共和国海关监管车辆进（出）境领（销）牌照通知书》或《没收走私汽车、摩托车证明书》中注明的产品型号、车辆识别代号（VIN，车架号码）。

8.“购置日期”栏，填写机动车销售统一发票（或有效凭证）上注明的日期。

9.“机动车销售统一发票（或有效凭证）价格”栏，填写机动车销售统一发票（或有效凭证）上注明的价费合计金额。

10.“免（减）税条件”栏，按下列项目选择字母填写：

A. 外国驻华使馆、领事馆和国际组织驻华机构及其外交人员自用的车辆；

B. 中国人民解放军和中国人民武装警察部队列入军队武器装备订货计划的车辆；

C. 设有固定装置的非运输车辆；

D. 在外留学人员（含港、澳）回国服务的，购买的国产汽车；

E. 来华定居专家进口自用或境内购置的汽车；

F. 其他免税、减税车辆。

11. 下列栏次由进口自用车辆的纳税人填写。

（1）“关税完税价格”栏，填写《海关关税专用缴款书》中注明的关税计税价格。“关税”栏，填写《海关关税专用缴款书》中注明的关税税额；

（2）“消费税”栏，填写《海关代征消费税专用缴款书》中注明的消费税税额。

12.“申报计税价格”栏，分别按下列要求填写：

（1）境内购置车辆，按机动车销售统一发票注明的价费合计金额÷（1＋17％）填写；

（2）进口自用车辆，填写计税价格。计税价格＝关税完税价格＋关税＋消费税；

（3）自产、受赠、获奖或者以其他方式取得并自用的车辆，按机动车销售统一发票（或有效凭证）注明的价费合计金额÷（1＋17％）填写。

13.“计税价格”栏，经税务机关辅导后填写：

（1）填写最低计税价格；

（2）底盘发生更换的车辆，按主管税务机关提供的最低计税价格的70％填写；

（3）免税条件消失的车辆，自初次办理纳税申报之日起，使用年限未满10年的，按主管税务机关提供的最低计税价格每满1年扣减10％填写。未满1年的按主管税务机关提供的最低计税价格填写。使用年限10年（含）以上的，填写0；

14.“应纳税额”栏，计算公式如下：

（1）计税依据为申报计税价格的，应纳税额＝申报计税价格栏×税率；

（2）计税依据为计税价格的，应纳税额＝计税价格栏×税率。

15. 本表一式二份（一车一表），一份由纳税人留存；一份由主管税务机关留存。

练习题

一、不定项选择题

1. 车辆购置税的纳税人为(　　)的单位和个人。

A. 购置车辆　　B. 使用车辆

C. 购置并使用车辆　　D. 采购车辆

2. 车辆购置税的征税车辆范围包括(　　)。

A. 汽车　　B. 排气量超过150毫升的摩托车

C. 电车　　D. 挂车

3. 车辆购置税的购置包括(　　)。

A. 购买　　B. 进口　　C. 自产自用　　D. 受赠、获奖

4. 车辆购置税的计税依据有(　　)。

A. 不含增值税的价款及价外费用　B. 到岸价格＋进口关税＋进口消费税

C. 参照市场价格　　D. 数量

5. 车辆购置税的税率为(　　)。

A. 10%　　B. 定额税率　　C. 累进税率　　D. 差别比例税率

6. 应交车辆购置税的会计处理记入(　　)账户。

A. 管理费用　　B. 税金及附加　C. 固定资产　　D. 销售费用

7. 车辆购置税的纳税期限为(　　)。

A. 按年计征、可分期缴纳　　B. 按月缴纳

C. 一次性缴纳　　D. 按年缴纳

8. 车辆购置税的申报期限为(　　)。

A. 取得车辆60日内　　B. 购买车辆的次月

C. 使用车辆的当月　　D. 车辆登记的当月

9. 车辆购置税减免税政策包括(　　)。

A. 外国驻华使馆、领事馆和国际组织驻华机构及其外交人员自用的车辆,免税

B. 中国人民解放军和中国人民武装警察部队列入军队武器装备订货计划的车辆,免税

C. 设有固定装置的非运输车辆,免税

D. 有国务院规定予以免税或者减税的其他情形的,按照规定免税或者减税

二、计算题

某企业购买燃油汽车一辆,不含增值税买价为200 000元。

要求:

(1)计算企业应纳车辆购置税额。

(2)写出申报应纳车辆购置税的会计分录。

第十五章 契　　税

学习目标

1. 明确契税的纳税人、征税范围、计税依据和税率。
2. 掌握契税的计税方法。
3. 掌握契税的申报方法。
4. 掌握契税的会计处理方法。

重点难点

1. 契税的计算。
2. 契税纳税申报表的填制。
3. 契税的会计处理。

第一节 契税的基本知识、计算与会计处理

一、契税的征税范围

契税是对房地产权属转移(订立契约)行为征收的一种税。

房地产权属转移包括:出让、转让、买卖、赠予、交换。以房地产投资、抵债视同权属转移。但不包括农村集体土地承包经营权转让。

二、契税的纳税人

契税的纳税人为房地产权属转移的承受人,即受让、购买、受赠、换入付差价的单位和个人。

三、契税的计税依据

(1)土地使用权出让、转让,房屋买卖:计税依据为成交价格。

(2)土地使用权、房屋赠予:计税依据为市场价格。

(3)房屋、土地交换:计税依据为交换差价额。

四、契税的税率

契税的税率为3%～5%,具体适用税率由各省、自治区、直辖市人民政府在规定的幅度内按照本地区的实际情况确定。

2016年起，个人购买家庭唯一住房，面积90平方米及以下的，减按1%征税；面积90平方米以上的减按1.5%征税。个人购买第二套改善性住房，面积90平方米及以下的减按1%征税；面积90平方米以上的减按2%征税。

五、契税的计算

契税的计算方法为：

应纳契税＝房地产价格或差价额×适用税率

[**例15-1**] 彩虹电子有限公司（地址洛阳市汉城路18号）购买光明房地产有限公司（地址洛阳市光明路10号）一处位于洛阳市人民路的办公用房，面积150平方米，购价为400 000元，增值税36 000元，签订购买合同。本省契税税率为3%。计算企业应纳契税额：

应纳契税＝400 000×3%＝12 000（元）

六、契税的会计处理

（一）一般企业

一般企业取得房地产缴纳的契税，计入房地产的入账价值，房屋记入“固定资产”账户，土地所有权记入“无形资产”账户。

1. 购买房地产缴纳契税的会计处理

借：固定资产或无形资产【发票价款＋契税】

　　应交税费——应交增值税（进项税额）【发票增值税】

　　贷：银行存款【发票价税合计＋契税】

[**例15-2**] 依[例15-1]，彩虹电子有限公司的会计处理为：

借：固定资产	412 000	
应交税费——应交增值税（进项税额）	36 000	
贷：银行存款		448 000

2. 接受赠与房地产缴纳契税的会计处理

借：固定资产或无形资产【发票价款＋契税】

　　应交税费——应交增值税（进项税额）【发票增值税】

　　贷：营业外收入【发票价款＋增值税】

　　　　银行存款【契税】

3. 换入房地产支付差价缴纳契税的会计处理

借：固定资产或无形资产【支付差价额＋契税】

　　应交税费——应交增值税（进项税额）【发票增值税】

　　贷：银行存款【差价额＋增值税＋契税】

4. 接受房地产投资缴纳契税的会计处理

借：固定资产或无形资产【发票价款＋契税】

　　应交税费——应交增值税（进项税额）【发票增值税】

　　贷：实收资本【发票价款＋增值税】

　　　　银行存款【契税】

5. 接受房地产抵债缴纳契税的会计处理

借:固定资产或无形资产【发票价款+契税】

应交税费——应交增值税(进项税额)【发票增值税】

贷:应收账款【账面价值】

银行存款【支付补价+契税】

(二)房地产开发企业

房地产开发企业购买土地缴纳契税的会计处理为:

借:开发成本

贷:银行存款

七、减免税政策

(1)国家机关、事业单位、社会团体、军事单位承受土地、房屋权属用于办公、教学、医疗、科研、军事设施免税;

(2)非营利性的学校、医疗机构、社会福利机构承受土地、房屋权属用于办公、教学、医疗、科研、养老、救助免税;

(3)承受荒山、荒地、荒滩土地使用权用于农、林、牧、渔业生产免税;

(4)婚姻关系存续期间夫妻之间变更土地、房屋权属免税;

(5)法定继承人通过继承承受土地、房屋权属免税;

(6)依照法律规定应当予以免税的外国驻华使馆、领事馆和国际组织驻华代表机构承受土地、房屋权属免税。

(7)根据国民经济和社会发展的需要,国务院对居民住房需求保障、企业改制重组、灾后重建等情形可以规定免征或者减征契税。

第二节 契税的纳税申报

一、纳税期限

契税为一次性征收。应于签订土地、房屋权属转移合同或契约之日起 10 天内申报纳税,一次性缴纳。

二、纳税申报表的填制

契税的纳税申报表如表 15-1 所示。

[实训 15-1] 根据[例 15-1]资料填制契税纳税申报表(表 15-1)。

表 15－1　契税纳税申报表

填表日期：　　年　月　日　　　　　　　　　　　　　　　　　　　　单位：元、平方米

<table>
<tr><td rowspan="2">承受方</td><td>名称</td><td></td><td>识别号</td><td></td></tr>
<tr><td>地址</td><td></td><td>联系电话</td><td></td></tr>
<tr><td rowspan="2">转让方</td><td>名称</td><td></td><td>识别号</td><td></td></tr>
<tr><td>地址</td><td></td><td>联系电话</td><td></td></tr>
<tr><td rowspan="5">土地、房屋权属转移</td><td>合同签订时间</td><td colspan="3"></td></tr>
<tr><td>土地、房屋地址</td><td colspan="3"></td></tr>
<tr><td>权属转移类别</td><td colspan="3"></td></tr>
<tr><td>权属转移面积</td><td colspan="3">平方米</td></tr>
<tr><td>成交价格</td><td colspan="3">元</td></tr>
<tr><td colspan="2">适用税率</td><td colspan="3"></td></tr>
<tr><td colspan="2">计征税额</td><td colspan="3">元</td></tr>
<tr><td colspan="2">减免税额</td><td colspan="3">元</td></tr>
<tr><td colspan="2">应纳税额</td><td colspan="3">元</td></tr>
<tr><td>纳税人员签章</td><td colspan="2"></td><td>经办人员签章</td><td></td></tr>
<tr><td colspan="5">（以下部分由征收机关负责填写）</td></tr>
<tr><td>征收机关收到日期</td><td></td><td>接收人</td><td></td><td>审核日期</td><td></td></tr>
<tr><td>审核记录</td><td colspan="5"></td></tr>
<tr><td>审核人员签章</td><td colspan="2"></td><td>征收机关签章</td><td colspan="2"></td></tr>
</table>

填表说明

一、本表依据《中华人民共和国税收征收管理法》《中华人民共和国契税暂行条例》设计制定。

二、本表适用于在中国境内承受土地、房屋权属的单位和个人。纳税人应当在签订土地、房屋权属转移合同或者取得其他具有土地、房屋权属转移合同性质凭证后 10 日内，向土地、房屋所在地契税征收机关填报契税纳税申报表，申报纳税。

三、本表各栏的填写说明如下：

(1)承受方及转让方名称：承受方、转让方是单位的，应按照人事部门批准或者工商部门注册登记的全称填写；承受方、转让方是个人的，则填写本人姓名。

(2)承受方、转让方识别号：承受方、转让方是单位的，填写税务登记号；没有税务登记号的，填写组织机构代码。承受方、转让方是个人的，填写个人身份证号或护照号。

(3)合同签订时间：指承受方签订土地、房屋转移合同的当日，或其取得其他具有土地、

房屋转移合同性质凭证的当日。

(4)权属转移类别:(土地)出让、买卖、赠予、交换、作价入股等行为。

(5)成交价格:土地、房屋权属转移合同确定的价格(包括承受者应交付的货币、实物、无形资产或者其他经济利益,折算成人民币金额)填写。计税价格是指由征收机关按照《中华人民共和国契税暂行条例》第四条确定的成交价格、差价或者核定价格。

(6) 计征税额=计税价格×税率,应纳税额=计征税额−减免税额。

练习题

一、不定项选择题

1. 契税的房地产权属转移包括(　　)。

A. 出让、转让、买卖　　B. 赠与

C. 交换　　D. 以房产投资、抵债

2. 契税的纳税人包括(　　)房地产的单位和个人。

A. 受让　　B. 购买　　C. 受赠　　D. 付差价换入

3. 契税的计税依据有(　　)。

A. 成交价格　　B. 市场价格　　C. 交换差价额　　D. 成本

4. 契税的税率为(　　)。

A. 3%~5%　　B. 3%　　C. 5%　　D. 定额税率

5. 缴纳契税的会计处理可能记入(　　)账户。

A. 固定资产　　B. 无形资产　　C. 开发成本　　D. 管理费用

6. 契税的纳税期限为(　　)。

A. 按年计征、可分期缴纳　　B. 按月缴纳

C. 一次性缴纳　　D. 按年缴纳

7. 契税的申报期限为(　　)。

A. 签订房地产权属转移合同之日起 10 天内

B. 签订房地产权属转移合同之日起 30 天内

C. 办理房产证、土地使用证当天

D. 收到房地产 10 日内

8. 契税免税情形包括(　　)。

A. 国家机关、事业单位、社会团体、军事单位承受土地、房屋权属用于办公、教学、医疗、科研、军事设施

B. 非营利性的学校、医疗机构、社会福利机构承受土地、房屋权属用于办公、教学、医疗、科研、养老、救助

C. 承受荒山、荒地、荒滩土地使用权用于农、林、牧、渔业生产

D. 婚姻关系存续期间夫妻之间变更土地、房屋权属,法定继承人通过继承承受土地、房屋权属

二、计算题

某新建企业征用耕地 40 000 平方米,买价为 250 元 / 平方米,适用契税税率为 5%。

要求:(1)计算该企业应纳契税的税额。

(2)写出购地及缴纳契税的会计分录。

第十六章　印花税

学习目标

1. 明确印花税的纳税人、征税范围、计税依据和税率。
2. 掌握印花税的计税方法。
3. 掌握印花税的申报方法。
4. 掌握印花税的会计处理方法。

重点难点

1. 印花税的计算。
2. 印花税纳税申报表的填制。
3. 印花税的会计处理。

第一节　印花税的基本知识、计算与会计处理

一、印花税的征税范围

印花税是对经济活动和经济交往中书立、领受具有法律效力的凭证的行为所征收的一种税。征税范围包括：

(1)订立经济合同。

(2)书立产权转移书据。

(3)设立营业账簿。

(4)领受权利许可证照(包括房屋产权证、工商营业执照、商标注册证、专利证、土地使用证)。

二、印花税的纳税人

(1)订立经济合同各方。

(2)书立产权转移书据各方。

(3)设立营业账簿的单位和个人。

(4)权利许可证照的领证照人。

三、印花税的计税依据

1. 订立经济合同、书立产权转移书据

订立经济合同、书立产权转移书据为：合同、书据所载金额。

2. 设立营业账簿（建新账）

（1）记载资金的账簿（总分类账）为：实收资本、资本公积当年增加额；

（2）其他账簿（明细账、日记账）为：账簿册数。

3. 领权利许可证照

领权利许可证照为：证照件数。

四、印花税的税率

印花税的税率有比例税率和定额税率两种。印花税的税目税率如表 16－1 所示。

自 2018 年 5 月起，对资金账簿减半征收，其他账簿免征印花税。

五、印花税的计算

1. 订立经济合同、书立产权转移书据

应纳印花税＝合同、书据所载金额×适用比例税率

（实际中，合同印花税可按销售收入的一定比例作为合同金额）

2. 设立营业账簿

（1）记载资金的账簿：

应纳印花税＝（实收资本当年增加额＋资本公积当年增加额）×0.5‰

（2）其他账簿：

应纳印花税＝册数×5 元/册

3. 领权利许可证照

应纳印花税＝证照件数×5 元/件

［**例 16－1**］大华工贸有限公司，当年 1 月订立购销合同总金额为 3 000 000 元；建立当年新账簿 10 本，其中总分类账中，实收资本、资本公积当年增加额为 5 000 000 元；购买房屋一间，购房合同载明房屋购价 100 000 元，领取房产证一件。计算企业本月应纳印花税额。

应纳购销合同印花税＝3 000 000×0.3‰＝900（元）

应纳账簿印花税＝5 000 000×0.5‰ ＋9×5 ＝2545（元）

应纳产权转移书据印花税＝100 000×0.5‰＝50（元）

应纳证照印花税＝1×5 ＝5（元）

六、印花税的会计处理

(一)应纳合同、账簿、证照印花税和房地产开发企业房地产销售合同印花税

借:管理费用或税金及附加(小企业)

贷:应交税费——印花税或银行存款

(二)应纳产权转移书据印花税

1. 转让方的会计处理

转让方缴纳的印花税,作为转让中的一项支出。

(1)转让无形资产:

借:银行存款【转让收入】

累计摊销【已摊销金额】

营业外支出【转让净损失】

贷:无形资产——××权【账面余额】

应交税费——应交增值税【转让无形资产增值税】

——应交印花税【产权转移书据印花税】

营业外收入【转让净收益】

[**例 16-2**] 某企业转让一项专利权,收取转让收入 500 000 元,应交增值税 30 000 元,应交印花税 250 元。该专利权账面成本为 900 000 元,已摊销价值 600 000 元。

转让净收益=500 000-(900 000-600 000)-30 000-250=169 750(元)

会计处理为:

借:银行存款	500 000	
累计摊销	600 000	
贷:无形资产——专利权		900 000
应交税费——应交增值税		30 000
——应交印花税		250
营业外收入		169 750

(2)转让固定资产:

借:固定资产清理

贷:应交税费——印花税【产权转移书据印花税】

2. 受让方的会计处理

受让方缴纳的印花税,计入无形资产或固定资产的购置成本。

借:无形资产或固定资产【资产发票价格+印花税+其他相关税费】

应交税费——应交增值税(进项税额)【发票增值税】

贷:银行存款【发票价税合计+印花税+其他相关税费】

[例 16－3] 依[例 16－2],专利权受让方的会计处理为:

借:无形资产——专利权	500 250	
应交税费——应交增值税(进项税额)	30 000	
贷:银行存款		530 250

七、减免税政策

(1)应税凭证的副本或者抄本,免征印花税;

(2)农民、农民专业合作社、农村集体经济组织、村民委员会购买农业生产资料或者销售自产农产品订立的买卖合同和农业保险合同,免征印花税;

(3)无息或者贴息借款合同、国际金融组织向我国提供优惠贷款订立的借款合同、金融机构与小型微型企业订立的借款合同,免征印花税;

(4)财产所有权人将财产赠与政府、学校、社会福利机构订立的产权转移书据,免征印花税;

(5)军队、武警部队订立、领受的应税凭证,免征印花税;

(6)转让、租赁住房订立的应税凭证,免征个人(不包括个体工商户)应当缴纳的印花税;

(7)国务院规定免征或者减征印花税的其他情形。

第二节　印花税的纳税申报

一、纳税期限

(1)合同印花税:一般每月汇缴,按月申报缴纳。

(2)产权转移书据印花税:按次申报缴纳。

(3)账簿印花税:建新账时申报,一次性缴纳。

(4)证照印花税:领受时一次性缴纳。

二、纳税申报表的填制

印花税的纳税申报表如表 16－2 所示。

[实训 16－1] 根据[例 16－1]资料,填制印花税纳税申报表(表 16－2)。

表16-1　印花税税目税率表

税目	范围	税率	纳税人	说明	
1	购销合同	包括供应、预购、采购、购销、结合及协作、调剂等合同	按购销金额0.3‰贴花	立合同人	
2	加工承揽合同	包括加工、定作、修缮、修理、印刷广告、测绘、测试等合同	按加工或承揽收入0.5‰贴花	立合同人	
3	建设工程勘察设计合同	包括勘察、设计合同	按收取费用0.5‰贴花	立合同人	
4	建筑安装工程承包合同	包括建筑、安装工程承包合同	按承包金额0.3‰贴花	立合同人	
5	财产租赁合同	包括租赁房屋、船舶、飞机、机动车辆、机械、器具、设备等合同	按租赁金额1‰贴花。税额不足1元，按1元贴花	立合同人	
6	货物运输合同	包括民用航空运输、铁路运输、海上运输、联运合同	按运输费用0.5‰贴花	立合同人	单据作为合同使用的，按合同贴花
7	仓储保管合同	包括仓储、保管合同	按仓储保管费用1‰贴花	立合同人	仓单或栈单作为合同使用的，按合同贴花
8	借款合同	银行及其他金融组织和借款人	按借款金额0.05‰贴花	立合同人	单据作为合同使用的，按合同贴花
9	财产保险合同	包括财产、责任、保证、信用等保险合同	按保险费收入1‰贴花	立合同人	单据作为合同使用的，按合同贴花
10	技术合同	包括技术开发、转让、咨询、服务等合同	按所载金额0.3‰贴花	立合同人	
11	产权转移书据	包括财产所有权、版权、商标专用权、专利权、专有技术使用权、土地使用权出让合同、商品房销售合同等	按所载金额0.5‰贴花	立据人	
12	营业账簿	生产、经营用账册	记载资金的账簿，按实收资本和资本公积的合计金额0.5‰贴花	其他账簿按件计税5元/件	立账簿人
13	权利、许可证照	包括政府部门发给的房屋产权证、工商营业执照、商标注册证、专利证、土地使用证	按件贴花5元	领受人	

表 16－2 地方税(费)综合纳税申报表

税务登记证件号码:□□□□□□□□□□□□□□□□□□□□ 管理代码:□□□□□□□□□□

纳税人名称: 税款所属时期: 年 月 日至 年 月 日 金额单位:元(列至角分)

税种	税目	征收范围	税款所属时期	计税总额或总数量	减免项目金额或数量	计税依据	税率(%)或单位税额	应纳税额	减免税额扣抵税额	已纳税额	应补(退)税额
合计											

<table>
<tr><td rowspan="4">纳税人或代理人声明:
此纳税申报表是根据国家税收法律的规定填报的,我确定它是真实的、可靠的、完整的。</td><td colspan="5">如纳税人填报,由纳税人填写以下各栏:</td><td rowspan="4">受理机关(签章)
受理日期:
年 月 日</td></tr>
<tr><td>办税人员(签章)</td><td>财务负责人(签章)</td><td>法定代表人(签章)</td><td>联系电话</td><td></td></tr>
<tr><td colspan="5">如委托代理人填报,由代理人填写以下各栏:</td></tr>
<tr><td>代理人名称</td><td>经办人(签章)</td><td>联系电话</td><td></td><td>代理人(公章)</td></tr>
</table>

表16－3　印花税税目税率表(2022年7月1日起执行)

税目		税率	备注
合同(指书面合同)	借款合同	借款金额的万分之零点五	指银行业金融机构、经国务院银行业监督管理机构批准设立的其他金融机构与借款人(不包括同业拆借)的借款合同
	融资租赁合同	租金的万分之零点五	
	买卖合同	价款的万分之三	指动产买卖合同(不包括个人书立的动产买卖合同)
	承揽合同	报酬的万分之三	
	建设工程合同	价款的万分之三	
	运输合同	运输费用的万分之三	指货运合同和多式联运合同(不包括管道运输合同)
	技术合同	价款、报酬或者使用费的万分之三	不包括专利权、专有技术使用权转让书据
	租赁合同	租金的千分之一	
	保管合同	保管费的千分之一	
	仓储合同	仓储费的千分之一	
	财产保险合同	保险费的千分之一	不包括再保险合同
产权转移书据	土地使用权出让书据	价款的万分之五	转让包括买卖(出售)、继承、赠与、互换、分割
	土地使用权、房屋等建筑物和构筑物所有权转让书据(不包括土地承包经营权和土地经营权转移)	价款的万分之五	
	股权转让书据(不包括应缴纳证券交易印花税的)	价款的万分之五	
	商标专用权、著作权、专利权、专有技术使用权转让书据	价款的万分之三	
营业账簿		实收资本(股本)、资本公积合计金额的万分之二点五	
证券交易		成交金额的千分之一	

练习题

一、不定项选择题

1. 印花税的征税范围包括（　　）。

A. 订立经济合同　　B. 书立产权转移书据

C. 设立营业账簿　　D. 领受权利许可证照

2. 印花税的纳税人包括（　　）。

A. 订立经济合同各方　　B. 书立产权转移书据各方

C. 设立营业账簿的单位和个人　　D. 权利许可证照的领证照人

3. 印花税的计税依据有（　　）。

A. 合同、书据所载金额

B. 实收资本、资本公积两账户余额当年增加额

C. 账簿册数

D. 证照件数

4. 印花税的税率为（　　）。

A. 比例税率　　B. 定额税率　　C. 累进税率　　D. 5%

5. 适用定额税率的应税凭证有（　　）。

A. 明细账、日记账　　B. 权利许可证照

C. 总分类账　　D. 合同

6. 缴纳印花税的会计处理可能记入（　　）账户。

A. 固定资产　　B. 无形资产　　C. 固定资产清理　　D. 税金及附加

7. 印花税的纳税期限为（　　）。

A. 合同印花税按月申报缴纳　　B. 书据、账簿、证照印花税按次申报缴纳

C. 统一按月缴纳　　D. 按年汇总缴纳

8. 印花税的免税政策包括（　　）。

A. 农民、农民专业合作社、农村集体经济组织、村民委员会购买农业生产资料或者销售自产农产品订立的买卖合同和农业保险合同，免征印花税。

B. 财产所有权人将财产赠与政府、学校、社会福利机构订立的产权转移书据，免征印花税。

C. 无息或者贴息借款合同、国际金融组织向我国提供优惠贷款订立的借款合同、金融机构与小型微型企业订立的借款合同，免征印花税。

D. 转让、租赁住房订立的应税凭证，免征个人（不包括个体工商户）应当缴纳的印花税。

二、计算题

某房地产开发公司本月销售商品房合同价款共计 3 500 000 元；又签订商铺租赁合同 2 份，租金总额 120 000 元；购入土地取得土地使用证一件。

要求：

(1)计算本月应纳印花税额。

(2)写出申报应纳印花税的会计分录。

第十七章　环境保护税

学习目标

1.明确环境保护税的纳税人、征税范围和税率。
2.掌握环境保护税的计税方法。
3.掌握环境保护税的申报方法。
4.掌握环境保护税的会计处理方法。

重点难点

1.环境保护税的计算。
2.环境保护税纳税申报表的填制。
3.环境保护税的会计处理。

第一节　环境保护税的基本知识、计算与会计处理

一、环境保护税的纳税人和征税范围

在中华人民共和国领域和中华人民共和国管辖的其他海域，直接向环境排放应税污染物的企业事业单位和其他生产经营者为环境保护税的纳税人。

应税污染物，是指《环境保护税税目税额表》《应税污染物和当量值表》规定的大气污染物、水污染物、固体废物和噪声。

二、环境保护税的计税依据

(1)应税大气污染物排放量折合的污染当量数；
(2)应税水污染物排放量折合的污染当量数；
(3)应税固体废物的排放量；
(4)应税噪声超过国家规定标准的分贝数。

应税大气污染物、水污染物的污染当量数，以该污染物的排放量除以该污染物的污染当量值计算。每种应税大气污染物、水污染物的具体污染当量值，依照表 17－1 应税污染物和当量值执行。

表 17－1　应税污染物和当量值

一、第一类水污染物污染当量值

污染物	污染当量值/kg
1.总汞	0.0005
2.总镉	0.005
3.总铬	0.04
4.六价铬	0.02
5.总砷	0.02
6.总铅	0.025
7.总镍	0.025
8.苯并(a)芘	0.0000003
9.总铍	0.01
10.总银	0.02

二、第二类水污染物污染当量值

污染物	污染当量值/kg
11.悬浮物(SS)	4
12.生化需氧量(BOD_5)	0.5
13.化学需氧量(COD)	1
14.总有机碳(TOC)	0.49
15.石油类	0.1
16.动植物油	0.16
17.挥发酚	0.08
18.总氰化物	0.05
19.硫化物	0.125
20.氨氮	0.8
21.氟化物	0.5
22.甲醛	0.125
23.苯胺类	0.2
24.硝基苯类	0.2
25.阴离子表面活性剂(LAS)	0.2
26.总铜	0.1
27.总锌	0.2

续表

污染物	污染当量值/kg
28.总锰	0.2
29.彩色显影剂(CD-2)	0.2
30.总磷	0.25
31.元素磷(以P计)	0.05
32.有机磷农药(以P计)	0.05
33.乐果	0.05
34.甲基对硫磷	0.05
35.马拉硫磷	0.05
36.对硫磷	0.05
37.五氯酚及五氯酚钠(以五氯酚计)	0.25
38.三氯甲烷	0.04
39.可吸附有机卤化物(AOX)(以Cl计)	0.25
40.四氯化碳	0.04
41.三氯乙烯	0.04
42.四氯乙烯	0.04
43.苯	0.02
44.甲苯	0.02
45.乙苯	0.02
46.邻二甲苯	0.02
47.对二甲苯	0.02
48.间二甲苯	0.02
49.氯苯	0.02
50.邻二氯苯	0.02
51.对二氯苯	0.02
52.对硝基氯苯	0.02
53.2,4-二硝基氯苯	0.02
54.苯酚	0.02
55.间-甲酚	0.02
56.2,4-二氯酚	0.02
57.2,4,6-三氯酚	0.02
58.邻苯二甲酸二丁酯	0.02

续表

污染物	污染当量值/kg
59.邻苯二甲酸二辛酯	0.02
60.丙烯腈	0.125
61.总硒	0.02

注:1.第一、二类污染物的分类依据为《污水综合排放标准》(GB 8978－1996)。

2.同一排放口中的化学需氧量(COD)、生化需氧量(BOD_5)和总有机碳(TOC),只征收一项。

三、pH 值、色度、大肠菌群数、余氯量污染当量值

污染物		污染当量值
1.pH 值	1.0～1，13～14	0.06 吨污水
	2.1～2，12～13	0.125 吨污水
	3.2～3，11～12	0.25 吨污水
	4.3～4，10～11	0.5 吨污水
	5.4～5，9～10	1 吨污水
	6.5～6，	5 吨污水
2.色度		5 吨水・倍
3.大肠菌群数(超标)		3.3 吨污水
4.余氯量(用氯消毒的医院废水)		3.3 吨污水

注：1.大肠菌群数和总余氯只征收一项。

2.pH5～6 指大于等于 5,小于 6;pH9～10 指大于 9,小于等于 10,其余类推。

四、禽畜养殖业、小型企业和第三产业污染当量值

类型		污染当量值
禽畜养殖场	1.牛	0.1 头
	2.猪	1 头
	3.鸡、鸭等家禽	30 羽
4.小型企业		1.8 吨污水
5.饮食娱乐服务业		0.5 吨污水
6.医院	消毒	0.14 床
		2.8 吨污水
	不消毒	0.07 床
		1.4 吨污水

注:1.本表仅适用于计算无法进行实际监测或物料衡算的禽畜养殖业、小型企业和第三产业等小型排污者的污染当量数。

2.仅对存栏规模大于 50 头牛、500 头猪、5000 羽鸡、鸭等的禽畜养殖场征收。

3.医院病床数大于 20 张的按本表计算污染当量。

五、大气污染物污染当量值

污染物	污染当量值(千克)
1.二氧化硫	0.95
2.氮氧化物	0.95
3.一氧化碳	16.7
4.氯气	0.34
5.氯化氢	10.75
6.氟化物	0.87
7.氰化氢	0.005
8.硫酸雾	0.6
9.铬酸雾	0.0007
10.汞及其化合物	0.0001
11.一般性粉尘	4
12.石棉尘	0.53
13.玻璃棉尘	2.13
14.炭黑尘	0.59
15.铅及其化合物	0.02
16.镉及其化合物	0.03
17.铍及其化合物	0.0004
18.镍及其化合物	0.13
19.锡及其化合物	0.27
20.烟尘	2.18
21.苯	0.05
22.甲苯	0.18
23.二甲苯	0.27
24.苯并(a)芘	0.000002
25.甲醛	0.09
26.乙醛	0.45
27.丙烯醛	0.06
28.甲醇	0.67
29.酚类	0.35
30.沥青烟	0.19
31.苯胺类	0.21
32.氯苯类	0.72
33.硝基苯	0.17
34.丙烯腈	0.22
35.氯乙烯	0.55
36.光气	0.04
37.硫化氢	0.29
38.氨	9.09
39.三甲胺	0.32
40.甲硫醇	0.04
41.甲硫醚	0.28
42.二甲二硫	0.28
43.苯乙烯	25
44.二硫化碳	20

三、环境保护税的税率

环境保护税的税率为定额税率，见表 17－2。

表 17－2 环境保护税税目税额

税目		计税单位	税额	备注
大气污染物		每污染当量	1.2～12 元	
水污染物		每污染当量	1.4～14 元	
固体废物	煤矸石	每吨	5 元	
	尾矿	每吨	15 元	
	危险废物	每吨	1000 元	
	冶炼渣、粉煤灰、炉渣、其他固体废物(含半固态、液态废物)	每吨	25 元	
噪声	工业噪声	超标 1～3 分贝	每月 350 元	1. 一个单位边界上有多处噪声超标，根据最高一处超标升级计算应纳税额；当沿边界长度超过 100 米有两处以上噪声超标，按照两个单位计算应纳税额。 2. 一个单位有不同地点作业场所的，应当分别计算应纳税额，合并计征。 3. 昼、夜均超标的环境噪声，昼、夜分别计算应纳税额，累计计征。 4. 声源一个月内超标不足 15 天的，减半计算应纳税额。 5. 夜间频繁突发和夜间偶然突发厂界超标噪声，按等效声级和峰值噪声两种指标中超标分贝值高的一项计算应纳税额
		超标 4～6 分贝	每月 700 元	
		超标 7～9 分贝	每月 1 400 元	
		超标 10～12 分贝	每月 2 800 元	
		超标 13～15 分贝	每月 5 600 元	
		超标 16 分贝以上	每月 11 200 元	

四、环境保护税的计算

应纳环境保护税＝污染物计税依据×适用定额税率

五、环境保护税的会计处理

环境保护税的会计处理为：

借：管理费用或营业税金及附加

贷：应交税费——应交环境保护税

六、减免税政策

有下列情形之一的，不属于直接向环境排放污染物，不缴纳相应污染物的环境保护税：

(1)企业事业单位和其他生产经营者向依法设立的污水集中处理、生活垃圾集中处理场所排放应税污染物的；

(2)企业事业单位和其他生产经营者在符合国家和地方环境保护标准的设施、场所贮存或者处置固体废物的。

第二节　环境保护税的纳税申报

一、纳税期限

环境保护税按月计算，按季申报缴纳。不能按固定期限计算缴纳的，可以按次申报缴纳。

纳税人应当自季度终了之日起15日内，向税务机关办理纳税申报并缴纳税款。纳税人按次申报缴纳的，应当自纳税义务发生之日起15日内，向税务机关办理纳税申报并缴纳税款。

二、纳税申报表的填制

纳税申报表如表17－3、表17－4所示。

1.环境保护税纳税申报表(A类)

本表适用于大气污染物、水污染物、固体废物、噪声。

2.环境保护税纳税申报表(B类)

本表适用《禽畜养殖业、小型企业和第三产业水污染物当量值》表的纳税人，以及按次申报的纳税人填报本表。

[实训17－1]某企业一季度排放二氧化碳2 000千克，排放炉渣40吨。计算填写环境保护税纳税申报表(A类)。

表 17－3　环境保护税纳税申报表(A 类)

税款所属期:自　　年　月　日至　　年　月　日　　填表日期:　　年　月　日

金额单位:元至角分

<table>
<tr><td>*纳税人名称</td><td colspan="4">(公章)</td><td colspan="2">*统一社会信用代码
(纳税人识别号)</td><td colspan="3"></td></tr>
<tr><td>税源编号</td><td>*排放口名称或噪声源名称</td><td>*税目</td><td>*污染物名称</td><td>*计税依据或超标噪声综合系数</td><td>*单位税额</td><td>*本期应纳税额</td><td>本期减免税额</td><td>*本期已缴税额</td><td>*本期应补(退)税额</td></tr>
<tr><td>(1)</td><td>(2)</td><td>(3)</td><td>(4)</td><td>(5)</td><td>(6)</td><td>(7)＝(5)×(6)</td><td>(8)</td><td>(9)</td><td>(10)＝(7)－(8)－(9)</td></tr>
<tr><td></td><td></td><td></td><td></td><td></td><td></td><td></td><td></td><td></td><td></td></tr>
<tr><td></td><td></td><td></td><td></td><td></td><td></td><td></td><td></td><td></td><td></td></tr>
<tr><td></td><td></td><td></td><td></td><td></td><td></td><td></td><td></td><td></td><td></td></tr>
<tr><td></td><td></td><td></td><td></td><td></td><td></td><td></td><td></td><td></td><td></td></tr>
<tr><td></td><td></td><td></td><td></td><td></td><td></td><td></td><td></td><td></td><td></td></tr>
<tr><td></td><td></td><td></td><td></td><td></td><td></td><td></td><td></td><td></td><td></td></tr>
<tr><td></td><td></td><td></td><td></td><td></td><td></td><td></td><td></td><td></td><td></td></tr>
<tr><td></td><td></td><td></td><td></td><td></td><td></td><td></td><td></td><td></td><td></td></tr>
<tr><td></td><td></td><td></td><td></td><td></td><td></td><td></td><td></td><td></td><td></td></tr>
<tr><td></td><td></td><td></td><td></td><td></td><td></td><td></td><td></td><td></td><td></td></tr>
<tr><td>合计</td><td>—</td><td>—</td><td>—</td><td>—</td><td>—</td><td></td><td></td><td></td><td></td></tr>
<tr><td>授权声明</td><td colspan="4">如果你已委托代理人申报,请填写下列资料:
为代理一切税务事宜,现授权(地址)
(统一社会信用代码)
为本纳税人的代理申报人,任何与本申报表有关的往来文件,都可寄予此人。
授权人签字:</td><td colspan="2">*申报人声明</td><td colspan="3">本纳税申报表是根据国家税收法律法规及相关规定填写的,是真实的、可靠的、完整的。
声明人签字:</td></tr>
</table>

经办人:　　　　主管税务机关:　　　　受理人:　　　　受理日期:　　年　月　日

本表一式两份,一份纳税人留存,一份税务机关留存。

表 17－4　环境保护税纳税申报表(B类)

税款所属期:自　　年　月　日至　　年　月　日　　填表日期:　　年　月　日　　金额单位:元至角分

纳税人名称:　(公章)　　　　统一社会信用代码(纳税人识别号):

*月份	*税目	污染物名称	特征指标	单位	特征指标数量	特征系数	污染当量值(特征值)	计税依据	*单位税额	*本期应纳税额	减免性质代码(减免项目名称)	本期减免税额	本期已缴税额	*本期应补(退)税额
(1)	(2)	(3)	(4)	(5)	(6)	(7)	(8)	(9)	(10)	(11)＝(9)×(10)	(12)	(13)	(14)	(15)＝(11)－(13)－(14)
合计	—	—	—	—	—	—	—	—			—			

授权声明	如果你已委托代理人申报,请填写下列资料: 为代理一切税务事宜,现授权(地址)(统一社会信用代码)为本纳税人的代理申报人,任何与本申报表有关的往来文件,都可寄予此人。 授权人签字:	*申报人声明	本纳税申报表是根据国家税收法律法规及相关规定填写的,是真实的、可靠的、完整的。 声明人签字:

经办人:　　　　主管税务机关:　　　　受理人:　　　　受理日期:　　年　月　日

本表一式两份,一份纳税人留存,一份税务机关留存。

练习题

一、不定项选择题

1. 环境保护税的纳税人为在中华人民共和国领域和中华人民共和国管辖的其他海域,直接向环境排放(　　)的企业事业单位和其他生产经营者。

A. 大气污染物　　B. 水污染物　　C. 固体废物　　D. 噪声

2. 环境保护税的计税依据有(　　)。

A. 大气污染物排放量折合的污染当量数　　B. 水污染物排放量折合的污染当量数

C. 固体废物的排放量　　D. 噪声超过国家规定标准的分贝数

3. 排放污染物折合当量数的计算方法为(　　)。

A. 大气污染物排放量除以相应当量值　　B. 水污染物排放量除以相应当量值

C. 大气污染物排放量乘以相应当量值　　D. 水污染物排放量乘以相应当量值

4. 环境保护税的税率为(　　)。

A. 比例税率　　B. 定额税率　　C. 累进税率　　D. 单一税率

5. 缴纳环境保护税的会计处理可能记入(　　)账户。

A. 管理费用　　B. 成本　　C. 制造费用　　D. 税金及附加

6. 环境保护税的纳税期限有(　　)。

A. 季度　　B. 次　　C. 月　　D. 年

7. 环境保护税的申报期限有(　　)。

A. 季后 15 日内　　B. 纳税义务发生之日起 15 日内

C. 月后 15 日内　　D. 年后 15 日内

8. 环境保护税的不征税情形包括(　　)。

A. 企业事业单位和其他生产经营者向依法设立的污水集中处理、生活垃圾集中处理场所排放应税污染物的

B. 企业事业单位和其他生产经营者在符合国家和地方环境保护标准的设施、场所贮存或者处置固体废物的

C. 小微企业

D. 农业

二、计算题

某企业本月排放一氧化碳 500 千克、污泥 2 000 吨，计算本月应纳环境保护税额，并写出应交税的会计分录。税率适用上限值。

知识拓展

增值税专用发票使用规定

为适应增值税专用发票管理需要，规范增值税专用发票使用，进一步加强增值税征收管理，国家税务总局对现行的《增值税专用发票使用规定》进行了修订。修订后的《增值税专用发票使用规定》如下。

第一条 为加强增值税征收管理，规范增值税专用发票(以下简称专用发票)使用行为，根据《中华人民共和国增值税暂行条例》及其实施细则和《中华人民共和国税收征收管理法》及其实施细则，制定本规定。

第二条 专用发票，是增值税一般纳税人(以下简称一般纳税人)销售货物或者提供应税劳务开具的发票，是购买方支付增值税额并可按照增值税有关规定据以抵扣增值税进项税额的凭证。

第三条 一般纳税人应通过增值税防伪税控系统(以下简称防伪税控系统)使用专用发票。使用，包括领购、开具、缴销、认证纸质专用发票及其相应的数据电文。

本规定所称防伪税控系统，是指经国务院同意推行的，使用专用设备和通用设备、运用数字密码和电子存储技术管理专用发票的计算机管理系统。

本规定所称专用设备，是指金税卡、IC 卡、读卡器和其他设备。

本规定所称通用设备，是指计算机、打印机、扫描器具和其他设备。

第四条 专用发票由基本联次或者基本联次附加其他联次构成，基本联次为三联：发票联、抵扣联和记账联。发票联，作为购买方核算采购成本和增值税进项税额的记账凭证；抵扣联，作为购买方报送主管税务机关认证和留存备查的凭证；记账联，作为销售方核算销售收入和增值税销项税额的记账凭证。其他联次用途，由一般纳税人自行确定。

第五条 [本条款失效]

第六条 一般纳税人领购专用设备后，凭《最高开票限额申请表》《发票领购簿》到主管税务机关办理初始发行。

本规定所称初始发行，是指主管税务机关将一般纳税人的下列信息载入空白金税卡和 IC 卡的行为。

(一)企业名称；

(二)税务登记代码；

(三)开票限额；

(四)购票限量；

(五)购票人员姓名、密码；

(六)开票机数量；

(七)国家税务总局规定的其他信息。

一般纳税人发生上列第一、三、四、五、六、七项信息变化，应向主管税务机关申请变更发行；发生第二项信息变化，应向主管税务机关申请注销发行。

第七条 一般纳税人凭《发票领购簿》、IC卡和经办人身份证明领购专用发票。

第八条 一般纳税人有下列情形之一的，不得领购开具专用发票：

(一)会计核算不健全，不能向税务机关准确提供增值税销项税额、进项税额、应纳税额数据及其他有关增值税税务资料的。上列其他有关增值税税务资料的内容，由省、自治区、直辖市和计划单列市国家税务局确定。

(二)有《税收征管法》规定的税收违法行为，拒不接受税务机关处理的。

(三)有下列行为之一，经税务机关责令限期改正而仍未改正的：

1. 虚开增值税专用发票；
2. 私自印制专用发票；
3. 向税务机关以外的单位和个人买取专用发票；
4. 借用他人专用发票；
5. 未按本规定第十一条开具专用发票；
6. 未按规定保管专用发票和专用设备；
7. 未按规定申请办理防伪税控系统变更发行；
8. 未按规定接受税务机关检查。

有上列情形的，如已领购专用发票，主管税务机关应暂扣其结存的专用发票和IC卡。

第九条 有下列情形之一的，为本规定第八条所称未按规定保管专用发票和专用设备：

(一)未设专人保管专用发票和专用设备；

(二)未按税务机关要求存放专用发票和专用设备；

(三)未将认证相符的专用发票抵扣联、《认证结果通知书》和《认证结果清单》装订成册；

(四)未经税务机关查验，擅自销毁专用发票基本联次。

第十条 一般纳税人销售货物或者提供应税劳务，应向购买方开具专用发票。

商业企业一般纳税人零售的烟、酒、食品、服装、鞋帽(不包括劳保专用部分)、化妆品等消费品不得开具专用发票。

增值税小规模纳税人(以下简称小规模纳税人)需要开具专用发票的，可向主管税务机关申请代开。

销售免税货物不得开具专用发票，法律、法规及国家税务总局另有规定的除外。

第十一条 专用发票应按下列要求开具：

(一)项目齐全，与实际交易相符；

(二)字迹清楚，不得压线、错格；

(三)发票联和抵扣联加盖财务专用章或者发票专用章；

(四)按照增值税纳税义务的发生时间开具。

对不符合上列要求的专用发票，购买方有权拒收。

第十二条 一般纳税人销售货物或者提供应税劳务可汇总开具专用发票。汇总开具专用发票的，同时使用防伪税控系统开具《销售货物或者提供应税劳务清单》(附件2)，并加盖财务专用章或者发票专用章。

第十三条 一般纳税人在开具专用发票当月，发生销货退回、开票有误等情形，收到退回的发票联、抵扣联符合作废条件的，按作废处理；开具时发现有误的，可即时作废。

作废专用发票须在防伪税控系统中将相应的数据电文按"作废"处理，在纸质专用发票(含未打印的专用发票)各联次上注明"作废"字样，全联次留存。

第十四条 一般纳税人取得专用发票后，发生销货退回、开票有误等情形但不符合作废条件的，或者因销货部分退回及发生销售折让的，购买方应向主管税务机关填报《开具红字增值税专用发票申请单》(以下简称《申请单》，附件3)。

《申请单》所对应的蓝字专用发票应经税务机关认证。

经认证结果为"认证相符"并且已经抵扣增值税进项税额的，一般纳税人在填报《申请单》时不填写相对应的蓝字专用发票信息。

经认证结果为"纳税人识别号认证不符""专用发票代码、号码认证不符"的，一般纳税人在填报《申请单》时应填写相对应的蓝字专用发票信息。

第十五条 《申请单》一式两联：第一联由购买方留存；第二联由购买方主管税务机关留存。

《申请单》应加盖一般纳税人财务专用章。

第十六条 主管税务机关对一般纳税人填报的《申请单》进行审核后，出具《开具红字增值税专用发票通知单》(以下简称《通知单》，附件4)。《通知单》应与《申请单》一一对应。

第十七条 《通知单》一式三联：第一联由购买方主管税务机关留存；第二联由购买方送交销售方留存；第三联由购买方留存。

《通知单》应加盖主管税务机关印章。

《通知单》应按月依次装订成册，并比照专用发票保管规定管理。

第十八条 购买方必须暂依《通知单》所列增值税税额从当期进项税额中转出，未抵扣增值税进项税额的可列入当期进项税额，待取得销售方开具的红字专用发票后，与留存的《通知单》一并作为记账凭证。属于本规定第十四条第四款所列情形的，不作进项税额转出。

第十九条 销售方凭购买方提供的《通知单》开具红字专用发票，在防伪税控系统中以销项负数开具。

红字专用发票应与《通知单》一一对应。

第二十条 同时具有下列情形的，为本规定所称作废条件：

(一)收到退回的发票联、抵扣联时间未超过销售方开票当月；

(二)销售方未抄税并且未记账；

(三)购买方未认证或者认证结果为"纳税人识别号认证不符""专用发票代码、号码认证不符"。

本规定所称抄税，是报税前用IC卡或者IC卡和软盘抄取开票数据电文。

第二十一条 一般纳税人开具专用发票应在增值税纳税申报期内向主管税务机关报税，在申报所属月份内可分次向主管税务机关报税。

本规定所称报税，是纳税人持IC卡或者IC卡和软盘向税务机关报送开票数据电文。

第二十二条 因IC卡、软盘质量等问题无法报税的，应更换IC卡、软盘。

因硬盘损坏、更换金税卡等原因不能正常报税的，应提供已开具未向税务机关报税的专用发票记账联原件或者复印件，由主管税务机关补采开票数据。

第二十三条 一般纳税人注销税务登记或者转为小规模纳税人，应将专用设备和结存未用的纸质专用发票送交主管税务机关。

主管税务机关应缴销其专用发票，并按有关安全管理的要求处理专用设备。

第二十四条 本规定第二十三条所称专用发票的缴销，是指主管税务机关在纸质专用发票监制章处按“V”字剪角作废，同时作废相应的专用发票数据电文。

被缴销的纸质专用发票应退还纳税人。

第二十五条 用于抵扣增值税进项税额的专用发票应经税务机关认证相符(国家税务总局另有规定的除外)。认证相符的专用发票应作为购买方的记账凭证，不得退还销售方。

本规定所称认证，是税务机关通过防伪税控系统对专用发票所列数据的识别、确认。

本规定所称认证相符，是指纳税人识别号无误，专用发票所列密文解译后与明文一致。

第二十六条 经认证，有下列情形之一的，不得作为增值税进项税额的抵扣凭证，税务机关退还原件，购买方可要求销售方重新开具专用发票。

(一)无法认证。

本规定所称无法认证，是指专用发票所列密文或者明文不能辨认，无法产生认证结果。

(二)纳税人识别号认证不符。

本规定所称纳税人识别号认证不符，是指专用发票所列购买方纳税人识别号有误。

(三)专用发票代码、号码认证不符。

本规定所称专用发票代码、号码认证不符，是指专用发票所列密文解译后与明文的代码或者号码不一致。

第二十七条 经认证，有下列情形之一的，暂不得作为增值税进项税额的抵扣凭证，税务机关扣留原件，查明原因，分别情况进行处理。

(一)重复认证。

本规定所称重复认证，是指已经认证相符的同一张专用发票再次认证。

(二)密文有误。

本规定所称密文有误，是指专用发票所列密文无法解译。

(三)认证不符。

本规定所称认证不符，是指纳税人识别号有误，或者专用发票所列密文解译后与明文不一致。

本项所称认证不符不含第二十六条第二项、第三项所列情形。

(四)列为失控专用发票。

本规定所称列为失控专用发票，是指认证时的专用发票已被登记为失控专用发票。

第二十八条 [本条款失效]

第二十九条 专用发票抵扣联无法认证的，可使用专用发票发票联到主管税务机关认证。专用发票发票联复印件留存备查。

第三十条 本规定自2007年1月1日施行。

关税知识

一、关税的概念

关税是指国家授权海关对出入关境的货物和物品征收的一种税。关税在各国一般属于国家最高行政单位指定税率的高级税种，对于对外贸易发达的国家而言，关税往往是国家税收乃至国家财政的主要收入。

二、关税的分类

（一）按商品流向分类

1. 进口关税

进口关税是指进口国家的海关在外国商品进入关境时，根据海关税则向本国进口商所征收的税收。

2. 出口关税

出口关税是指出口国家的海关对木国产品输往国外时，对出口商品所征收的税收，由出口商缴纳。

3. 过境关税

过境关税又称通过关税，是指一国对于通过其关境的外国货物所征收的关税。

当今世界大多数国家实行奖励出口和限制进口政策，因此出口关税减少，进口关税占据主要地位，大多数国家都不征收过境关税。目前大多数国家在外国商品通过其领土时只征收少量的准许费、印花费、登记费和统计费等。

（二）按征税目的分类

1. 财政关税

财政关税又称收入关税，是指以增加国家的财政收入为主要目的而征收的关税。对进口商品征收财政关税时，应考虑三个条件：

（1）征税的进口货物必须是国内不能生产或无替代用品而必须从国外输入的商品。

（2）征税的进口货物，在国内必须有大量的消费。

（3）关税税率要适中或较低，如税率过高，将阻碍进口，达不到增加财政收入的目的。

随着经济的发展和其他税源的增加，财政关税在财政收入中的重要性已相对降低，关税收入在国家的财政收入中所占的比重普遍呈下降的趋势。

2. 保护关税

保护关税是指以保护本国工业和农业发展为主要目的而征收的关税。保护关税税率比财政关税高，且随着产品的加工程度而递增，通常是以进口商品纳税后的价格高出国内同类产品价格为保护关税的底线。但如果保护关税超过此限过多，反而会影响被保护企业竞争力的提高。

3. 惩罚关税或报复关税

一国对别国因对其进行贸易歧视，违背协议，而对从其进口的商品征收的进口附加税。

(三)按关税待遇分类

1. 普通关税

普通关税又称一般关税，是指对与本国没有签署贸易或经济互惠等友好协定的国家原产的货物征收的非优惠性关税。这种关税税率一般由进口国自主制定，只要国内外的条件不发生变化，则长期使用，税率较高。

2. 优惠关税

优惠关税是指对来自特定国家的进口货物在关税方面给予优惠待遇，其税率低于普通关税税率。它一般是在签订有友好协定、贸易协定等国际协定或条约的国家之间实施的，目的是增加签约国之间的友好贸易往来，加强经济合作。

优惠关税一般是互惠关税，即签订优惠协定的双方互相给对方优惠关税待遇，但也有单向优惠关税，即给惠国只对受惠国给予优惠关税待遇，而受惠国对给惠国不提供反向优惠关税待遇。

优惠关税可分为：

(1)最惠国待遇关税。最惠国待遇关税是指签有最惠国待遇的缔约国之间给予的关税待遇。WTO 成员之间实施的关税是最惠国待遇关税。其关税税率低于普通关税税率，但高于特惠关税税率。

(2)特定优惠关税。特定优惠关税又称特惠关税，是指给予来自特定国家的进口货物的排他性的优惠关税，其他国家不得根据最惠国待遇条款要求享受这种优惠关税。第二次世界大战后，在国际上最有影响的特定优惠关税是《洛美协定》。它是 1975 年 2 月 28 日欧洲共同体(现为欧盟)与非洲、加勒比海与太平洋地区 46 个发展中国家(1999 年增至 71 国)在多哥首都洛美签订的贸易和经济协定。根据《洛美协定》，欧盟对来自这些发展中国家的一切工业品和 94%的农产品进口免征关税，而欧盟向这些国家的出口产品不享受反向的关税优惠待遇。

(3)普惠制关税。1964 年，在第一届联合国贸易与发展会议通过上普惠制方案。

普惠制有三个基本原则：

①普遍性原则，指发达国家应对发展中国家的制成品、半制成品尽可能给予关税优惠。

②非歧视原则，指应当对所有发展中国家统一实施普惠制，不应区别不同国家实施不同的方案。

③非互惠原则，指发达国家给予发展中国家的特别优惠待遇，而不应要求发展中国家给予反向对等优惠。自 1971 年起，普惠制以每 10 年为一个实施阶段。

至 1999 年年底，总共有 190 个发展中国家或地区成为发达国家的普惠制受惠国。其关税税率低于最惠国待遇关税税率。在 WTO 中，为了照顾发展中国家成员贸易发展，普惠制作为例外被保留下来。

(四)按常规与临时划分

1. 法定关税

法定关税是指在海关税则上列出的进出口商品的关税税目的税率。

2. 附加关税

附加关税是指海关对进出口商品在征收表列关税以外,再加征额外的关税。这种税多发生在进口方面。

维护国内市场供应,防止出现资源性产品短缺,有时加征出口附加关税。为防止外国商品倾销和非法补贴,保持公平竞争,对歧视和违规进行惩罚和应对国际收支危机等,就加征进口附加关税。附加关税通常是临时性的,在实施目的达到以后就撤销。

进口附加税类别有:

(1)反倾销税。反倾销税是指进口国企业对出口商品采取低于国内正常价格出口,对进口国家相关企业构成伤害和威胁,进口国家可以征收反倾销税。

(2)反补贴税。反补贴税是指出口国家政府对出口产品进行禁止性补贴,对进口国家相关产业构成伤害和威胁,进口国家可以征收反补贴税。

(3)报复关税。报复关税是指对有歧视性待遇、违背贸易法规的国家征收的附加关税,以对该国进行报复。

为了保持公平竞争,WTO 允许进口成员根据《反倾销协议》和《补贴与反补贴协议》征收反倾销税和反补贴税。在 WTO 成员之间发生贸易争端,上诉机构作出裁决后,如败诉成员拒绝接受裁决,则 WTO 可授权胜诉成员对败诉成员进行征收报复关税等措施的报复。

三、关税的特点

(一)关税是一种间接税

进出口商垫付税款作为成本打入货价,关税负担最后便转嫁给买方或由消费者承担。

(二)关税具有强制性、无偿性和预定性的特点

所谓强制性,是指关税的缴纳不是自愿的,而是按照法律无条件地履行纳税义务,否则就违反了国家法律。关税的无偿性是指关税的取得国家不需要付出任何代价,不必把税款返还给纳税人。关税的预定性是指关税通常都是事先设计好的,一般不会随便更改和减免。

(三)关税有税收主体和税收客体

关税的纳税人是进出口商人,关税的税收客体是进出口货物。关税的征收主体是海关,这一点与我国其他税收一般是由税务机关征收不同,海关代表国家负责征收管理。

(四)关税的课征范围是以关境为界而不是以国境为界

关税的课税对象是“进出关境的货物和物品”,这里所指的是“关境”,而不是“国境”。国境和关境是两个既有联系又有区别的概念。

两者的区别在于:国境是指主权国家行使行政权力的领域,也就是主权国家的领土范围;关境又称税境,是指一个国家的海关征收关税的领域,即主权国家的关税法令实施的领域,按海关合作理事会的界定,即“一个国家的海关法令完全实施的境域”。因此,只有在货物和物品进出关境时,才能对其实施征税。

两者的联系在于:如果一国既不与其他国家结成关税同盟,也不在本国设立自由港、保税区,则国境与关境的概念是重叠的,两者完全一致;如果一国与其他国家结成关税同盟,实施统一的关税法令和统一的对外税则,则关境就大于国境,关境内的跨国贸易就无需缴纳关

税；如果一国政府在其境内设立自由港、保税区、自由贸易区等，则关境的概念就小于其国境，关境外而国境内的贸易同样必须缴纳关税。

（五）关税有较强的涉外性

从形式上看，关税只是对进出关境的货物和物品征税，所以，关税税则的制定、税费高低只是影响本国的国际贸易。但是，随着世界经济一体化及贸易全球化的发展，世界各国的经济联系越来越紧密，国际贸易关系日趋成为一种新型的政治关系，关税政策也与经济政策、外交政策、地缘政治政策紧密地结合起来，在国际政治舞台上发挥着重要作用，关税的涉外性日趋突出。关税税种的设置、税率的调整和征收办法的改变等，都会在不同程度上影响国际贸易往来，影响贸易各国的政治、外交和经济等方面的关系。因此，关税政策的制定不仅要尊重本国的实际情况，要以国内法为依据，而且还要兼顾世界各国的利益，尊重国际条约和国际惯例，这样才有助于国际理解和交往，有利于建立互利友好的国际贸易关系。

（六）关税也是国际经济竞争的一种有效手段

高关税必然会提高纳税人的经营成本，直接影响其利润水平；反之，则降低成本，增加利润。因此，我国要利用关税与其他国家签订互惠贸易协定，在对等的条件下，争取友好贸易往来，扩大商品流通，互通有无，实现双方共赢，以加强我国与世界各国的经济联系，同时也坚决地维护我国的主权和经济利益。

四、关税的作用

（一）维护国家主权和经济利益

对进出口货物征收关税，表面上看似乎只是一个与对外贸易相联系的税收问题。其实，一国采取什么样的关税政策直接关系到国与国之间的主权和经济利益。历史发展到今天，关税已成为各国政府维护本国政治、经济权益，乃至进行国际经济竞争的一个重要武器。我国根据平等互利和对等原则，通过关税复式税则的运用等方式，争取国际的关税互惠并反对他国对我国进行关税歧视，促进对外经济技术交往，扩大对外经济合作。

（二）保护和促进本国经济的发展

一个国家实行的是自由贸易还是保护关税政策，是由该国的经济发展水平、产业结构状况、国际贸易收支状况以及参与国际经济竞争的能力等多种因素决定的。国际上许多发展中国家的经济学家认为，自由贸易政策不适合发展中国家的情况。相反，这些国家为了顺利地发展民族经济，实现工业化，必须实行保护关税政策。我国作为发展中国家，一直十分重视利用关税保护本国的“幼稚工业”。促进进口替代工业发展，关税在保护和促进我国工农业生产的发展方面发挥了重要作用。

（三）调节国民经济和对外贸易

关税是国家的重要经济杠杆，通过税率的高低和关税的减免，可以影响进出口规模，调节国民经济活动。例如，调节出口产品和出口产品生产企业的利润水平，有意识地引导各类产品的生产，调节进出口商品数量和结构，可促进国内市场商品的供需平衡，保护国内市场的物价稳定等等。关税对进口商品的调节作用主要表现在以下几个方面：

(1)对于国内大量生产或即使现在不能大量生产但将来可能发展的商品,规定较高的进口关税,以削弱进口商品在国内市场的竞争能力,达到保护国内市场和产业发展的目的。

(2)对于非必需品或奢侈品的进口制定较高的关税,达到限制乃至禁止进口的目的。

(3)对于本国不能生产或生产不足的原材料、半制成品、生活必需品或生产上急需的投入品的进口,制定较低税率甚至免税,以鼓励进口,满足国内生产和生活的需要。

(4)一国还可以通过关税来调节贸易收支。当一国贸易逆差过大时,可以提高进口关税税率或加征进口附加税限制进口,减少贸易逆差。

(四)筹集国家财政收入

从世界大多数国家尤其是发达国家的税制结构分析,关税收入在整个财政收入中的比重不大,并呈下降趋势。但是,一些发展中国家,其中主要是那些国内工业不发达、工商税源有限、国民经济主要依赖于某种或某几种初级资源产品出口,以及国内许多消费品主要依赖于进 El 的国家,征收进出口关税仍然是他们取得财政收入的重要渠道之一。我国关税收入是财政收入的重要组成部分。新中国成立以来,关税为经济建设提供了可观的财政资金。目前,发挥关税在筹集建设资金方面的作用,仍然是我国关税政策的一项重要内容。

五、关税的基本规定

(一)纳税人

进口货物的纳税人是收货人;出口货物的纳税人是发货人或其代理人;入境旅客行李物品和个人邮递物品的纳税人是其所有人、收件人或持有人。

(二)征税范围

凡是国家允许进出口的货物、物品,属于《进出口税则》规定应税的,均属于关税的征税范围,即对进口货物大部分都征税;出口货物中仅对生丝、鳗鱼苗等少部分货物征税;行李物品、邮递物品和其他物品,只对入境的应税部分征税。

(三)税率

关税税率具体可分为进口货物税率、出口货物税率及入境物品税率三个部分。

进口货物税率分设最低税率和普通税率两种。对原产于我国未订有关税互惠协议的国家或地区的进口货物,按照普通税率征税;对原产于与我国订有关税互惠协议国家或地区的进口货物,按照最低税率征税。同时,按照我国对进口货物的需求程度,将进口税则中包括的全部商品归纳为必需品、需用品、非必需品和奢侈品四大类,税率依次提高。

(四)关税的完税价格

1. 进口货物的完税价格

进口货物以海关审定的成交价格为基础的到岸价格作为完税价格。到岸价格包括货价,加上货物运抵我国关境内输入地点起卸前的包装费、运费、保险费和其他劳务费等费用。进口货物的到岸价格经海关审查未能确定的,海关应当依次以下列价格为基础估定完税价格:从该项进口货物同一出口国或者地区购进的相同或者类似货物的成交价格;该项进口货物的相同或者类似货物在国内市场上的成交价格;该项进口货物的相同或者类似货物在国内市场上的批发价格减去进口关税、进口环节其他税收以及进口后的运输、储存、营业费用及利润后的价格；海关用其他合理方法估定的价格。进口货物的完税价格，还应包括为了在境内制造、使用、出版或者发行的目的而向境外支付的与该进口货物有关的专利、商标、著作权以及专有技术、计算机软件和资料等费用。

2. 出口货物的完税价格

出口货物以海关审定的货物售与境外的离岸价格扣除出口关税后作为完税价格。离岸价格不能确定时，完税价格由海关估定。

$$出口货物完税价格=\frac{离岸价格}{1+出口关税税率}$$

3. 入境旅客行李物品及个人邮递物品的完税价格

该价格由海关按照物品的到岸价格核定，如果到岸价格无法查明，应由海关参照国内市场价格审定。

六、关税的计算方法

1. 从价关税的计算方法

从价税是按进出口货物的价格为标准计征关税。这里的价格不是指成交价格，而是指进出口商品的完税价格。因此，按从价税计算关税，首先要确定货物的完税价格。从价税额的计算公式如下：

应纳税额＝应税进出口货物完税价格×适用税率

2. 从量关税的计算方法

从量关税是依据商品的数量、重量、容量、长度和面积等计量单位为标准来征收关税的。它的特点是不因商品价格的涨落而改变税额，计算比较简单。从量关税额的计算公式如下：

应纳税额＝应税进口货物数量×关税单位税额

3. 复合关税的计算方法

复合税亦称混合税。它是对进口商品既征从量关税又征从价关税的一种办法。一般以从量税为主，再加征从价税。混合税额的计算公式如下：

应纳税额＝应税进口货物数量×关税单位税额＋应税进口货物完税价格×适用税率

税收基本理论知识

一、税收的概念

税收是国家为满足社会公共需要，凭借公共权力，按照法律所规定的标准和程序，参与国民收入分配，强制取得财政收入的一种特定分配方式。它体现了国家与纳税人在征收、纳税的利益分配上的一种特殊关系，是一定社会制度下的一种特定分配关系。税收收入是国家财政收入最主要的来源。马克思指出："赋税是政府机器的经济基础，而不是其他任何东西。""国家存在的经济体现就是捐税"。恩格斯指出："为了维持这种公共权力，就需要公民缴纳费用——捐税。”19世纪美国法官霍尔姆斯说:“税收是我们为文明社会付出的代价。”这些都说明了税收对于国家经济和社会文明的重要作用。

二、税收的特征

税收与其他分配方式相比,具有强制性、无偿性和固定性的特征,习惯上称为税收的“三性”。

(一)强制性

税收的强制性是指税收是国家以社会管理者的身份,凭借政权力量,依据政治权力,通过颁布法律或政令来进行强制征收。负有纳税义务的社会集团和社会成员,都必须遵守国家强制性的税收法令,在国家税法规定的限度内,纳税人必须依法纳税,否则就要受到法律的制裁,这是税收具有法律地位的体现。强制性特征体现在两个方面:一方面税收分配关系的建立具有强制性,即税收征收完全是凭借国家拥有的政治权力;另一方面是税收的征收过程具有强制性,即如果出现了税务违法行为,国家可以依法进行处罚。

(二)无偿性

无偿性是指通过征税,社会集团和社会成员的一部分收入转归国家所有,国家不向纳税人支付任何报酬或代价。税收的这种无偿性是与国家凭借政治权力进行收入分配的本质相联系的。无偿性体现在两个方面:一方面是指政府获得税收收入后无需向纳税人直接支付任何报酬;另一方面是指政府征得的税收收入不再直接返还给纳税人。税收无偿性是税收的本质体现,它反映的是一种社会产品所有权、支配权的单方面转移关系,而不是等价交换关系。

(三)固定性

税收的固定性是指税收是按照国家法令规定的标准征收的,即纳税人、课税对象、税目、税率、计价办法和期限等,都是税收法令预先规定了的,有一个比较稳定的试用期间,是一种固定的连续收入。对于税收预先规定的标准,征税和纳税双方都必须共同遵守,非经国家法令修订或调整,征纳双方都不得违背或改变这个固定的比例或数额以及其他制度规定。

三、税收的职能

税收的职能和作用是税收职能本质的具体体现。一般来说,税收具有以下几种重要的基本职能。

(一) 组织财政收入

税收是政府凭借国家强制力参与社会分配、集中一部分剩余产品(不论货币形式或者是实物形式)的一种分配形式。组织国家财政收入是税收原有的最基本职能。

(二)调节社会经济

政府凭借国家强制力参与社会分配,必然会改变社会各集团及其成员在国民收入分配中占有的份额,减少了他们可支配的收入,但是这种减少不是均等的,这种利益得失将影响纳税人的经济活动能力和行为,进而对社会经济结构产生影响。而政府正好利用这种影响,有目的地对社会经济活动进行引导，从而合理调整社会经济结构。

(三) 监督管理社会经济活动

国家在征收取得收入过程中，必然要建立在日常深入细致的税务管理基础上，具体掌握税源，了解情况，发现问题，监督纳税人依法纳税，并同违反税收法令的行为进行斗争，从而监督社会经济活动方向，维护社会生活秩序。

四、税收的作用

税收的作用是税收职能在一定经济条件下，具体表现出来的效果。税收的作用具体表现为以下几方面。

(一)组织财政收入的作用

在社会主义市场经济条件下，税收成为中国财政收入的主要形式，税收收入逐年大幅度上升，税收组织财政收入的作用，体现在以下两个方面。

1. 税收来源的广泛性

税收不仅可以对流转额征税，还可以对各种收益、资源、财产、行为征税；不仅可以对国有企业、集体企业征税，还可以对外资企业、私营企业、个体工商户征税；等等。税收保证财政收入来源的广泛性，是其他任何一种财政收入形式不能比拟的。

2. 税收收入的及时性、稳定性和可靠性

由于税收具有强制性、无偿性、固定性的特征，因此税收就把财政收入建立在及时、稳定、可靠的基础之上，成为国家满足公共需要的主要财力保障。

(二)配置资源的作用

在社会主义市场经济条件下，市场对资源配置起主导作用，但市场配置资源，也有它的局限性，可能出现市场失灵(如无法提供公共产品、外部效应、自然垄断等)。这时，就有必要通过税收保证公共产品的提供，以税收纠正外部效应，以税收配合价格调节具有自然垄断性质的企业和行业的生产，使资源配置更加有效。

(三)调节需求总量的作用

税收对需求总量进行调节，以促进经济稳定，其作用主要表现在以下两个方面：

(1)运用税收对经济的内在稳定功能，自动调节总需求。累进所得税制可以在需求过热时，随着国民收入的增加而自动增加课税，以抑制过度的总需求，反之亦然。从而，起到自动调节社会总需求的作用。

(2)根据经济情况变化，制定相机抉择的税收政策来实现经济稳定。在总需求过度引起经济膨胀时，选择紧缩性的税收政策，包括提高税率、增加税种、取消某些税收减免等，扩大征税以减少企业和个人的可支配收入，压缩社会总需求，达到经济稳定的目的；反之，则采取扩张性的税收政策，如降低税率、减少税种、增加某些税收减免等，减少征税以增加企业和个人的可支配收入，刺激社会总需求，达到经济稳定的目的。

(四)调节经济结构的作用

在社会主义市场经济条件下，税收对改善国民经济结构发挥着重要作用，具体表现在：

(1)促进产业结构合理化。税收涉及面广,通过合理设置税种,确定税率,可以鼓励薄弱部门的发展,限制畸形部门的发展,实现国家的产业政策。

(2)促进产品结构合理化。通过税收配合国家价格政策,运用高低不同的税率,调节产品之间的利润差别,促进产品结构合理化。

(3)促进消费结构的合理化。通过对生活必需消费品和奢侈消费品采取区别对待的税收政策,促进消费结构的合理化。

(五)调节收入分配的作用

在市场经济条件下,由市场决定的分配机制,不可避免地会拉大收入分配上的差距,客观上要求通过税收调节,缩小这种收入差距。税收在调节收入分配方面的作用,具体表现在以下两方面:

(1)公平收入分配。通过开征个人所得税、遗产税等,可以适当调节个人间的收入水平,缓解社会分配不公的矛盾,促进经济发展和社会稳定。

(2)鼓励平等竞争。在市场机制失灵的情况下,由于价格、资源等外部因素引起的不平等竞争,需要通过税收进行合理调节,以创造平等竞争的经济环境,促进经济的稳定和发展。

(六)保护国家权益的作用

税收是对外开放进程中保护国家权益的重要手段。税收在这方面的作用,主要有:

(1)根据独立自主、平等互利的原则,与各国进行税收谈判,签订避免双重征税协定,以发展中国的对外贸易和国际经济技术交往。

(2)根据国家经济建设发展的需要,对进口商品征收进口关税,保护国内市场和幼稚产业,维护国家的经济独立和经济利益。

(3)根据中国的实际情况,对某些出口产品征收出口关税,以限制国内紧缺资源的外流,保证国内生产、生活的需要。

(4)为扩大出口,实行出口退税制度,鼓励国内产品走向国际市场,增强出口产品在国际市场上的竞争力。

(5)根据发展生产和技术进步的需要,实行税收优惠政策,鼓励引进国外资金、技术和设备,加速中国经济的发展。

(6)对外国人和外国企业来源于中国的收入和所得征收所得税,维护国家主权和利益。

(七)监督经济活动的作用

社会主义市场经济体制下,在根本利益一致的基础上仍然存在着整体利益与局部利益、长远利益与眼前利益的矛盾,因此,必须加强税收监督,督促纳税人依法履行纳税义务,保障社会主义市场经济的健康发展,具体有:

(1)保证税收组织财政收入任务的圆满完成。随着中国经济形势的不断发展,出现了一些偷逃税款的现象,使国家财政收入遭受严重损失,因此,必须加强税收监督,严肃税收法令和纳税纪律,才能保证税收组织财政收入任务的顺利完成。

(2)保证经济杠杆作用的充分发挥。通过税收监督,可以了解税收政策的效应,有利于协调税收活动同整个宏观经济的运行相吻合,更好地发挥税收调节经济的作用;同时,将搜集到的税收信息及时传递给企业,可以使税收更好地发挥促进企业加强经济核算、提高经济效益的作用。

(3)保证国家税法的正确贯彻执行。通过税收监督,可以揭露、制止和查处违反国家税法的行为,增强纳税人依法纳税的自觉性,从而保证国家税法得到正确的贯彻执行。

(4)保证社会经济运行的良好秩序。通过税收监督,积极配合公安、司法、工商行政管理等部门,严厉打击各类违法犯罪行为,自觉维护社会主义财经纪律,保证社会经济运行的良好秩序。

五、税收的分类

税收分类是以一定的目的和要求出发,按照一定的标准,对各不同税种隶属税类所作的一种划分。我国的税种分类主要有以下几种。

(一)按课税对象分类

(1)流转税。流转税是以商品生产流转额和非生产流转额为课税对象征收的一类税。流转税是我国税制结构中的主体税类,目前包括增值税、消费税、营业税和关税等税种。

(2)所得税。所得税亦称收益税,是指以各种所得额为课税对象的一类税。所得税也是我国税制结构中的主体税类,目前包括企业所得税、个人所得税。

(3)财产税。财产税是指以纳税人所拥有或支配的财产为课税对象的一类税。如房产税、车船税等。

(4)行为税。行为税是指以纳税人的某些特定行为为课税对象的一类税。我国现行税制中的印花税、契税、车辆购置税都属于行为税。

(5)资源税。资源税是指对在我国境内从事资源开发的单位和个人征收的一类税。我国现行税制中资源税、土地增值税、耕地占用税和城镇土地使用税都属于资源税。

(二) 按税收的计税依据为标准分类

(1)从量税。从量税是指以课税对象的数量(重量、面积、件数)为依据,按固定税额计征的一类税。从量税实行定额税率,具有计算简便等优点。如我国现行的资源税、车船税和土地使用税等。

(2)从价税。从价税是指以课税对象的价格为依据,按一定比例计征的一类税。从价税实行比例税率和累进税率,税收负担比较合理。如我国现行的增值税、营业税、关税和各种所得税等税种。

(三)按税收与价格的关系为标准分类

(1)价内税。价内税是指税款在应税商品价格内,作为商品价格一个组成部分的一类税。如我国现行的消费税、营业税和关税等税种。

(2)价外税。价外税是指税款不在商品价格之内,不作为商品价格的一个组成部分的一类税。如我国现行的增值税。

(四)按是否有单独的课税对象、独立征收分类

(1)正税。正税是指与其他税种没有连带关系,有特定的课税对象,并按照规定税率独立征收的税。征收附加税或地方附加,要以正税为依据。我国现行各个税种,如增值税、营业税、农业税等都是正税。

(2)附加税。附加税是指随某种税收按一定比例加征的税。例如教育费附加。

(五) 按税收的管理和使用权限为标准分类

(1)中央税。中央税是指由中央政府征收和管理使用或由地方政府征收后全部划解中央政府所有并支配使用的一类税。如我国现行的关税和消费税等。这类税一般收入较大，征收范围广泛。

(2)地方税。地方税是指由地方政府征收和管理使用的一类税。如我国现行的个人所得税、房产税、车船税、契税等。这类税一般收入稳定,并与地方经济利益关系密切。

(3)中央与地方共享税。中央与地方共享税是指税收的管理权和使用权属中央政府和地方政府共同拥有的一类税。如我国现行的增值税和资源税等。这类税直接涉及中央与地方的共同利益。

这种分类方法是实行分税制财政体制的基础。

(六)按税收的形态为标准分类

(1)实物税。实物税是指纳税人以各种实物充当税款缴纳的一类税。如过去的农业税。

(2)货币税。货币税是指纳税人以货币形式缴纳的一类税。在现代社会里,几乎所有的税种都是货币税。

(七)以管辖的对象为标准分类

(1)国内税收。这是对本国经济单位和公民个人征收的各税。

(2)涉外税收。这是具有涉外关系的税收。

(八)按税率的形式为标准分类

(1)比例税。比例税即对同一课税对象,不论数额多少,均按同一比例征税的税种。

(2)累进税。累进税是随着课税对象数额的增加而逐级提高税率的税种。包括全额累进税率、超额累进税率、超率累进税率。

(3)定额税。定额税是对每一单位实物量的课税对象按固定税额征税的税种。

(九)税收的其他分类方法

1. 按课税目的为标准分类

(1)财政税。凡侧重于以取得财政收入为目的而课征的税,为财政税。

(2)调控税。凡侧重于以实现经济和社会政策、加强宏观调控为目的而课征的税,为调控税。这种分类体现了税收的主要职能。

2. 按税收的侧重点或着眼点为标准分类

(1)对人税。凡主要着眼于人身因素而课征的税为对人税。早期的对人税一般按人口或按户征收,如人头税、人丁税、户捐等。在现代国家,由于人已成为税收主体而非客体,因而人头税等多被废除。

(2)对物税。凡着眼于物的因素而课征的税为对物税。如对商品、财产的征税。这是西方国家对税收的最早分类。

3. 按税收负担能否转嫁为标准分类

(1)直接税。直接税是指纳税人本身承担税负,不发生税负转嫁关系的一类税。如所得税和财产税等。

(2)间接税。间接税是指纳税人本身不是负税人,可将税负转嫁于他人的一类税。如流转税和资源税等。

4. 其他分类

(1)以征收的延续时间为标准:可以分为经常税和临时税。

(2)根据税收是否具有特定用途为标准:可分为一般税和目的税。

(3)根据税制的总体设计类型:可分为单一税和复合税。

(4)根据应纳税额的确定方法:可分为定率税和配赋税。

六、税收负担

(一)税收负担概述

由于税收是无偿的,是国家对纳税人所占有的社会商品或价值的无偿征收,因而,对纳税人来说,必然存在一个税收负担多少的问题。税收负担是指纳税人应履行纳税义务而承受的一种经济负担。税收负担是国家税收政策的核心。

税收负担,从绝对额考察,它是指纳税人应支付给国家的税款额;从相对额考察,它是指税收负担率,即纳税人的应纳税额与其计税依据价值的比率,这个比率通常被用来比较各类纳税人或各类课税对象的税收负担水平的高低,因而是国家研究制定和调整税收政策的重要依据。任何一项税收政策首先要考虑的,就是税收负担的高低。税负水平定低了,会影响国家财政收入;定高了,又会挫伤纳税人的积极性,妨碍社会生产力的提高。一般说来,税收负担水平的确定,既要考虑政府的财政需要,又要考虑纳税人的实际负担能力。

税收负担直接关系到国家与纳税人及各纳税人之间的分配关系,国家向纳税人征税,不仅改变了纳税人占有和支配的社会产品总量,也会改变各个纳税人之间占有和支配的社会产品比例,由此形成国家同纳税人及各纳税人之间的税收分配关系,它是社会产品分配关系的重要组成部分。税收负担关系到国民经济持续、快速、协调发展的问题,国家税收最终总是由所有纳税人来承担的。在一定经济发展水平下,经济体系的税收负担能力是有一定限度的。税收负担超越了经济的承受能力,就会损害国民经济的健康发展。因此,税收负担应该保持在经济的承受能力范围以内。从一定意义上讲,税收制度的设计问题,也就是税收负担的设计问题。在确定税收负担时,应该严格遵守合理负担、公平税负的原则。

所谓合理负担原则,就是指国家与纳税人在税收分配总量上要适度,兼顾需要与可能,做到纵向分配合理。所谓需要,是指国家实现其职能对财政资金的需求。所谓可能,是指社会经济所能提供的积累。一般地说,国家实现职能对财政资金的需要是资金越多越好。而一定时期内国民经济发展水平是一定的,所能提供的资金又是有限的,两者之间始终存在矛盾。要恰当地处理这个矛盾,就应该在确定税收负担时,既考虑财政支出的需要,又考虑纳税人税款支付的承担能力。合理负担是正确处理国家同纳税人之间的分配关系,是税收纵向合理的重要标志,也是公平税负原则的前提和基础。

所谓公平税负原则,是指税收负担公平地分配于每个纳税人身上,纳税人之间横向负担公平合理。在市场经济条件下,竞争是市场经济的一般规律,公平税负原则,就是为纳税人创造一个在客观上大体相同的竞争环境,有利于鼓励竞争,在竞争中优胜劣汰,推动市场经济发展。

(二)衡量税收负担的指标体系

税收负担是高还是低,可以通过对比来说明。如果仅仅是一个纳税数量,而没有对比关系,则很难科学地进行税收负担高低的比较。因此,在税收征收额或缴纳额确定的情况下,宏观税收负担或某一纳税人的负担,指国家征集的税额与社会或纳税人产出总量或总经济规模的对比关系。正确选择反映全社会产出量或经济活动总量的指标,作为对比的参照。对科学评价税收负担意义重大。指标的选择,一是要有利于进行纵向历史比较和横向国际比较,二是取得资料容易,计算简便。

1. 宏观税收负担的衡量

宏观税收负担通常用一定时期内税收收入总额与同期国民经济总量之比来衡量,具体而言,它是指税收收入总额与国民收入、国民生产总值或国内生产总值的比值,从而形成了三种宏观税收负担率。

(1)国内生产总值(GDP)负担率。国内生产总值是指在一定时期内一个国家(或地区)的经济中所生产出的全部最终产品和劳务的价值。国内生产总值负担率是指一定时期内税收收入总额与国内生产总值的比率,它反映一个国家在其国内提供的全部最终产品和劳务所承受的税收负担状况,即:

国内生产总值负担率=税收收入总额/国内生产总值×100%

(2)国民生产总值(GNP)负担率。国民生产总值是指在一定时期内使用本国(或地区)生产要素生产的最终产品和劳务的价值,等于国内生产总值加上来自国外的劳动者报酬和财产收入减去支付给国外的劳动者报酬和财产收入。国民生产总值负担率是指一定时期内税收收入总额与国民生产总值的比率,它反映一个国家的国民在一定时期内提供的全部最终产品和劳务所承受的税收负担状况,即:

国民生产总值负担率=税收收入总额/国民生产总值×100%

(3)国民收入(NT)负担率。国民收入是指在一定时期内一个国家(或地区)物质生产部门劳动者在一定时期所创造的价值,即社会总产值中扣除折旧后的剩余部分。国民收入负担率是指一定时期内税收收入总额与国民收入的比率,它反映一个国家在一定时期内新创造价值的税收负担状况,即:

国民收入负担率=税收收入总额/国民收入×100%

2. 微观税收负担的衡量

微观税收负担的衡量通常用微观经济主体所缴纳的税款与其特定经济指标来反映,可以分为居民税收负担率、企业综合税收负担率、企业所得税负担率、企业流转税负担率。

(1)居民税收负担率。它是指一定时期内居民个人所缴纳的各种税款占同期收入总额的比率,即:

居民税收负担率=居民实际所纳税款/居民同期收入总额×100%

该指标一方面体现了国家运用税收手段参与个人收入分配的程度和对个人收入的调节程度,另一方面反映出一定时期内个人对国家的直接税收贡献。

(2)企业综合税收负担率。它是指一定时期内企业实际缴纳的各种税款总额与企业同期利税总额或增加值的比率,即:

企业综合税收负担率=企业实际缴纳的税款总额/企业同期利税总额(或增加值)×100%

企业综合税收负担率一方面反映了国家以税收手段参与企业收入分配的规模,另一方面反映了企业对国家所作税收贡献的大小。如果以行业指标代替企业指标,则可以反映某行业对国家所作税收贡献的大小。

(3)企业所得税负担率。它是指一定时期内企业所缴纳的所得税总额与同期利润总额的比率,即:

企业所得税负担率=企业实际缴纳的所得税总额/企业同期利润总额×100%

企业所得税负担率反映了企业收益在国家和企业之间的分配状况,是衡量企业税收负担最直接的指标,它直接影响企业的留利水平,体现国家在一定时期的分配政策。

(4)企业流转税负担率。它是指一定时期内企业所缴纳的流转税总额与同期销售收入(或营业收入)的比率,即:

企业流转税负担率=企业实际缴纳的流转税总额/企业同期销售收入(或营业收入)×100%

我国的流转税主要包括增值税、消费税和营业税,因此还可以将该指标分解为增值税负担率、消费税负担率和营业税负担率。与此相类似,我们还可以测度其他各税种的负担率。

(三)影响税收负担的因素

由于税收负担必须考虑需要和可能两方面的情况,因此,一个国家在制订税收政策,确定总体税收负担时,必须综合考虑国家的总体经济发展水平,并根据不同的经济调控需要,来制定税收负担政策。一般来看,影响税收负担水平的主要因素有以下几方面。

1. 社会经济发展水平

一个国家的社会经济发展总体水平,可以通过国民生产总值和人均国民生产总值这两个综合指标来反映。国家的国民生产总值越大,总体负担能力越高。特别是人均国民生产总值,最能反映国民的税收负担能力。一般而言,在人均国民收入比较高的国家,社会经济的税负承受力较强。世界银行的调查资料也表明,人均国民生产总值较高的国家,其税收负担率也较高,人均国民生产总值较低的国家,其税收负担率也较低。

我国人均国民生产总值比较低,属于发展中国家。国家通过税收能够积累多少资金,社会总体税收负担应如何确定,不取决于人们的主观愿望,也不能只考虑国家的需要,必须首先考虑社会经济体系和纳税人承受能力。只有税收负担适应本国经济发展水平和纳税人的承受能力,税收才能在取得所需的财政收入的同时,刺激经济增长,同时提高社会未来的税负承受力。如果税收负担超出了经济发展水平,势必会阻碍社会经济的发展。

2. 国家的宏观经济政策

任何国家为了发展经济,必须综合运用各种经济、法律以及行政手段,来强化宏观调控体系。国家会根据不同的经济情况,采取不同的税收负担政策。如在经济发展速度过快过热时,需要适当提高社会总体税负,以使国家集中较多的收入,减少企业和个人的收入存量,抑制需求的膨胀,使之与社会供给总量相适应。此外,还要根据经济情况的发展变化,在征收中实行某些必要的倾斜政策和区别对待办法,以利于优化经济结构和资源配置。

目前,我国经济过于紧缩,需求严重不足。从1998年开始,国家采取了积极的财政政策,适当扩大了财政支出的规模,税收的总体负担短期内不会减少,但会通过费改税,对纳税人的总体负担进行结构调整,减少纳税人负担各种收费的比例,增加税收的比例,以达到增加税收收入的需要。

3. 税收征收管理能力

由于税收是由国家无偿征收的,税收征纳矛盾比较突出。因此,一个国家的税收征收管理能力,有时也对税收负担的确定有较大的影响。一些国家的税收征收管理能力强,在制定税收负担政策时,就可以根据社会经济发展的需要来确定,而不必考虑能否将税收征上来。而在一些税收征管能力较差的国家,可选择的税种有限,勉强开征一些税种,也很难保证税收收入,想提高税收负担也较困难。

税收政策的核心是税收负担。在税收总体负担确定的情况下,各种纳税人具体的税收负担状况主要受税制本身所规定的各种计税要素的影响。这些要素直接决定了谁是纳税人,应该负担多少税收。税收政策的具体实施主要通过如下方面来进行:一是确定课税对象,以确定谁是纳税人;二是确定税率的高低;三是确定计税依据;四是确定对谁减免税,怎么减免税;五是加重哪些纳税人或课税对象的税收负担。

七、我国税制改革历程

(一)有计划的商品经济时期的税制改革(1978～1993 年)

这一时期的税制改革可分为涉外税制的建立、两步“利改税”方案的实施和 1984 年工商税制改革。

1. 1978～1982 年的涉外税制改革

1978～1982 年,成为我国税制建设的恢复时期和税制改革的起步时期,从思想上、理论上为税制改革的推进做了大量突破性工作,打下理论基础。从 1980 年 9 月到 1981 年 12 月,为适应我国对外开放初期引进外资、开展对外经济合作的需要,第五届全国人大先后通过了《中外合资经营企业所得税法》《个人所得税法》和《外国企业所得税法》,对中外合资企业、外国企业继续征收工商统一税、城市房地产税和车船使用牌照税,初步形成了一套大体适用的涉外税收制度。

2. 1983 年第一步“利改税”方案

作为国营企业改革和城市经济改革的一项重大措施,1983 年,国务院决定在全国试行国营企业“利改税”,即第一步“利改税”,将新中国成立后实行了 30 多年的国营企业向国家上缴利润的制度改为缴纳企业所得税。这一改革从理论上和实践上突破了国营企业只能向国家缴纳利润、国家不能向国营企业征收所得税的禁区,成为国家与企业分配关系的一个历史性转折。

3. 1984 年第二步“利改税”方案和工商税制改革

为了加快城市经济体制改革的步伐,经第六届全国人大批准,国务院决定从 1984 年 10 月起在全国实施第二步“利改税”和工商税制改革,发布了关于国营企业所得税、国营企业调节税、产品税、增值税、营业税、盐税、资源税的一系列行政法规,成为我国改革开放之后第一次大规模的税制改革。此后,国务院又陆续发布了关于征收集体企业所得税、私营企业所得税、城乡个体工商业户所得税、个人收入调节税、城市维护建设税、奖金税(包括国营企业奖金税、集体企业奖金税和事业单位奖金税)、国营企业工资调节税、固定资产投资方向调节税、特别消费税、房产税、车船使用税、城镇土地使用税、印花税、筵席税等税收的法规。1991年,第七届全国人大第四次会议将中外合资经营企业所得税法与外国企业所得税法合并为《外商投资企业和外国企业所得税法》。至此,我国工商税制共有37个税种,按照经济性质和作用,大致分为流转税、所得税、财产和行为税、资源税、特定目的税、涉外税、农业税共七大类。

总之,这一时期全面改革了工商税制,建立了涉外税制,彻底摒弃了"非税论"和"税收无用论"的观点,恢复和开征了一些新税种,从而使我国税制逐步转化为多税种、多环节、多层次的复合税制,税收调节经济的杠杆作用日益加强。

(二)社会主义市场经济初期的税制改革:1994年工商税制改革

1992年中共"十四大"提出了建立社会主义市场经济的经济体制改革目标后,为适应市场经济的内涵要求,1994年我国启动了新中国成立以来规模最大、范围最广、内容最深刻、力度最强的工商税制改革。

1. 全面改革流转税

以实行规范化的增值税为核心,相应设置消费税、营业税,建立新的流转税课税体系,对外资企业停止征收原工商统一税,实行新的流转税制。

2. 对内资企业实行统一的企业所得税

取消原来分别设置的国营企业所得税、国营企业调节税、集体企业所得税和私营企业所得税,同时,国营企业不再执行企业承包上缴所得税的包干制。

3. 统一个人所得税

取消原个人收入调节税和城乡个体工商业户所得税,对个人收入和个体工商户的生产经营所得统一实行修订后的《个人所得税法》。

4. 调整、撤并和开征其他一些税种

如:调整资源税、城市维护建设税和城镇土地使用税;取消集市交易税、牲畜交易税、烧油特别税、奖金税和工资调节税;开征土地增值税、证券交易印花税;盐税并入资源税,特别消费税并入消费税。

改革之后的我国税制,税种设置由原来的37个减少为23个,初步实现了税制的简化、规范和高效统一。

(三)社会主义市场经济完善期的税制改革:2001年以来税制完善

1994年的工商税制改革初步确定了市场经济下我国税收制度的基本格局,在此后的十几年间,随着社会主义市场经济的不断完善,结合国内、国外客观经济形势的变化,我国又推行了以"费改税"、内外资企业所得税合并、增值税的转型为主要内容的税制改革。

1. 税费制度调整中的"费改税"

2000年10月22日国务院颁布了《车辆购置税暂行条例》,自2001年1月1日起在全国范围内征收车辆购置税,开征的同时,取消了车辆购置附加费。同时,为了切实减轻农民负担,中央决定从2000年开始在农村开展税费改革。农村税费改革过程中,根据"减轻、规范、稳定"的原则对农(牧)业税和农业特产税进行了调整,明确在5年内将逐步取消农业税。

2006 年 3 月 14 日,第十届全国人大第四次会议通过决议,宣布在全国范围内彻底取消农业税。

2. 内外资企业所得税的合并

为维护国家的税收主权,制定适应我国市场经济发展要求和国际发展趋势的企业所得税法。2007 年 3 月 16 日,第十届全国人大第五次会议审议通过了《企业所得税法》,结束了企业所得税法律制度对内外资分立的局面,逐步建立起一个规范、统一、公平、透明的企业所得税法律制度。

3. 对车船使用税、城镇土地使用税等零星税种的改革

2007 年 1 月 1 日《车船税暂行条例》正式实施,取代了 1986 年 9 月 15 日国务院发布的《车船使用税暂行条例》。此外,修改过的《城镇土地使用税暂行条例》也于 2007 年 1 月 1 日起正式实施。这次修改将外商投资企业和外国企业也纳入了城镇土地使用税的纳税人范围,同时根据社会经济的发展情况,将税额标准也作了提高;2006 年 4 月 28 日国务院还公布了《烟叶税暂行条例》,对烟叶的收购实行 20%的比例税率。这样,截至 2007 年年底,我国现行税制中的税种设置进一步减少为 18 个,税制更加规范和统一。

(四)中国税收制度改革和发展的趋势

1. 税制改革的指导思想

(1)税制改革与科学发展观相适应。中共十七大报告提出,要“完善省以下财政体制,增强基层政府提供公共服务能力。实行有利于科学发展的财税制度,建立健全资源有偿使用制度和生态环境补偿机制”。为此,必须贯彻“第一要义是发展,核心是以人为本,基本要求是全面协调可持续,根本方法是统筹兼顾”的原则,建立有利于提高自主创新能力,有利于转变经济发展方式、推动产业结构优化升级的税收制度,构建有利于统筹城乡发展、区域协调发展,以及有利于收入分配的公平,有利于加强能源资源节约和合理使用,有利于生态环境保护的税收制度。

(2)税制改革与法治化建设相适应。中共十七大报告提出,全面落实依法治国基本方略,加快建设社会主义法治国家。依法治税是税收工作的灵魂和立足点,是规范税收执法行为的内在要求和基本保证。依法治税要求有健全的税法体系:税务机关依法履行职责,在法律规定的职权范围内活动并接受行政司法机关和社会监督,纳税人能够依法履行自己的纳税义务并保护自己的合法权益,在税法面前人人平等。因此,税制改革必须坚持税收法定原则,不但纳税人而且税收行政机关也要服从于法,法外无税。推进税法体系建设,积极参与税制改革、税收立法调研,完善税收法律体系,提升税收法律级次。加强税制改革的统筹规划,研究探索中长期税制改革方案,加快税收基本法的立法进程。

2. 新一轮税制改革的展望

(1)逐步推进主体税种和地方税体系建设的改革。继续在全国范围内推进增值税转型改革,在转型的同时要扩大增值税范围,把有条件实施增值税的营业税税目纳入增值税征收范围。稳步推进营业税改革,适度调整部分营业税税目的税率和计税依据,消除重复征税问题。全面贯彻落实新《企业所得税法》及其《实施条例》,完善各项配套措施和办法。推进房地产税制改革,全面总结房地产模拟评税试点工作经验,继续研究完善物业税改革方案及其配套措施。根据房地产等财产所具有的特点,其最适宜于作为地方政府稳定的税源,以开征

物业税等为契机，研究构建持续稳定增长的地方税体系，进一步完善分税制，更好地配合并促进公共财政体制建设，为社会提供均衡的基本公共服务。

(2)强化税收调控功能，构建有利于科学发展的税制体系。①建立促进自主创新的税收制度体系和完善推动产业结构优化的税收制度体系；②建立促进收入公平分配的税收制度体系；③建立促进资源环境保护和可持续发展的税收制度体系；④建立推动区域协调发展的税收制度体系。

八、我国的税收政策

税收政策是指国家为了实现一定历史时期任务，选择确立的税收分配活动的指导思想和原则，它是经济政策的重要组成部分。税收政策是和预算政策一起发展的。税收政策的核心问题是税收负担问题。税收政策与税收原则既有联系又有区别，两者都是指导税收分配活动的准则。但税收原则是指导税收行为的思想观念性的准则，具有指导意义，且较宽泛；税收政策是税收行为的指导准则，更具有实践性、可操作性，必须执行。此外，税收原则具有普遍性，税收政策具有时间性。

(一)制定税收政策的基本原则

税收对经济的影响是广泛的。首先，税收收入是财政收入的重要来源，只有取得财政收入，才能给经济发展提供必要的公共商品，建立正常的生产关系，为社会经济发展创造良好的环境。其次，税收对社会生产、分配、交换和消费直接产生影响。理想的税收政策应该是既能满足国家的财政收入需要，又不对社会经济产生不良影响。制定正确的税收政策，必须考虑如下因素：

(1)税收政策的制定，既要保证财政收入，又要有利于促进经济发展。经济是基础，只有经济发展了，才可能有稳定充足的财源。制定税收政策的出发点应当有利于生产的发展，促进经济的繁荣。在生产发展、经济繁荣的条件下，从实际出发，考虑到国家整体财力的可能，以及纳税人的纳税能力和心理承受能力，确定一个适度合理的总体税收负担水平。既保证财政上的需要，又有利于经济的发展。既不能一味地强调“保税”而不顾经济的发展和人民的生活水平的提高，也不能只追求一时的“经济发展”，而不注重社会公共事业的建设和经济的长远发展。

(2)税收政策要有利于建立社会主义市场经济体制。税收政策的制定，要有利于平等竞争环境的形成，就要坚持公平税负的原则；结合财政政策的实施，要有利于对经济宏观总量的调节；要有利于多种经济成分和多种经营方式的公平竞争和发展；还要有利于产业结构的优化。

(3)税收政策的制定，要在政企分开的基础上，有利于企业建立现代企业制度。做到产权清晰、权责明确、政企分开、管理科学，实现自主经营、自负盈亏、自我积累和自我发展，形成真正的独立的经济实体，以便进入市场，在竞争中求生存和发展。

(二)我国不同时期的税收政策

税收政策是在一定的经济理论和税收理论的指导下，根据国家一定时期的政治经济形势要求制定的。税收政策有税收总政策和税收具体政策之分：税收总政策是根据国家在一定历史时期税收所发生的基本矛盾所确定的,是用于解决这些基本矛盾的指导原则,亦称“税制建立原则”;税收具体政策是在税收总政策指导下,用于解决税收工作中比较具体的矛盾的指导原则。

税收总政策在一定历史时期内具有相对稳定性,税收的具体政策则要随经济形势和政治形势的变化而变化。税收总政策是建立各项税收制度的指针,而税收具体政策在每项税收制度中的表现就不尽相同。税收总政策是指国家的税收政策,具体税收政策是指某一税种的政策。税收总政策及其指导下的具体政策,对于税制的总体布局和税种结构的建立,以及各种税的税率、税目、减免、课征环节等税制要素的确定都十分重要。税收总政策和税收具体政策不明确或不正确,就会使税制的建立和改革发生偏差和失误,对经济产生不良影响。

中国税收政策的形成和发展与中国的社会经济建设紧密联系在一起。不同时期的税收政策有鲜明的时代特点。

1. 建国初期和国民经济恢复时期的税收政策

1949 年 3 月,中共七届二中全会决定,把党的工作中心从乡村转到城市,以生产建设为中心任务。税收工作重点也开始由农村向城市转移。同年,在起临时宪法作用的《中国人民政治协商会议共同纲领》中规定:“国家的税收政策,应以保障革命战争的供给,照顾生产的恢复和发展及国家建设的需要为原则,简化税制,实行合理负担。”这就是建国初期的税收总政策。在这一总税收政策指导下,又根据中国税收制度不统一的突出问题,提出了统一税政、平衡财政收支的税收政策。

1949 年新中国成立时,财政比较困难。中央人民政府为了迅速恢复和发展国民经济,当时的最突出的问题是,中国税收制度不统一,老解放区仍实行各根据地制定的税收制度,新解放区除废除国民政府的一些不合理税收以外,一般沿用旧税法征税,致使中国各地的税收制度不一,税收负担不平衡,对生产的发展和保证财政收入不利。中央人民政府有针对性地制定了统一税政、平衡财政收支的总的税收政策。这一总税收政策的具体体现是 1950 年 1 月中央人民政府政务院发布的《关于统一中国税政的决定》的通令、《中国税政实施要则》和《中国各级税务机关暂行组织规程》等文件。这些文件明确规定了新中国的税收政策、税收制度、管理体制、组织机构等一系列重大原则,建立了新中国第一个统一税收制度。对于中国财政经济的好转和国民经济的恢复和发展,创造了良好的条件。

《中国税政实施要则》和 1950 年 9 月中央人民政府政务院公布的《新解放区农业税暂行条例》,确立了新中国的税制。新税制总的政策是统一税政、平衡财政收支。同时制定了“公私兼顾、劳资两利、城乡互助、内外交流”等具体政策,这一政策是通过“多种税、多次征”的复税制来体现的。多种税是同一商品流转额同时征收几种税;多次征是有的税种要在商品流通过程中多次征收。如在商品出厂时,要征收货物税、营业税、印花税,再经过批发和零售时,还要在每个环节征收营业税和印花税。采用这种税收制度,是因为当时多种经济成分同时并存,特别是资本主义工商业的经济活动方式多种多样的情况所决定。“多种税、多次征”的税收制度,不仅使国家从生产、流通各个环节取得财政收入,也从多方面对资本主义工商业的经营活动进行了监督,防止偷漏税款。实践证明,新税制对保证国家财政收入,稳定物价,平衡城乡税负,恢复国民经济和对资本主义工商业的改造起了重要作用。

2. 国民经济恢复后,保证税收、简化税制,公私区别对待,繁简不同的税收政策

1952年年底,中国胜利地完成了恢复国民经济的任务。国营经济和合作经济在整个国民经济中的比重提高了,商品流转和经营方式也发生了变化,商品流转环节大大减少,出现了“经济日益繁荣,税收相对下降”的现象。同时,认为“多种税、多次征”的复杂税制不利于国家的计划管理和国营企业经济核算。因此,提出了“保证税收,简化税制”的原则,税收政策开始配合对资本主义工商业的社会主义改造。

3. 新时期的基本税收政策

1994年税制改革,确立了中国的税收基本政策:统一税法、公平税负、简化税制、合理分权。

中国这一总的税收政策,主要考虑到建立社会主义市场机制,就必须建立一套符合市场经济客观要求和特点的税收制度。市场经济要求人们统一税法、公平税负、简化税制、合理分权、理顺分配关系、规范分配格局。现实经济生活中有许多分配关系没有理顺,这其中包括国家与企业的分配关系,中央与地方的分配关系等,有很多不尽合理、不够规范的地方。另外,市场经济是开放的经济,国家对经济的管理,包括对税收的管理要与国际惯例相衔接。

这一税收基本政策是通过各个具体税种的政策来体现的。中国流转税收入占税收收入的比重较大,是整个税制改革过程中最主要、最关键的部分。流转税的政策目标是公平、中性、透明、普遍。企业所得税的政策目标是调整、规范国家与企业的分配关系,促进企业经营机制的转换,实现公平竞争。个人所得税现阶段中国对公民的收入政策是:既要破除平均主义,鼓励多劳多得,合理拉开收入差距;又要采取措施,调节过高收入,缓解社会分配不公的矛盾,避免两极分化。按照国际惯例,重视发挥税收在调节个人收入方面的重要作用。在农业税收政策方面,新中国的农业税政策是在扬弃旧田赋的基础上,总结革命根据地的经验,按照各个时期中国对农村的政策逐步建立、完善起来的。

农业是基础,鼓励和促进农业经济的发展是中国的一项基本国策。新中国成立后,我国农业税政策是轻税、增产不增税和合理负担的政策。轻税政策是中国农业税的一项基本政策。农业税条例规定,中国的平均税率为15.5%。随着农业生产的发展,农民的实际农业税负担在不断下降。据统计,中国农业税实际负担率在新中国成立初期为13%,“一五”时期为11.6%,“三五”时期为6.4%,“五五”时期为4.2%,之后基本维持在2%左右。除税率较低外,农业税还规定了许多减免税项目。对农业税实行“增产不增税”的轻税政策,主要是考虑到中国农业生产水平落后,生产效率较低和农业产品商品化程度不高。实行轻税政策,有利于减轻农民负担。“增产不增税”实际上是稳定税负的政策。就是在一定时期内,在总体上保持农业税征收总额基本稳定。农业税基本稳定在1961年调整后的征收额上。主要是农业正税和地方附加的实际征收额占农业实际收入的比例,不超过10%。2006年,第十届全国人大第四次会议通过决议,宣布在全国范围内彻底取消农业税。

2007年,统一了内外资企业所得税政策。目前正在推进增值税改革,扩大增值税征税范围,把有条件实施增值税的营业税税目纳入增值税征收范围。

九、税收制度的发展演变

税收制度结构的发展变化,体现在各社会主体税种的演变方面。历史上税制结构的发展变化，大体上可以划分为四个阶段。

1. 以古老的简单直接税为主的税收制度

在古代的奴隶社会和封建社会，由于自然经济占统治地位，商品货币经济不发达，国家统治者只采取直接对人或对物征收的简单直接税。马克思指出："直接税，作为一种最简单的征税形式，同时也是一种最原始古老的形式，是以土地私有制为基础的那个社会制度的时代产物。"如人头税，按人口课征；土地税，按土地面积或土地生产物课征；对各种财产征收的财产税，如房屋税等。当时虽然也有对城市商业、手工业及进出口贸易征收营业税、物产税、关税，但为数很少，在税收中不占重要地位。

2. 以间接税为主的税收制度

进入资本主义社会以后，由于简单的税制已不能满足财政的需要，因而利用商品经济日益发达的条件，加强对商品和流通行为课征间接税，形成了以间接税为主的税收制度，征收间接税既可将税收转嫁给消费者负担，又有利于增加财政收入。马克思曾说："消费税只能随着资产阶级统治地位的确定才得到充分发展。产业资本是一种靠剥削劳动来维持，再生产和不断扩大自己的持重而节俭的财富。在它手中，消费税是对那些只知消费的封建贵族们的轻浮、逸乐的挥霍的财富进行剥削的一种手段。"

3. 以所得税为主的税收制度

随着资本主义工商业的发展，社会矛盾和经济危机日益加深，国家的财政支出亦随之增加。资产阶级国家深感广泛而过分课征间接税，对资本主义经济发展和资产阶级的经济利益也带来不利的影响。首先，对商品的流转额课征的间接税，在商品到达消费者手中之前，往往要经过多次流转过程，每次流转都要征税，流转次数越多，征税额越大，商品的价格也越高。这种情况很不利于企业的市场竞争和扩大再生产。其次，对消费品课征间接税，相应地提高了消费品价格，这就迫使资本家必须提高工人的名义工资。而提高工资又会提高生产成本，从而影响资本家的经济利益。而且过分扩大间接税的课征范围，还会引起无产阶级及劳动人民的反抗。资产阶级为了维护本阶级的根本利益、增加财政收入、适应国家的财政需要，不得不考虑税制的改革。因此，18 世纪末，英国首创所得税。以后时征时停，直至 1842 年开始确定所得税为永久税。在其后各国先后仿效，逐渐使所得税在各国税收收入中占主要地位。

4. 以所得税和间接税并重的税收制度

这种税收制度，在发展中国家使用得比较普遍，少数发达国家间接税也占一定比重。如法国，自 20 世纪 50 年代以来，增值税一直是主要税种。自 1986 年美国里根政府税制改革以后，发达国家鉴于过高的累进所得税率，不但影响投资者的投资积极性，而且还影响脑力劳动者的劳动积极性，因而普遍降低个人及公司所得税税率。但因政府的财政支出又不能随之减少，所以一方面需要扩大所得税税基，另一方面又只能有选择地增加间接税的征收。于是，一些国家出现间接税有所发展的趋势。

十、中国税收发展史

（一）税收的起源

税收是一个古老的经济范畴。从人类发展的历史看，税收是与国家有本质联系的一个分配范畴。它是随着国家的形成而产生的。

概括地说,税收的产生取决于两个相互影响的前提条件:一是经济条件,即私有制的存在;二是社会条件,即国家的产生和存在。历史上,私有制先于国家形成,但对税收而言,是同时存在这两个前提条件,税收才产生。可以说,税收是私有财产制度和国家政权相结合的产物。

早在夏代,我国就已经出现了国家凭借其政权力量进行强制课征的形式——贡。一般认为,贡是夏代王室对其所属部落或平民根据若干年土地收获的平均数按一定比例征收的农产物。到商代,贡逐渐演变为助法。助法是指借助农户的力役共同耕种公田,公田的收获全部归王室所有,实际上是一种力役之征。到周代,助法又演变为彻法。所谓彻法,就是每个农户耕种的土地要将一定数量的土地收获量缴纳给王室,即“民耗百亩者,彻取十亩以为赋”。夏、商、周三代的贡、助、彻,都是对土地收获原始的强制课征形式,在当时的土地所有制下,地租和赋税的某些特征,从税收起源的角度看,它们是税收的原始形式,是税收发展的雏形阶段。

春秋时期,鲁国适应土地私有制发展实行的“初税亩”,标志着我国税收从雏形阶段进入了成熟时期。春秋之前,没有土地私有制。由于生产力的发展,到春秋时期,在公田以外开垦私田增加收入,于鲁宣公十五年(公元前 594 年)实行了“初税亩”,宣布对私田按亩征税,即“履亩十取一也”。“初税亩”首次从法律上承认了土地私有制,是历史上一项重要的经济改革措施,同时也是税收起源的一个里程碑。

除上述农业赋税外,早在商代,我国已经出现了商业和手工业的赋税。商业和手工业在商代已经有所发展,但当时还没有征收赋税,即所谓“市廛而不税,并讥而不征”。到了周代,为适应商业、手工业的发展,开始对经过关卡或上市交易的物品征收“关市之赋”,对伐木、采矿、狩猎、捕鱼、煮盐等征收“山泽之赋”。这是我国最早的工商税收。

随着社会生产力的发展和社会经济情况的变化,税收也经历了一个从简单到复杂、从低级到高级的发展过程。从税收的法制程度、税制结构、征纳形式等几个方面,能够较充分地反映税收的发展情况。

(二)税收法制程度的发展变化

1. 自由纳贡时期

在奴隶时期,国家的赋税主要来自诸侯、藩属自由贡献的物品和劳力。从税收的法制观点看,这种以国家征税权和纳贡者自由纳贡相结合的方式所取得的税收,只是一种没有统一标准的自愿捐赠,还不是严格意义的税收,只是税收的雏形阶段。

2. 承诺时期

随着国家的发展、君权的扩大,财政开支和王室费用都随之增加。单靠自由纳贡已难以维持,于是封建君主设法增加新税。特别是遇有战争等特别需要,封建君主更需要开征临时税以应急需。当时,由于领地经济仍处主导地位,王权有一定的限制,课征新税或开征临时税,需要得到由封建贵族、教士及上层市民组成的民会组织的承诺。

3. 专制课征时期

随着社会经济的逐步发展,封建国家实行了中央集权制度和常备军制度。君权扩张和政费膨胀,使得国君不得不实行专制课征。一方面笼络贵族和教士,尊重其免税特权,以减少统治阶级内部的阻力;另一方面则废除往日的民会承诺制度,不受约束地任意增加税收。税收的专制色彩日益增强。

4. 立宪课税时期

取消专制君主的课税特权曾是资产阶级革命的重要内容之一。资产阶级夺取政权以后,废除封建专制制度和教会的神权统治,实行资产民主制和选举制。现代资本主义国家和社会主义国家,不论是采取君主立宪制,还是采取议会共和制,一般都要制定宪法和法律,实行法治,国家征收任何税收,都必须经过立法程序,依据法律手续,经过由选举产生的议会制定。君主、国家元首或行政首脑不得擅自决定征税,人人都有纳税义务,税收的普遍原则得到广泛的承认,公众有了必须依照法定标准评定课征的观念。

(三)税收征收实体的发展变化

税收征纳形式的发展变化,体现为力役、实物和货币等征收实体的发展演变。在奴隶社会和封建社会初期,自然经济占统治地位,物物交换是其主要特征,税收的征收和缴纳形式基本上以力役形式和实物形式为主。在自然经济向商品货币经济过渡的漫长封建社会中,对土地课征的田赋长期都是以农产品为主。尽管对商业、手工业征收的商税和物产税,以及对财产或经营行为征收的各种杂税,有以货币形式征收的,但货币征收形式在当时还不占主要地位。直到商品经济发达的资本主义社会,货币经济逐渐占据统治地位,货币不但是一切商品和劳务的交换媒介,而且税收的征收缴纳形式都以货币形式为主。其他实体的征收形式逐渐减少,有的只在个别税种中采用。

(四)税收地位和作用的发展变化

税收地位和作用,体现为税收收入的财政收入中所占比重的变化及其对经济的影响。在资本主义以前的封建社会制度下,财政收入中特权收入不足时,才征收赋税。但随着资本主义经济发展,资产阶级民主政治取代封建专制制度,特权收入逐渐减少,税收收入在财政收入中所占比重越来越大,成为财政收入的主要来源。在我国,改革开放以来,国有企业上缴利润在财政收入中所占较大比重的地位被税收取而代之。随着税收地位的变化,税收作用已从过去筹集资金满足国家各项支出的需要,发展成为调节经济的重要手段。税收在促进资源优化配置、调节收入分配、稳定经济等方面起着重要作用。虽然西方国家再次提出了所谓税收的中性原则,但税收调控经济的作用仍是不容否定的。

(五)税收征税权力的发展变化

税收征税权力的发展变化,体现在国家税收管辖权范围的演变方面。在奴隶社会和封建社会以及资本主义社会初期,由于国家之间经济往来较少,征税对象一般不发生跨国转移,因此,国家税收管辖权只局限于一国领土之内,称为地域管辖权阶段。到了资本主义社会中期之后,国际交往日益增多,跨国经营逐步发展。这种生产经营的国际化必然带来纳税人收入的国际化。一些国家为维护本国的利益,开始对本国纳税人在国外的收入征税和对外籍人员在本国的收入征税。这实际上等于征税权力超过了领土范围,而主要以人的身份和收入来源确定是否属于一国的税收管辖权范围之内。这种被扩大了的税收管辖权等于延伸了税收征收权力,即从地域范围扩大到人员范围。现在以人员为确定标准的管辖权即居民或公民管辖权,已在各国广泛应用了。

(六)税收名称的发展变化

税收在历史上曾经有过许多名称,特别是在我国,由于税收历史悠久,名称尤为繁多。但是使用范围较广的主要有贡、赋、租、税、捐等几种。贡和赋是税收最早的名称,它们是同征税目的、用途相联系的。贡是向王室进献的珍贵物品或农产品,赋则是为军事需要而征收的军用物品。税这个名称始于“初税亩”,是指对耕种土地征收的农产物,即所谓“税以足食,赋以足兵”。但我国历史上对土地征收的赋税长期称为租,租与税互相混用,统称为租税,直至唐代后期,才将对官田的课征称为租,对私田的课征称为税。捐这个名称早在战国时代已经出现,但长期都是为特定用途筹集财源的,带有自愿性。当时,实际上还不是税收。明朝起捐纳盛行,而且带有强制性,成为政府经常性财政收入,以致使捐与税难以区分,故统称为捐税。总之,税收的名称在一定程度上反映了当时税收的经济内容,从一个侧面体现了税收发展史。

税务行政复议

税务行政复议是我国行政复议制度的一个重要组成部分。税务行政复议是指当事人(纳税人、扣缴义务人、纳税担保人及其他税务当事人)不服税务机关及其工作人员作出的税务具体行政行为,依法向上一级税务机关(复议机关)提出申请,复议机关经审理对原税务机关具体行政行为依法作出维持、变更、撤销等决定的活动。

一、税务行政复议的特点

我国税务行政复议具有以下特点:

(1)税务行政复议以当事人不服税务机关及其工作人员作出的税务具体行政行为为前提。这是由行政复议对当事人进行行政救济的目的所决定的。如果当事人认为税务机关的处理合法、适当,或税务机关还没有作出处理,当事人的合法权益没有受到侵害,就不存在税务行政复议。

(2)税务行政复议因当事人的申请而产生。当事人提出申请是引起税务行政复议的重要条件之一。当事人不申请,就不可能通过行政复议这种形式获得救济。

(3)税务行政复议案件的审理,一般由原处理税务机关的上一级税务机关进行。

(4)税务行政复议与行政诉讼相衔接。根据《中华人民共和国行政诉讼法》(以下简称《行政诉讼法》)和《行政复议法》的规定,对于大多数行政案件来说,当事人都可以选择行政复议或者行政诉讼程序解决,当事人对行政复议决定不服的,还可以向法院提起行政诉讼。在此基础上,两个程序的衔接方面,税务行政案件的适用还有其特殊性。根据《征管法》第八十八条的规定,对于因纳税问题引起的争议,税务行政复议是税务行政诉讼的必经前置程序,未经复议不能向法院起诉,经复议仍不服的,才能起诉;对于因处罚、保全措施及强制执行引起的争议,当事人可以选择适用复议或诉讼程序,如选择复议程序,对复议决定仍不服的,可以向法院起诉。

二、税务行政复议的受案范围

根据《征管法》《行政复议法》和《税务行政复议规则(试行)》的规定,税务行政复议的受案范围仅限于税务机关作出的税务具体行政行为。税务具体行政行为是指税务机关及其工作人员在税务行政管理活动中行使行政职权,针对特定的公民、法人或者其他组织,就特定的具体事项作出的有关该公民、法人或者其他组织权利、义务的单方行为。它主要包括以下几方面。

(一)税务机关作出的征税行为

(1)征收税款、加收滞纳金。

(2)扣缴义务人、受税务机关委托征收的单位作出的代扣代缴、代收代缴行为及代征。

(二)税务机关作出的责令纳税人提供纳税担保行为

(三)税务机关作出的税收保全措施

(1)书面通知银行或者其他金融机构冻结纳税人存款。

(2)扣押、查封商品、货物或其他财产。

(四)税务机关未及时解除税收保全措施,使纳税人等合法权益遭受损失的行为

(五)税务机关作出的税收强制执行措施

(1)书面通知银行或者其他金融机构从当事人存款中扣缴税款。

(2)拍卖或者变卖扣押、查封的商品、货物或其他财产。

(六)税务机关作出的税务行政处罚行为

(1)罚款。

(2)没收非法所得。

(3)停止出口退税权。

(4)收缴发票和暂停供应发票。

(七)税务机关不予依法办理或答复的行为

(1)不予审批减免税或出口退税。

(2)不予抵扣税款。

(3)不予退还税款。

(4)不予颁发税务登记证、发售发票。

(5)不予开具完税凭证和出具票据。

(6)不予认定为增值税一般纳税人。

(7)不予核准延期申报;批准延期缴纳税款。

(八)税务机关作出的取消增值税一般纳税人资格的行为

(九)税务机关作出的通知出境管理机关阻止出境行为

(十)税务机关作出的其他税务具体行政行为

根据此项内容,不管现行税法有无规定,只要是税务机关作出的具体行政行为,今后纳税人均可以申请税务行政复议，这也是行政复议法实施后，有关税务行政复议的一个新的规定。

另外，《税务行政复议规则（试行）》还规定，纳税人可以对税务机关作出的具体行政行为所依据的规定提出行政复议申请。具体规定如下：纳税人可和其他税务当事人认为税务机关的具体行政行为所依据的下列规定不合法，在对具体行政行为申请行政复议时，可一并向复议机关提出对该规定的审查申请：

(1)国家税务总局和国务院其他部门的规定。

(2)其他各级税务机关的规定。

(3)县级以上地方各级人民政府及其工作部门的规定。

(4)乡、镇人民政府的规定。

但以上规定不含国家税务总局制定的规章以及国务院各部、委和地方人民政府制定的规章。也就是说，部、委规章一级的规范性文件不可以提请审查。

三、税务行政复议的申请

对纳税人而言，为维护自己的合法权益，行使法律赋予自己的要求，税务机关对其行政行为进行复议的权利，首先要依照法律、法规的规定提出复议申请。现行的税务行政复议规则对此专门作出了规定。

(1)纳税人及其他税务当事人对税务机关作出的征税行为不服，应当先向复议机关申请行政复议，对复议决定不服，再向人民法院起诉。

申请人按前款规定申请行政复议的，必须先依照税务机关的纳税决定缴纳或者解缴税款及滞纳金或者提供相应的担保，然后可以依法提出行政复议申请。

(2)申请人对税务机关作出的征税以外的其他税务具体行政行为不服，可以申请行政复议，也可以直接向人民法院提起行政诉讼。

(3)申请人可以在得知税务机关作出具体行政行为之日起 60 日内提出行政复议申请。

因不可抗力或者被申请人设置障碍等其他正当理由耽误法定申请期限的，申请期限自障碍消除之日起继续计算。

(4)申请人申请行政复议，可以书面申请，也可以口头申请；口头申请的，复议机关应当当场记录申请人的基本情况，行政复议请求，申请行政复议的主要事实、理由和时间。

(5)依法提起行政复议的纳税人或其他税务当事人为税务行政复议申请人，具体是指纳税义务人、扣缴义务人、纳税担保人和其他税务当事人。

有权申请行政复议的公民死亡的，其近亲属可以申请行政复议；有权申请行政复议的公民为无行为能力人或者限制行为能力人，其法定代理人可以代理申请行政复议。

有权申请行政复议的法人或者其他组织发生合并、分立或终止的，承受其权利的法人或其他组织可以申请行政复议。

与申请行政复议的具体行政行为有利害关系的其他公民、法人或者其他组织。可以作为第三人参加行政复议。

申请人、第三人可以委托代理人代为参加行政复议；被申请人不得委托代理人代为参加行政复议。

(6)纳税人或其他税务当事人对税务机关的具体行政行为不服申请行政复议的,作出具体行政行为的税务机关是被申请人。

(7)申请人向复议机关申请行政复议,复议机关已经受理的,在法定行政复议期限内申请人不得再向人民法院起诉;申请人向人民法院提起行政诉讼,人民法院已经依法受理的,不得申请行政复议。

四、税务行政复议决定

第一,复议机关内部有关工作机构应当对被申请人作出的具体行政行为进行合法性与适当性审查,提出意见,经复议机关负责人同意,按照下列规定作出行政复议决定:

(1)具体行政行为认定事实清楚,证据确凿,适用依据正确,程序合法,内容适当的,决定维持。

(2)被申请人不履行法定职责的,决定其在一定期限内履行。

(3)具体行政行为有下列情形之一的,决定撤销、变更或者确认该具体行政行为违法;决定撤销或者确认该具体行政行为违法的,可以责令被申请人在一定期限内重新作出具体行政行为:①事实不清、证据不足的;②适用依据错误的;③违反法定程序的;④超越或者滥用职权的;⑤具体行政行为明显不当的。

复议机关责令被申请人重新作出具体行政行为的,被申请人不得以同一事实和理由作出与原具体行政行为相同或者基本相同的具体行政行为。

(4)被申请人不按照规定提出书面答复,提交当初作出具体行政行为的证据、依据的,应决定撤销该具体行政行为。

第二,复议机关应当自受理申请之日起 60 日内作出行政复议决定。情况复杂,不能在规定期限内作出行政复议决定的,经复议机关负责人批准,可以适当延长,并告知申请人和被申请人;但是延长期限最多不超过 30 日。复议机关作出行政复议决定,应当制作行政复议决定书,并加盖公章。行政复议决定书一经送达,即发生法律效力。

第三,被申请人应当履行行政复议决定。被申请人不履行或者无正当理由拖延履行行政复议决定的,复议机关或者有关上级行政机关应当责令其限期履行。

第四,申请人逾期不起诉又不履行行政复议决定的,或者不履行最终裁决的行政复议决定的,按照下列规定分别处理:

(1)维持具体行政行为的行政复议决定,由作出具体行政行为的行政机关依法强制执行,或者申请人民法院强制执行。

(2)变更具体行政行为的行政复议决定,由复议机关依法强制执行,或者申请人民法院强制执行。

税务行政诉讼

一、税务行政诉讼的概念

税务行政诉讼是指公民、法人或其他组织认为税务机关及其工作人员的具体税务行政行为，侵犯其合法权益，依法向人民法院提起行政诉讼，由人民法院对具体税务行政行为的合法性进行审查，并作出裁决的司法活动。

税务行政诉讼具有以下特点：

(1)税务行政诉讼以审理税务行政案件、解决税务行政争议为内容。这是税务行政诉讼区别于其他行政诉讼的根本标志。

(2)税务行政诉讼的当事人具有恒定性。税务行政诉讼的原告必须是认为自己的合法权益受到侵害的公民、法人或其他组织。税务行政诉讼的被告必须是税务机关或经法律、法规授权的行使国家税务行政管理权的机关、组织或是改变原具体税务行政行为的复议机关。因此，海关、财政等部门也可能成为税务行政诉讼的被告。

(3)税务行政诉讼所要解决的争议，必须是由税务机关在行使税务行政管理职能中引起的税务纠纷，而不是其他争议，即税务行政诉讼的标的只能是具体税务行政行为。

二、税务行政诉讼的基本原则

税务行政诉讼的基本原则是指由行政诉讼法规定的、用于指导整个税务行政诉讼活动或者诉讼主要阶段活动的基本准则。税务行政诉讼的基本原则主要有选择复议与复议前置相结合原则、具体行政行为合法性审查原则、行政诉讼期间具体行政行为不停止执行原则、税务机关负举证责任原则、不适用调解原则。

(一)选择复议与复议前置相结合原则

选择复议是指在法律、法规没有明确规定必须经过复议的情况下，当事人对税务机关作出的具体行政行为不服时，既可以选择先向上一级税务机关或法律规定的特定机关申请税务行政复议，对复议决定不服，再向人民法院提起税务行政诉讼；也可以选择不经复议，直接向人民法院提起税务行政诉讼的制度。

复议前置是指当事人对税务机关作出的具体行政行为不服时，不能直接向人民法院提起税务行政诉讼，而必须先向上一级税务机关申请行政复议，对复议决定不服的，才能向人民法院提起税务行政诉讼的制度。

根据《征管法》的规定，当事人同税务机关在纳税上发生争议时，必须先申请行政复议，对税务行政复议决定不服的，才可以向人民法院起诉，未经复议而直接向人民法院起诉的，人民法院将不予受理。除了纳税争议外，其他具体税务行政行为，当事人可以选择申请行政复议，也可以不经复议直接向人民法院起诉。因此，税务行政诉讼采用的是选择复议与复议前置相结合的原则。

(二)具体行政行为合法性审查原则

《行政诉讼法》第五条规定：人民法院审理行政案件，对具体行政行为是否合法进行审查。与刑事诉讼和民事诉讼相比，具体行政行为合法性审查原则是行政诉讼最具特色的基本原则。

1. 具体税务行政行为合法性审查的范围

第一，从客体来看，人民法院只审查税务行政机关的具体行政行为，不审查税务行政机关的抽象行政行为和行政诉讼原告(即行政相对人)行为的合法性。

第二，从内容来看，人民法院以审查具体税务行政行为的合法性为原则，以审查具体税务行政行为的合理性为例外。

2. **具体税务行政行为合法性审查的内容**

人民法院审查具体税务行政行为的具体内容包括：

（1）主体是否合法，即税务机关是否享有作出具体行政行为的权限，是否超越法定的职责权限以及是否依法享有税收征收管理权、级别管理权和地域管理权，上述任何一方面违法都构成主体无权限或超越职权。

（2）具体税务行政行为的证据是否确凿充分、事实是否清楚，证据是否具有客观性、合法性和关联性。

（3）具体税务行政行为适用法律是否正确。

（4）程序是否合法，即税务机关不得违反法定程序，税务机关遗漏程序步骤、颠倒顺序、超越时限以及违反法定行为方式，所作出的具体税务行政行为无效。

（5）具体税务行政行为的目的是否合法，

在法定的例外情况下，人民法院也可以审查具体税务行政行为的合理性。行政诉讼法第五十四条第四项规定：行政处罚显失公正的，可以判决变更。

行政诉讼以合法性审查为原则的特点是由司法权和行政权的关系所决定的。在我国，行政权和司法权是由宪法和国家权力机关赋予的，受国家权力机关制约。行政权与司法权彼此独立，各有自己的活动领域。司法权对行政权的监督来自法律的明确授权，并且必须在法定范围内进行。因而，司法权对行政权的监督只能限于合法性。否则，国家职能分工的平衡状态将被打破。在行政诉讼中，人民法院应当依法行使行政审判权，对违法的具体行政行为予以撤销，对行政机关在法定权限内的活动予以尊重。这是保证行政机关依法行使自由裁量权，有效履行管理职能的必要前提。所以，人民法院一般不审查具体行政行为的合理性。

（三）行政诉讼期间具体行政行为不停止执行原则

行政诉讼期间具体行政行为不停止执行原则是指在行政诉讼中，当事人争议的具体行政行为不因原告提起诉讼而停止执行。这是国家行政管理的特殊性决定的。现代国家的行政管理，要求效率性和连续性，如果具体行政行为一经当事人起诉即予停止执行，势必破坏行政管理的效率性和连续性，使社会秩序处于不稳定状态。

但是，这一原则也有例外。根据《行政诉讼法》第四十四条规定，有下列情况的，停止具体行政行为的执行：①被告认为需要停止执行的；②原告申请停止执行，人民法院认为该具体行政行为的执行会造成难以弥补的损失，并且停止执行不损害社会公共利益，裁定停止执行的；③法律、法规规定停止执行的。

（四）税务机关负举证责任原则

税务机关负举证责任，是指作为被告的税务行政机关负有提供赖以作出具体行政行为的证据和所依据的规范性文件的责任。《行政诉讼法》第三十二条规定，被告对作出的具体行政行为负有举证责任，应当提供作出该具体行政行为的证据和所依据的规范性文件。《若干问题的解释》第六条进一步规定：原告可以提供证明被诉具体行政行为违法的证据。原告提供的证据不成立的，不免除被告对被诉具体行政行为合法性的举证责任。因此，在我国，行政诉讼法确立了被告行政机关在行政诉讼中承担主要举证责任的基本原则，这使行政诉讼举证责任的分配明显区别于民事诉讼举证责任的分配。根据我国民事诉讼法的规定，民事诉讼采用“谁主张、谁举证”的规则。

行政诉讼确立被告对被诉具体行政行为合法性负举证责任原则主要基于以下原因：

(1)由被告负举证责任，是被告行政机关在行政程序中必须遵循“先取证、后裁决”规则的自然延伸。这一规则要求行政机关在作出具体行政行为前，应当认真调查，充分收集证据，在证据充分、事实清楚的基础上，正确适用法律、法规，作出正确的行政行为。如果行政机关作出的具体行政行为被起诉，由作出该具体行政行为的被告负举证责任则是理所当然。

(2)由被告负举证责任，有利于发挥行政机关的举证优势。具体行政行为是由被告作出的，被告对该行为的证据最为了解，而且在作出该具体行政行为过程中，被告居于主导地位，相比行政相对人而言，处于强势地位，其举证能力比原告强，因此由被告负举证责任体现了负担公平原则，有利于保护公民、法人或其他组织的诉权。

(3)由被告负举证责任，有利于促进行政机关依法行政。行政机关作出具体行政行为必须要事实清楚、证据确凿、程序合法、依据准确，否则其作出的具体行政行为一旦被起诉，将面临败诉的可能。

(五)不适用调解原则

不适用调解原则是指人民法院审理行政案件不得采用调解作为审理程序和方式。这是因为行政管理权是国家权力的重要组成部分，行使行政职权既是行政机关的权力，也是行政机关的职责，行政机关必须履行。如果行政机关处分这种权力和职责(因为调解必定涉及到对权利的放弃或让步)，则意味着违法失职。此外，在行政诉讼中，人民法院主要审查具体行政行为的合法性，行政机关作出的具体行政行为或者合法，或者违法，没有第三种可能。

不适用调解也有例外。《行政诉讼法》第六十七条规定：“赔偿诉讼可以适用调解”。这是因为赔偿诉讼无非涉及两个问题：①是否造成了损害；②损害的程度如何。相应地审理这类案件也是解决两个问题：①是否予以赔偿；②赔偿的数额。而这两个问题均不涉及行政机关的法定职权。因此，双方可以通过协商，本着互谅互让的精神，解决行政赔偿责任问题。

三、税务行政诉讼的受案范围

税务行政诉讼的受案范围是指人民法院可以依法受理税务行政争议的种类和权限。并不是所有的税务行政争议都能进入行政诉讼程序。科学地划分受案范围，其核心是如何正确划分司法权与行政权的关系，如何完善地保护公民、法人和其他组织的权益。对于税务行政相对人来说，受案范围也就是诉权的范围，只有属于受案范围的税务行政行为，才能向人民法院提起行政诉讼。

(一)税务行政诉讼的受案范围

根据行政诉讼法关于受案范围的规定，结合税务具体行政行为的实际情况，税务行政诉讼受案范围主要有以下几种。

第一，税务机关作出的征税行为(复议前置)。这类行为包括征收税款的行为、加收滞纳金行为、税务机关委托征收的单位作出的代扣代缴和代收代缴行为。根据《征管法》第 88 条规定：纳税人、扣缴义务人、纳税担保人同税务机关在纳税上发生争议时，必须先依照税务机关的纳税决定缴纳或者解缴税款及滞纳金或者提供相应的担保，然后可以依法申请行政复议，对复议决定不服的，可以依法向人民法院起诉。即这类行为必须复议前置，未经行政复议，不得向人民法院起诉。何谓"纳税争议"，《实施细则》第一百条规定：纳税争议是指纳税人、扣缴义务人、纳税担保人对税务机关确定的纳税主体、征税对象、征税范围、减税、免税及退税、适用税率、计税依据、纳税环节、纳税期限、纳税地点以及税款征收方式等具体税务行政行为有异议的。

第二，税务机关作出的责令纳税人提供纳税担保的行为。根据《征管法》的规定，在以下三种情况下，税务机关可以要求纳税人提供纳税担保。

（1）税务机关有根据认为从事生产、经营的纳税人有逃避纳税义务行为的，可以在规定的纳税期之前，责令限期缴纳应纳税款；在限期内发现纳税人有明显的转移、隐匿其应纳税的商品、货物以及其他财产或者应纳税的收入的迹象的，税务机关可以责成纳税人提供纳税担保。

（2）欠缴税款的纳税人或者它的法定代表人需要出境的，应当在出境前向税务机关结清税款、滞纳金或者提供担保。

（3）纳税人、扣缴义务人、纳税担保人同税务机关在纳税上发生争议时，必须先依照税务机关的纳税决定缴纳或者解缴税款及滞纳金或者提供相应的担保，然后可以依法申请行政复议。

第三，税务机关作出的税收保全措施。

根据《征管法》第三十八条规定，税务保全措施必须经县以上税务局（分局）局长批准，主要有以下两种方式：

（1）书面通知纳税人开户银行或者其他金融机构冻结纳税人的金额相当于应纳税款的存款。

（2）扣押、查封纳税人的价值相当于应纳税款的商品、货物或者其他财产。

可以采用税收保全措施的情况有两种：一是当纳税人有逃避纳税义务行为或者有明显转移、隐匿应税商品货物或应税收入迹象，税务机关责成纳税人提供担保，纳税人未提供担保，则税务机关可以采取税收保全措施；二是税务机关对纳税人以前纳税期的纳税情况依法进行税务检查时，发现纳税人有逃避纳税义务行为，并明显的转移、隐匿期应纳税的商品货物以及其他财产或者应纳税的收入的迹象的，可以采取税收保全措施。

第四，税务机关作出的税收强制执行措施。

（1）书面通知当事人开户银行或者其他金融机构从其存款中扣缴税款。

（2）扣押、查封、依法拍卖或者变卖当事人价值相当于应纳税款的商品、货物或者其他财产。

税收强制执行措施必须经县以上税务局（分局）局长批准。

第五，税务机关未及时解除税收保全措施，使纳税人的合法权益遭受损失的行为。

第六，税务机关作出的行政处罚行为。包括罚款，没收违法所得及非法财物，停止出口退税权，停止发售发票、收缴发票，法律、行政法规规定的其他税务行政处罚等。

第七，税务机关不予依法办理或答复的行为。包括不予审批减免税或出口退税，不予抵扣税款，不予退还税款，不予颁发税务登记证、发售发票，不予开具完税凭证和出具票据，不予认定为增值税一般纳税人，不予核准延期申报、批准延期缴纳税款等。

第八，税务机关作出的取消增值税一般纳税人资格的行为。

第九，税务机关作出的通知出境管理机关阻止出境的行为。

第十，税务机关作出的其他具体行政行为。

(二)税务行政诉讼的排除范围

1. 国家行为

国家行为主要是指国务院、中央军事委员会、国防部、外交部等根据宪法和法律的授权，以国家的名义实施的有关国防和外交事务的行为，以及经宪法和法律授权的国家机关宣布紧急状态、实施戒严和总动员等行为。国家行为不能被提起行政诉讼，这是各国行政诉讼制度的通例。

2. 抽象行政行为

抽象行政行为是指针对不特定的对象发布的能反复适用的行政规范性文件。因此，抽象税务行政行为不可诉，而根据《行政复议法》和《税务行政复议规则》的规定，纳税人及其他当事人认为税务机关的具体行政行为所依据的规定不合法，在对具体行政行为申请行政复议时，可以一并向复议机关提出对所依据的规定的审查申请，这些规定包括：国家税务总局和国务院其他部门的规定，其他各级税务机关的规定，地方各级人民政府的规定，地方人民政府工作部门的规定。这些规定不含规章。

因此，对于抽象税务行政行为而言，可以在申请行政复议时一并申请对规定的审查，但不能对该规定提起行政诉讼，也不能在提起行政诉讼时要求一并对该规定进行审查。

3. 内部行政行为

行政机关对行政机关工作人员的奖惩、任免等决定，是行政机关的内部行政行为，不属于行政诉讼的受案范围。

4. 终局行政裁决行为

法律规定由行政机关最终裁决的具体行政行为。根据《行政复议法》第十四条的规定，对国务院部门或者省、自治区、直辖市人民政府的具体行政行为不服的，向作出该具体行政行为的国务院部门或者省、自治区、直辖市人民政府申请行政复议。对行政复议决定不服的，可以向人民法院提起行政诉讼，也可以向国务院申请裁决，国务院作出最终裁决。对国务院所作的最终裁决，不能再提起行政诉讼。

因此，对国家税务总局、财政部、海关总署和各省、自治区、直辖市人民政府所作的具体税务行政行为不服的，向作出该具体行政行为的部门申请行政复议，对复议决定不服的，可以向人民法院提起行政诉讼，也可以向国务院申请裁决，国务院所作的裁决为最终裁决，不能再提起行政诉讼。

四、税务行政诉讼的起诉与受理

(一)税务行政诉讼的起诉

起诉是指公民、法人和其他组织认为自己的合法权益受到税务机关具体行政行为的侵害，而向人民法院提起诉讼请求，要求法院通过行使审判权，依法保护自己合法权益的诉讼行为。

1. 起诉的条件

(1)原告是认为具体税务行政行为侵犯其合法权益的纳税人、纳税担保人或扣缴义务人等。

有权提起诉讼的公民死亡的，其近亲属可以提起诉讼。近亲属包括配偶、父母、子女、兄弟姐妹、祖父母、外祖父母、孙子女、外孙子女和其他具有抚养、赡养关系的亲属。有权提起诉讼的法人或其他组织终止的，承受其权利义务的法人或其他组织可以提起诉讼。

(2)必须要有明确的被诉税务机关。公民、法人或其他组织直接向人民法院提起诉讼的，作出具体行政行为的税务机关为被告。根据《征管法》第十四条的规定：税务机关是指各级税务局、税务分局、税务所和按照国务院规定设立的并向社会公告的税务机构。《征管法实施细则》第九条规定：按照国务院规定设立的并向社会公告的税务机构，是指省以下税务局的稽查局。但在税收实践中，还有很多具体的情况需要具体分析来确定被告。具体情况有：①对税务行政机关的内设机构或者派出机构在没有法律、法规或者规章授权的情况下，以自己名义作出的具体行政行为，当事人不服提起行政诉讼的，应当以该税务行政机关为被告。②法律、法规或规章授权行使职权的行政机关内设机构、派出机构或者其他组织，超出法定授权范围实施行政行为，当事人不服提起行政诉讼的，应当以被授权机构或组织为被告。如《征管法》第七十四条规定：本法规定的行政处罚，罚款额在 2 000 元以下的，可以由税务所决定。本条授权税务所一定的行政处罚权，即罚款金额必须在 2 000 元以内。根据该条的规定，如果税务所对纳税人的罚款超过 2 000 元，纳税人不服的，应当以该税务所为被告。③经过复议的案件，复议决定维持原具体行政行为的，作出原具体行政行为的税务机关为被告；复议决定改变原具体行政行为的，复议机关为被告；复议机关在法定期限内不做出复议决定，当事人对原具体行政行为不服提起诉讼的，应当以作出原具体行政行为的税务机关为被告；当事人对复议机关不作为不服提起诉讼的，应当以复议机关为被告。④行政机关被撤销的，继续行使其职权的行政机关为被告。具体有三种情况：有新设立的行政机关取代被撤销的行政机关，则新设立的行政机关为被告；被撤销的行政机关并入另一个行政机关，接受合并的行政机关为被告；行政机关被撤销后，既没有设立新的行政机关取代，也没有并入另一个行政机关，则作出撤销决定的行政机关为被告。

(3)有具体的诉讼请求和事实根据。诉讼请求是原告通过人民法院针对被告提出的，希望获得法院司法保护的实体权利要求。它将决定法院审理和裁判的内容，因此必须明确、具体。主要有以下几种：①要求撤销被诉具体行政行为；②要求变更显失公正的行政处罚决定；③要求被告履行法定职责；④要求确认具体行政行为违法；⑤要求行政机关给予国家赔偿。

事实依据是指原告向人民法院起诉所依据的事实和根据，包括案件情况和证据。值得注意的是，要求原告提供事实根据是为了证明存在行政争议，而不是要求原告提供证据证明被诉具体行政行为违法，税务行政诉讼的举证责任由税务机关承担。

(4)起诉的案件属于法院受案范围和受诉法院管辖。

(5)法律、法规规定在起诉前必须向行政机关申请复议的，应经过行政复议或者复议机关逾期不作复议决定后才能起诉。

《征管法》第八十八条规定，纳税争议必须复议前置。

(6)必须在法定期限内提起行政诉讼。《行政诉讼法》第三十九条规定，当事人直接向法院提起行政诉讼的，应当在知道作出具体行政行为之日起 3 个月内提出。经复议后起诉的案件，应当在收到复议决定书之日起 15 日内向人民法院提起诉讼；复议机关逾期不作决定的，申请人可以在复议期满(一般为 60 日)之日起 15 日内向人民法院提起诉讼，法律另有规